KB152866

논어의 혼 3

오랜 잠에서 깨어날 것인가

논어의 혼 3

오랜 잠에서 깨어날 것인가

국학자료원

이 책을 삼가
청악 한영선 선생님께 바칩니다.

서문

　이 책은 논어의 어구 풀이 대신 그 정신을 천착하여 경전의 참뜻을 밝히려는 생각에서 시도되었습니다. 붓다나 노자 공자가 히말라야의 눈 덮인 봉우리들이라면 너나없이 우리 모든 해설자들은 어두운 골짜기와 같을 듯합니다. 그들이 말하는 것이 우리에게 도달한다 해도, 그것은 그저 골짜기의 메아리 정도일 것입니다. 스스로 깨닫지 못하면 스승은 언제나 역설적인 존재로 남습니다.

　비유컨대, 우리가 경전을 푸는 것은 입신의 경지에 든 9단 기사의 기보를 5, 6급 수준의 동호인이 해설하는 것과 같습니다. 9단 기사의 기보는 다른 9단 기사만이 제대로 읽을 수 있을 것입니다. 이처럼 경전을 해설하는 일 또한 한 성인의 말씀을 다른 성인이 푸는 것이 최선이 아닐까 합니다. 그러나 성인들은 모두 자신의 각성 상태에 침잠할 뿐 다른 이에게는 별관심이 없습니다.

　다만 라즈니쉬가 수많은 동서 경전들을 해설하였으니, 그간 전통적인 경전 독법에 식상해온 이들에게는 일대 서광이 아닐 수 없습니다. 그의 강의는 경전 자체에 못지않은 진리의 메시지이기 때문입니다. 하지만 그는 붓다 노자 예수 등 거의 모든 성인을 망라하면서도 유독 공자의 말씀에 대해서는 단 한 구절도 언급하지 않았습니다.

그러나 우리에게 공자는 가장 중요한 스승 중의 한 사람이며, 더욱이 논어에 대한 관심은 이미 허다한 해설서들이 범람하고, 지난해만도 무려 30여종이 새로 간행되었을 정도로 여전히 뜨겁습니다. 우리는 삶의 궁극적인 물음을 추구하는 이 목마름을 풀어줄 만한 혁신적인 길잡이가 필요함을 절감합니다.

그 한 작은 시도로 라즈니쉬를 대신하는 심정에서, 진리의 백과사전을 방불케 하는 그의 강의록을 활용하여 이 전술傳述을 도모하게 되었습니다. 이렇게 깨달은이의 말씀으로 말씀을 새기는 이경치경以經治經의 방법으로써 감히 공자의 본의를 읽을 수 있기를 염원합니다.

여기서 우리의 입장은 방대한 자료를 섭렵하여 관련된 내용들을 탐색하고 재구성하여 충실하게 기록하는 필자筆者 정도입니다. 이는 시공 저 너머로부터 들려오는 낮은 소리를 겸허히 받아 적는 이른바 술이부작述而不作의 정신과 일맥상통하지 않을까 생각해 봅니다.

우리는 정중하게, 우리가 양식으로 삼은 책들을 간행한 출판사와 그 역자들에게 사의를 표하며, 이 시대 최고의 스승인 라즈니쉬에게는 더 없이 큰 경의를 바칩니다. 이들의 빛나는 업적이 없었던들 이 작업은 생심도 못하였을 것입니다.

다만, 일일이 출전을 밝히는 번거로움을 줄이고, 자료를 양해 없이 인용하는 등 관행에서 벗어난 점은 이 작업의 특성상 부득이하였음을, 다음 라즈니쉬의 말씀으로 미루어 이해해 주시기 바랍니다.

'사람들은 내가 한 말들을 가져다 쓰면서 나의 이름은 언급하지 않는다. 거기에는 어떤 해도 없다. 나의 이름이 중요한 것이 아니라 중요한 것은 내가 한 말이며, 나의 메시지다. 만약 누군가 어떤 구절을 가져다 썼다면, 그 구절은 그 책 전부보다 더 중요하다는 것이 증명될 것이다. 그리고 나는 더욱더 많은 작가와 시인들이 그들이 할 수 있는 한 많이 도용해 갔으면 좋겠다. 진리는 나의 재산이 아니기 때문이다.'

이 책의 또 한 가지 중요한 특징은, 논어를 처음부터 마지막까지 하나도 빼지 않고 전부 해설하는 기계적인 방식을 지양하고, 현대인들이 진리와 진실한 삶을 이해하는 데 도움이 될 만한 구절들만 발췌하여 가급적 깊이 다루는 입장을 취한 점입니다. 이는 논어의 체제에 얽매이지 않고 논어를 이용하여 독자들의 정진에 도움이 되게 하는 데 무게를 두었기 때문입니다.

사실 논어의 방대한 내용은 공자 당시의 사람들을 위한 것이었습니다. 그래서 현대에는 맞지 않거나 불요불급한 대목도 허다하므로 이를 모두 다루는 것은 결코 바쁜 현대인들의 입장을 배려한 것이라 할 수 없습니다. 그러나 그 핵심적인 구절들로 말하면, 이는 참으로 시대를 초월해 영원한 인류의 지혜에 해당한다고 할 만합니다. 그래서 논어의 가치는 영원히 변치 않는 보석처럼 빛나는 것이지요.

이제 우리는 논어를 진부한 고서에서 현대 고전의 반열에 올려놓으려 합니다. 헌 포도주 병에 새 포도주를 담는 것에 비유할 수 있을

지, 병은 낡았으나 포도주는 새 것입니다. 필자들로서는 오랜 각고
끝의 첫 결실이지만 더 갈고 다듬을 데가 적지 않을 것이므로, 강호
제현의 질정을 받아 계속 기워나가려 합니다.

2022년 4월 20일
김상대 · 성낙희

개정판 서문

 2008년 제1권을 시작으로 연년이 1권씩 2012년까지 논어의 혼 전5권을 완간하고, 되짚어 읽고 읽으며 소소한 오류들을 바로잡고 미흡한 부분들을 보강하여 그 수정본을 펴냅니다.

 그간 이 책은 혁신적인 방법으로 경서 해설의 신기원을 이루고 논어의 진가를 극대화하였다는 평가를 받아왔습니다. 이 책은 지식을 축적하는 학습서가 아니라 천천히 음미하며 그 정신에 침잠하는 지혜의 책입니다.

 지혜에 이르자면 지성을 일깨워야 합니다. 위대한 말씀들은 지식을 도구로 삼지 않습니다. 지식보다는 지성과 지혜가 요구됩니다. 논어는 인간을 지식의 노예가 되게 하는 것이 아니라 인간 본연의 지성으로 사람이 사람답고 삶이 삶답게 하는 데 길잡이가 되는 등불 같은 책입니다. 한 번 서둘러 읽고 덮어 두는 것이 아니고 책상머리에 두고 되풀이되풀이 그 의미를 숙고하고 묵상하는 책입니다.

이 시대에도 논어를 읽을 필요가 있는가? 이것은 우문입니다. 이 시대에도 읽을 만한 가치가 있는 논어는 어디 없는가? 이것이 현명한 질문입니다. 그 핵심 구절들은 시대를 초월하여 영원한 지혜의 근원이기 때문입니다.

이 책은 업그레이드된 논어 해설서일 뿐만 아니라 논어 자체를 업데이트한 점에서 원문 해석 위주의 허다한 기존의 논어 해설서들과는 근본적으로 그 지향이 다릅니다. 삶은 하나의 흐름이고 모든 것은 끊임없이 변합니다, 지혜도 진화하고 성장합니다. 사서 중 으뜸 고전인 논어가 진정한 현대의 고전으로 진화할 때 원본의 가치를 뛰어 넘어 더욱 빛나는 유산이 될 것입니다,

세상은 물질적으로 부유해지는 데 성공했습니다. 그러나 이것은 진화가 아닙니다. 사람들은 더욱 나빠졌습니다. 인간은 심히 탐욕스러워지고 물질적으로 되었습니다. 그리고 이제는 너무나 지치고 피곤해하고 있습니다. 그 여정은 인간의 모든 영혼을 앗아가 버렸습니다. 이제 우리는 더 늦기 전에 본심을 찾아서 각성하고 영혼의 갈증을 느껴야 할 것입니다.

개정판 제작에 최선을 다한 국학자료원과 우정민 과장의 노고에 감사하며, 정찬용 원장과의 오랜 세월 귀한 인연을 새삼 상기합니다,

2022년 9월 2일
성낙희 · 김상대

차례

일러두기

이 책은 하나의 교양서적으로보다 현대의 구도적인 삶에 이바지하는 조그만 안내서가 되기를 희망합니다. 그런 면에서 이 책은 단지 많은 사람에게 건성건성 읽히기보다 소수라도 다섯 번 열 번 읽으며 철저히 이해하고 인생의 좋은 반려로 활용하였으면 좋겠습니다.

도를 닦는 것, 즉 삶의 바른 길을 추구하는 것은 진정한 의미에서 종교와 같습니다. 여기서 종교란 많은 사람들이 안식처를 찾아 형식적으로 따르는 세속적인 종교를 뜻하는 것이 아니며, 각자가 자신의 도에 이를 수 있는 길에 대해서 진지한 관심을 갖는 것을 의미합니다.

우리는 독서를 에고의 양식으로 이용하기 일쑤입니다. 그러면 우리는 독서를 통해 지식에 갇혀 버릴 수 있습니다. 지식은 지혜가 아닙니다. 지혜는 지식과 아무 상관도 없습니다. 이 책을 통해 지식의 양을 증대시키려 한다면 이는 방향을 잘못 잡은 것입니다. 우리는 독서를 다른 길로 이용할 수 있습니다. 이때 독서는 삶의 다른 것들만큼이나 아름다운 것이 될 것입니다.

만일 우리가 정보를 얻기 위해서가 아니라 신성한 노래에 귀 기울이기 위하여 경전을 읽는다면, 이 신성한 노래는 단어 안에 있는 것이 아니라 단어들 사이에 있으며, 행 안에 있는 것이 아니라 행간에 있습니다. 이렇게 경전을 읽을 때 신성한 노래를 감상하듯이 한다면, 이때 독서는 엄청난 아름다움을 갖습니다.

우리는 독서를 하는 가운데에도 깬 상태로 주시하고 관찰합니다. 책 속으로 몰입하는 동시에 언덕 위에서 바라보는 사람처럼 일정한 간격을 두고 떨어져 있습니다. 그럼으로써 책을 통해 유용한 정보를 얻기보다 지혜를 그리고 나아가 영감을 받기를 희망합니다.

영감을 받는다는 것은 경전과 깊은 조화를 이룬다는 것이며, 그 경전과 더불어 명상의 상태로 들어가는 것을 의미합니다. 이것은 마음을 통해서가 아니라 우리 전체를 통해 이루어집니다. 이런 식으로 이 책을 읽는다면 우리의 피, 심장, 가슴, 우리 몸 안의 세포 전체가 논어를 읽고 있는 것입니다.

그러나 단순히 정보를 수집하는 차원에서 독서를 할 때는 우리의 머리가 거기에 있을 뿐 다른 것은 없습니다. 단순히 머리로만 읽는다면 머리는 계속해서 해석만을 내립니다. 물론 그 해석은 자신의 것이지 스승의 것이 아닙니다. 이때 우리는 지식만 키울 뿐 핵심을 놓칩니다. 우리는 수많은 말들을 기억할 것이지만 정수를 깨닫지 못합니다.

경전의 정수를 깨닫기 위해서는 굳이 처음부터 끝까지 다 읽을 필요가 없습니다. 이는 체계적인 지식을 습득하는 방법일 뿐입니다. 지혜의 정수는 어느 한 구절이라도 얼마나 깊이 이해하고 얼마나 뜨거운 가슴으로 받아들이느냐가 중요한 것입니다.

위대한 선승인 혜능은 금강경의 네 구절을 듣고 깨달았다고 합니다. 그는 시장거리를 걸어가고 있었습니다. 물건을 사러 가는 중이었고 깨달음에 대해서는 생각조차 하지 않고 있었습니다. 그런데 어떤 사람이 길가에서 금강경을 외고 있었습니다. 그 사람은 살아오면서 내내 금강경을 외고 다닌 사람이었습니다. 그는 학자였거나 앵무새였음에 틀림없습니다.

그때는 저녁이었습니다. 그때 혜능이 그곳을 지나갔습니다. 그는 단지 네 구절을 들었을 뿐입니다. 그는 갑자기 벙어리가 되었습니다. 그래서 밤이 새도록 그 자리에 서 있었다고 합니다. 금강경을 외던 사람도 들어갔고 시장은 모두 문을 닫았는데 그는 여전히 그곳에 서 있었습니다. 언제까지나 그렇게 그곳에 서 있었습니다.

날이 밝았을 때 그는 완전히 다른 사람이 되어 있었습니다. 그는 집으로 가지 않았습니다. 그는 산으로 갔습니다. 세상은 이제 그와는 상관이 없는 것이 되었습니다. 혜능은 틀림없이 마음이 매우 순수했을 것입니다.

혜능의 일화를 통해서 우리는 새삼 깨닫게 됩니다. 우리가 경전을 읽고 그것에 대해서 뭔가를 하지 않는다면, 이해는 아무 쓸데없는 것이며 그것은 삶의 낭비일 뿐입니다. 그것은 우리가 진짜로 이해하지 못했다는 뜻입니다. 이해는 행동이 필요하기 때문입니다.

만약 행동으로 나타나지 않는다면 우리는 단지 피상적인 지식만 얻었을 뿐 이해한 것이 아닙니다. 그것은 하나의 정보일 뿐입니다. 이해는 행동을 의미합니다. 우리가 어떤 것을 이해하면 즉시 그것을 행동에 옮기기 시작합니다.

경전 읽기는 일종의 예술을 터득하는 것입니다. 그것은 깊은 몰입의 상태로 들어가는 것이며, 전체적으로 참여하는 것입니다. 경전을 읽을 때 소설책을 읽듯이 한다면 핵심을 놓칠 것입니다. 이는 여러 층의 깊이를 갖고 있습니다. 그러므로 날마다 되풀이해서 읽어야 합니다. 이것은 단순한 반복이 아닙니다. 되풀이해서 읽는 법을 터득하면 그것은 결코 반복적인 행위가 아닙니다.

경전을 읽을 때는 '어제'를 개입시키지 말아야 합니다. 오늘 아침에 막 피어난 꽃송이를 보듯이 신선한 기분으로 책을 대하고, 아침 해가 떠오르듯이 새로운 마음으로 읽습니다. 그러면 완전히 새로운 의미가 드러날 것입니다. 이것은 어제와 상관없습니다. 이것은 오늘의 의미, 지금 이 순간의 의미를 가져다줍니다.

그러나 어제를 끌어들이면 새로운 의미를 읽을 수 없을 것입니다. 우리의 머리는 이미 과거에 습득한 낡은 의미들로 가득 차 있습니다. 그래서 이 책을 반복해서 읽는 것이 무슨 소용인가 하고 생각합니다. 이것은 부질없는 일이고, 짜증나고 권태로운 일로 여겨집니다. 이렇게 되면 경전을 읽음으로써 새로운 에너지를 충전하는 것은 불가능해집니다.

진심으로 한 여자를 사랑할 때 그녀는 날마다 새로워 보입니다. 경전을 읽는 것도 마찬가지입니다. 그것은 연애를 하는 것과 같습니다. 날마다 새롭습니다. 어구는 똑같지만 그 똑같은 어구가 날마다 새로운 의미를 전해줍니다. 똑같은 단어들이 날마다 다른 문을 통해 우리의 존재 안으로 침투합니다. 어떤 순간에는 똑같은 단어가 새로운 의미를 가져다줍니다.

의미는 단어에 담긴 것이 아니라 우리가 어떤 식으로 읽느냐에 따라 달라집니다. 우리 자신이 경전에 의미를 부여하는 것이지, 경전에 본래부터 어떤 의미가 담겨 있어서 그것을 우리에게 고정적으로 전달해 주는 것이 아닙니다. 하루를 더 살면 우리는 그만큼 더 많은 경험을 쌓습니다. 우리는 더 이상 똑같은 사람이 아닙니다. 경전은 변함이 없지만 우리는 똑같은 사람이 아닙니다. 24시간 동안에 강에는 얼마나 많은 물이 흘러갔겠습니까?

이 책을 이렇게 읽을 때 우리는 진정으로 구도적인 삶의 길로 들어선 자신을 발견할 것이며, 이 책은 그 소임을 다하는 영광을 누리게 될 것입니다.

1

나무가 높이 자라려면
먼저 깊이 뿌리를 내려야 한다

子曰 繪事後素
자 왈 회 사 후 소

공자가 말하였다. "그림 그리는 일은 바탕이 이뤄진 다음이다."

주해

繪 그림 그리다 | 事 일 | 後 순서에서 ~보다 뒤가 되다 | 素 흰 빛깔의 바탕

유화를 그릴 때는 먼저 천에 아교를 바르고 그 위에 아마유를 발라 화포canvas를 만들어야 합니다. 화포가 제대로 이루어지지 않으면 아무리 좋은 물감으로 그림을 그려도 소용없습니다. 그러나 이것은 하나의 비유일 뿐이며 공자가 특별히 미술에 대하여 언급한 것이 아닌 것은 말할 것도 없습니다. 이 비유가 무엇을 암시하는가, 그것을 읽어내는 것이 중요합니다.

모든 사물은 뿌리에 해당하는 바탕이 있고 그 위에서 피어나는 꽃과 같은 것이 있습니다. 이 둘의 관계는 언제나 뿌리가 먼저이고, 꽃은 그 뒤에 오는 것입니다. 그러나 우리는 늘 마음이 급한 나머지 혹은 무지한 탓에, 뿌리를 돌보는 데는 소홀하고 꽃이 피기만 바랍니다. 뿌리는 깊숙이 숨어 보이지 않고 꽃만 보이기 때문입니다.

나무가 높이 자라려면 먼저 땅 속 깊이 뿌리를 내려야 합니다. 뿌리가 깊이 내려갈수록 가지는 더 높이 올라가지요. 만약 우리의 꽃이 별에 닿기를 바란다면, 우리의 뿌리는 땅의 맨 밑바닥까지 내려가야 할 것입니다. 많은 종교들은 계속해서 혼돈스럽고 혼란스러운 상태에 있습니다. 그것은 그들이 모두 뿌리에 대해서는 생각하지 않고 저 멀리 별에 도달하려고만 해 왔기 때문입니다.

먼저 땅에 뿌리를 내려야 합니다. 모든 정원사들이 첫째로 해야 하는 일이 바로 이것입니다. 우선 식물에 토양과 비료를 주어야 합니다. 뿌리를 내려 주어야지요. 그러면 꽃은 저절로 피게 마련입니다. 가장 중요한 것, 첫 번째 것, 기본적인 것, 근본적인 것은 뿌리입니다. 그것을 잊지 말아야 합니다.

예수가 올 때도 그 기반을 마련할 사람이 먼저 와야 했습니다. 준비된 기반이 꼭 필요하기에 마땅히 그렇게 되어야 했습니다. 요한은 예수가 활동할 기반을 마련하기 위해서 먼저 왔습니다. 예수가 올 땅

에는 잡초 투성이었습니다. 온갖 나무들이 마구 뒤엉켜 있어서 그
것들을 정리해야만 했습니다. 잡초를 제거하고 토질을 바꿔 놓아야
했습니다. 그래야 정원사가 와서 새로운 씨를 뿌릴 수 있을 것 아닙
니까.

예수 같은 사람이 나오기 위해서는 반드시 다른 사람이 먼저 와서
그가 활동할 기반을 닦아 놓아야 합니다. 그래서 기독교의 복음서는
이렇게 말하고 있지요. '그는 그 빛이 아니었다. 그는 빛을 증거하러
미리 보내진 사람이었다.' 말하자면 요한은 예수가 활동할 기반을 마
련하기 위해서, 예수가 예수인 것을 증거하기 위해서 온 사람입니다.

**사람들은 행복하기 위해서는 돈이 많아야 한다고 생각합니
다. 돈이 많은 것이 행복이란 꽃을 피우는 뿌리라고 할 수 있
습니까?**

사람들은 흔히 돈이 많으면 행복해질 것이라고 생각합니다. 그러
나 그렇지 않지요. 부富는 행복의 원인이 될 수 없습니다. 오히려 거
꾸로 우리가 행복하다면 풍족하게 느낄 것입니다. 행복이 항상 부유
함의 원인인 것입니다. 행복한 사람은 그 외에 다른 상태일 수가 없
습니다.

그는 커다란 저택을 가지고 있지 않을지 모르지요. 그래도 그의 마
음은 넉넉할 것입니다. 그런데 사람들은 그저 부만 쌓아 올리려고 합
니다. 그렇게 되면 행복해질 것이라고 믿기 때문입니다. 그러나 그
런 일은 결코 생기지 않습니다. 부는 행복의 원인이 될 수 없기 때문
입니다.

지금 우리는 우리를 행복하게 할 수 있는 많은 것을 소유하고 있으

면서도 가난하게 산 선인들보다도 행복하지 않습니다. 행복은 소유물에서 오는 것이 아니고, 내적인 만족에서 옵니다. 내적 만족이란 우리 자신이 에너지로 넘쳐날 때 느끼는 것입니다. 어린애들은 에너지로 넘치지요. 아이들은 별로 가진 것이 없으면서도 늘 행복합니다.

그런가 하면 요즘의 젊은이들은 에너지가 부족합니다. 세속적인 성공을 꿈꾸며 억압된 욕망들로 가득 차 있기 때문입니다. 그들이 행복이라고 생각하는 것은 행복의 외양 혹은 불행의 변장한 모습에 지나지 않습니다. 그것은 모두 밖에서 오는 것이기 때문입니다. 진정한 행복은 외부에서 오는 것이 아니고, 내면에서 솟아오르는 그 무엇입니다.

조금만 본질적인 면에서 삶을 관찰해보면 명성도 권력도 재물도 모두 헛된 것입니다. 진실로 중요한 것은 우리가 매 순간을 어떻게 살았느냐 하는 것입니다. 나는 매 순간 내 안을 기쁨으로 채웠는가, 삶을 찬미했는가, 작은 일들에 행복했는가 하는 것입니다.

목욕을 하고 차를 마시고 청소를 하고 정원을 산책하고 나무를 심고 친구와 이야기를 나누고 사랑하는 이와 조용히 앉아 있고 달을 바라보고 새 소리를 들으면서 행복했는가, 이렇게 매 순간을 행복으로 변형시키고, 매 순간을 기쁨으로 채웠는가, 이것이 중요합니다.

행복이 부유함의 원인 그러나 우리는 매사 끊임없이 불평하며 삽니다. 이것이 어느 새 습관이 되었습니다. 더 많은 돈, 더 좋은 집, 더 아름다운 아내, 더 우수한 자식, 더 나은 직업을 가진다고 해서 만족할 수 있는 문제가 아닙니다. 무엇을 소유하든지 우리는 여전히 불만 속에 남아 있습니다. 가난해도 불만이고, 부유해도 불만이고, 도무지

만족을 모릅니다.

불만은 마음의 습관입니다. 마음은 불만을 먹고 살지요. 그것이 마음의 고유한 본성입니다. 마음은 결코 만족할 수 없습니다. 이것을 이해한다면 기적이 일어날 것입니다. 그때 우리는 마음을 옆으로 제쳐 둘 수 있기 때문입니다.

마음은 절대로 우리에게 만족을 주지 않습니다. 만족은 마음의 본성이 아니니까요. 만약 우리가 외부에서 어떤 변명을 찾지 않고 그것이 마음의 작용이라는 것을 알게 된다면, 그때 마음의 작용을 떨쳐버릴 수 있습니다. 그것은 결코 어려운 일이 아닙니다. 문제는 그것을 깨닫는 것이지요.

마음을 지켜보십시오. 우리는 늘 내가 어떤 것을 갖게 되면 행복해질 것이라고 생각하고 있습니다. 그러나 그것을 가졌어도 우리는 행복하지 않았습니다. 이런 경험을 수없이 반복했지만 그 가르침을 뼈저리게 깨닫지는 못했습니다. 사람들은 계속 똑같은 함정에 빠집니다.

계속 우리를 자극하는 마음의 교묘한 술수들을 지켜보아야 합니다. 오직 마음의 메커니즘을 지켜보는 것 외에는 변화를 이루는 데 도움이 되는 것은 아무것도 없습니다. 마음의 구조를 이해함으로써 모든 것은 저절로 일어나기 시작합니다.

먼저 자신의 내면을 깊이 들여다보고 본질적인 것을 이해한다면 당장 행복해질 수 있습니다. 지금 이 순간에 행복하지 못하다면 영원히 행복해질 수 없습니다. 그러나 우리는 본질적인 것은 쉽게 잊어버리고 비본질적인 것에만 온통 마음을 기울입니다. 그것은 하나의 마음가짐일 뿐입니다.

우리는 바로 지금, 있는 그대로 행복해질 수 있습니다. 행복이 곧

삼라만상의 이유이기 때문이지요. 그것이 그 근본적인 원인입니다. 우리는 지금까지 다른 방법으로 행복해지려고 노력해 왔습니다. 근본 원인부터 추구하십시오. 원인으로서 행복해지십시오. 자연히 결과는 원인을 따르게 될 것입니다.

깨달은 사람만이 행복하다. 가난한 사람들은 길 위에서 쉽게 자포자기하고 맙니다. 그러나 목마른 순례자는 언젠가는 틀림없이 물이 흐르는 샘에 도달할 것입니다. 사실 갈증보다는 물이 먼저 그곳에 있었지요. 삶은 더없는 행복으로 가득 차 있습니다. 그런데 우리가 그것을 누리지 못하는 것은 평소에 그것을 보는 눈을 갖고 있지 못하기 때문입니다. 문제는 단순히 눈을 뜨느냐 감느냐에 달려 있습니다.

오직 깨달은 이들만이 풍요롭습니다. 세속적인 부를 쌓은 사람들은 진정으로 풍요로운 사람들이 아닙니다. 그들은 자기가 번 것을 죄다 축적만 하고 있지요. 축적만 하는 사람은 결코 행복하지 않습니다. 마침내 변비에 걸리고 맙니다. 겉모양에 속지 마십시오. 속을 들여다보세요. 가슴이 기쁨으로 고동치는 사람, 도와 하나 된 사람, 자연과 어우러진 사람이 진정으로 풍요로운 사람입니다.

우리가 행복을 찾아 이리저리 뛰어다녀도 좀처럼 행복을 만나지 못하는 것은 삶을 꿰뚫어 볼 수 있는 눈이 없기 때문입니다. 더 열심히 뛸수록 더 불행해집니다. 뛰어다니는 것을 멈추고 편히 쉬십시오. 안식의 순간에 행복은 찾아올 것입니다. 그러한 안식의 순간이 곧 행복입니다.

미래에 대한 어떤 근심 걱정도 집착도 버리십시오. 현재 이 순간이 모든 것입니다. 존재계는 바로 이 순간에도 축제를 벌이고 있지요. 자꾸 뛰기만 하니까 여유롭게 행복을 음미할 시간이 없습니다. 그래서 행복을 놓치는 것입니다.

깨달은 사람은 모두 한결같이 욕망이 고통의 근원이며 자족이 행복의 토대가 된다고 말하지요. 자족한다는 것은 지금 내가 무엇을 가지고 있든지 그것에 만족한다는 말입니다. 우리는 지금 가지고 있는 것을 진정으로 누릴 줄 압니까? 우리는 자신이 가지고 있는 것조차 누릴 줄을 모릅니다. 그러면서 더 많은 것을 얻기 위해 쫓아다닙니다.

사실 우리에게는 필요 이상의 것들이 넘치게 주어지고 있습니다. 호수는 우리가 마실 수 있는 것보다 훨씬 더 많은 물을 담고 있습니다. 세상에는 우리가 즐길 수 있는 것보다 많은 노래와 춤이 있습니다. 우리가 이들을 향해 열려있을 때 이들은 우리 안으로 흘러 들어옵니다. 신은 언제든지 준비하고 있습니다. 신은 우리의 준비를 기다리고 있을 뿐입니다.

일단 이렇게 긍정적으로 사는 법을 배운다면, 모든 것이 완전히 다른 방식으로 기능하기 시작함에 놀랄 것입니다. 몸이 아파서 자리에 누워 있는 시간조차 아름다움과 기쁨의 순간이 될 수 있습니다. 이완과 휴식의 순간이 되는 것입니다. 음악을 듣고 시를 쓰는 순간이 될 수 있지요. 아프다고 우울해 할 필요가 없습니다. 오히려 다른 사람이 사무실에서 일을 하는 동안 자신은 왕처럼 침대에 누워 있을 수 있다는 사실에 행복해야만 합니다.

사랑하는 이가 당신을 위해 차를 준비하고 있습니다. 이 세상에 사랑보다 효능이 뛰어난 의약품은 없습니다. 당신을 위해 시를 읊고 노래를 불러줄 친구에게 전화를 하십시오. 축제의 분위기보다 더 치유력이 강한 것은 없습니다.

삶의 모든 것을 창조적으로 이루어야 합니다. 그때 우리는 최악의 것에서 최상의 것을 얻을 수도 있습니다. 이것이 삶의 미학입니다.

이렇게 해서 우리는 행복한 삶, 아름다운 삶, 향기로운 삶을 살 수 있지요.

그러나 반대로 우리는 너 나 없이 대부분 불행해야 할 이유를 찾아내는 데 명수가 된 사람들 같습니다. 언제부터인가 우리는 불행하지 않고는 행복해질 수가 없습니다. 우리는 분명히 우리의 불행을 과장하고 있을 것입니다. 그러니 어떻게 한번이라도 지복에 찰 수 있겠습니까. 우리는 건강하다 해도 행복하지 않을 것입니다. 건강을 행복할 만한 어떤 것으로 생각하지 않을 것이니까요.

건강한 사람은 결코 건강의 귀함에 대해서 생각하지 않습니다. 만일 건강하지 않다면 우리는 불행합니다. 우리는 흔히 불행의 까닭이 될 수 있는 것은 무엇이든지 아주 작은 것이라도 비약하며, 행복의 요소가 될 수 있는 것은 아주 귀한 것이라도 무심히 잊어버립니다. 많은 사람들이 행복할 만한 까닭에 대해서는 전혀 주시하지 않습니다. 그래서 세상은 불행한 사람들로 들끓고 언제나 지옥처럼 생각되는 것입니다.

이성 간의 사랑이라고 다 아름답기만 한 것은 아닌 듯합니다. 한 남자와 한 여자의 사랑이 아름답게 꽃피게 하기 위해서 어떻게 그 뿌리를 돌보아야 하는지요?

세상의 많은 연인과 부부들 사이에는 별로 중요하지도 않은 일들 때문에 어리석은 말다툼이 그치지 않습니다. 이런 현상이 벌어지는 이유는 기본 토대가 없기 때문이지요.

우리는 기반을 다지지도 않고 무작정 집을 지으려 합니다. 그 집은 언제라도 무너져 내릴 것입니다. 돌이켜 보십시오. 우리가 지으려 했던 사랑의 집은 얼마나 여러 차례 무너져 내렸던가요? 그럼에도 우리는 계속해서 똑같은 어리석음을 반복하고 있습니다.

그대 안에는 사랑이 없습니다. 그대의 연인에게도 사랑이 없습니다. 그런 상태에서 서로에게 사랑을 요구하고 있을 뿐입니다. 두 명의 거지가 마주 서서 서로에게 구걸하는 꼴이지요. 이러니 사랑하는 사람 사이에 다툼이 일어나는 것은 당연하지 않습니까?

사랑은 관계가 아니라 존재의 상태다. 사랑은 내면이 기쁨으로 충만한 상태입니다. 우리가 사랑할 때 내면으로부터 무엇인가 고동치고 주변에 미묘한 진동이 일어납니다. 그 진동이 퍼져나가 다른 사람들에게 전달됩니다.

사랑은 관계가 아니라 존재의 상태입니다. 관계는 사랑의 극히 작은 일부 측면에 지나지 않습니다. 관계가 필요한 이유는 홀로 존재할 능력이 없기 때문입니다. 우리는 아직 명상할 능력이 없으니까요.

명상이란 혼자서도 기쁨으로 넘치는 능력을 뜻합니다. 사실 아무이유 없이 기쁨으로 충만한 사람은 드물 것입니다. 조용히 앉아서 지복에 젖어들 수 있는 사람은 참으로 드뭅니다. 혹시 그를 미쳤다고 할지도 모릅니다. 왜냐하면 사람들은 행복을 타인에게서 오는 것이라고 생각하기 때문입니다.

우리는 멋있는 남자를 만났을 때 행복해지고, 예쁜 여자를 만났을 때 행복해집니다. 그런데 방에 혼자 앉아서 행복으로 충만해진다고요? 그런 사람은 미쳤음에 틀림없습니다. 사람들은 그를 마약에 취한 정신병자로 여길 것입니다.

그렇습니다. 명상은 최고의 마약입니다. 명상은 우리 안의 정신적 능력을 발현시킵니다. 우리 안에 갇혀 있던 황홀한 빛을 밖으로 드러냅니다. 이때 우리는 혼자 있어도 행복으로 충만하고, 내면으로부터 환희가 솟아오르기 때문에 어떠한 외적 관계가 굳이 필요하지 않습니다. 우리는 여전히 사람들과 교류하겠지만, 이것은 일반적인 관계 이상의 것입니다.

진실로 사랑하기를 원한다면 명상이 선행되어야 합니다. 그래서 홀로 있되 순수한 기쁨으로 충만한 상태가 되어야 합니다. 이런 토대 위에서만 사랑의 집을 지을 수 있습니다. 그러나 우리는 이런 토대 없이 사랑의 집만 지으려 서두르는 어리석음을 깨닫지 못합니다. 지금까지 자신의 삶에 대해 그리고 타인의 삶에 대해 무엇을 해왔는지 자각하지 못합니다.

전부터 똑같은 짓을 해왔음을 잘 알면서도 로봇처럼 기존의 패턴을 반복할 뿐입니다. 우리는 지금까지 어떤 결과가 나왔는지 잘 알고 있습니다. 그리고 마음 깊은 곳에서는 앞으로도 똑같은 결과가 벌어지리라는 것을 감지하고 있지요. 우리는 똑같은 결말, 똑같은 파멸을 준비하고 있을 뿐입니다. 실패한 사랑으로부터 교훈을 얻은 사람만이 진정한 사랑을 하게 될 것입니다.

사랑과 관련되는 또 한 가지 중요한 것으로 성을 들 수 있습니다. 이들도 뿌리와 꽃의 관계로 생각해보는 것은 혹 비약은 아닐까요?

비약이 아닐 뿐 아니라 한 걸음 더 나아가, 성과 사랑의 관계는 뿌리와 꽃의 관계 이상으로 성이 그 씨앗이고 이것이 꽃핀 것이 사랑이라고 말하고 싶습니다. 우리는 흔히 사랑만 예찬하고 성은 비난하기 일쑤입니다. 종교와 문화는 성에 반대하도록 인간의 마음속에 독을 퍼부었다고 할까요. 그것은 결국 갈등을, 전쟁을 야기시켰습니다. 인간을 자신의 원초적인 에너지와 투쟁하도록 했지요.

그래서 인간은 약하고 둔감하고 거칠고 메마르고 공허감으로 가득차게 되었습니다. 성에 대해 적의가 아니라 우정이 이루어져야 합니다. 성은 보다 순수하고 높은 곳으로 끌어올려져야 합니다. 씨앗으로부터 사랑의 꽃이 피어납니다. 사랑은 성 에너지가 변형된 것입니다. 성이라는 씨앗으로부터 사랑의 꽃은 피어납니다.

석탄과 다이아몬드　사랑의 강은 자유로이 흘러 신의 바다에 이를 것입니다. 사랑은 태어나면서부터 인간 속에 있습니다. 만일 깨달음으로써 장애가 치워진다면 사랑은 흐를 수 있습니다. 그러면 사랑은 신에 닿을 정도로, 지상至上의 존재에 닿을 정도까지 높아질 수 있습니다.

그러면 사랑에 대한 인위적인 장애는 무엇입니까? 가장 두드러진 것은 성에 대한 거부, 열정에 대한 비난입니다. 이런 것이 인간 속에 사랑이 탄생할 가능성을 파괴하여 왔습니다.

우리가 알아두어야 할 가장 평범한 진리는 성은 사랑의 출발점이라는 것입니다. 성은 사랑에 이르는 여로旅路의 시작입니다. 사랑의 기원은 성이요, 열정이지요. 그러나 사람들은 성을 적대시합니다. 모든 문화와 종교, 모든 스승과 선각자는 이 원천을 공격해 왔습니다. 그래서 강은 억눌린 채로 있습니다.

범인을 쫓는 고함소리는 언제나 이랬습니다. '성은 인간의 죄악이다. 성은 비종교적이다. 성에는 독이 있다.' 그러나 우리는 여행을 하여 사랑의 바다에 도달하는 것은 궁극적으로 성 에너지 자체라는 것을 알지 못하는 것 같습니다. 사랑은 성 에너지가 변형된 것입니다.

성이라는 씨앗으로부터 사랑의 꽃은 피어납니다.

석탄을 보십시오. 석탄이 변형된 것이 다이아몬드라는 것을 우리는 전혀 생각하지 못할 것입니다. 석탄 덩어리 속에 있는 성분은 다이아몬드 속에 있는 것과 같습니다. 본질적으로 그 둘 사이에는 차이가 없습니다. 수천 년에 걸친 과정을 지나 석탄이 다이아몬드가 되는 것이지요.

그러나 석탄은 중요하게 여겨지지 않습니다. 석탄을 집안에 보관할 때 그것은 손님 눈에 잘 띄지 않는 곳에 저장하는 반면, 다이아몬드는 누구에게나 잘 보이도록 목이나 가슴에 걸치지요. 다이아몬드와 석탄은 같은 성분의 두 갈래의 여로입니다.

만일 우리가 첫눈에 검은 매연밖에 주는 것이 없다는 이유로 석탄에 반대한다면, 바로 거기에서 석탄이 다이아몬드로 변형될 가능성은 끝나고 맙니다. 석탄 그 자체는 다이아몬드로 변형될 수 있습니다. 그러나 우리는 석탄을 싫어합니다. 그래서 그것이 발전할 수 있는 어떠한 가능성도 끊어지고 마는 결과를 초래하지요.

성 에너지만이 사랑으로 꽃필 수 있습니다. 그러나 인류의 위대한 사상가들을 포함하여 많은 사람들이 그것에 반대하고 있습니다. 이 때문에 씨앗은 싹틀 수가 없고 사랑의 궁전은 그 기초에서부터 파괴됩니다. 성에 대한 적의는 사랑의 가능성을 저지시키고 파괴시켜 왔습니다. 그리하여 석탄은 다이아몬드가 될 수 없습니다.

육체는 플룻이 되고 의식은 노래가 되고 깨달은 이의 기본적인 통찰은 세계가 보다 낮은 것에서 보다 높은 것으로 나뉘어져 있는 것이 아니라 세계는 하나라고 하는 것입니다. 높은 것과 낮은 것은 서로 손잡고 있습니다.

보다 높은 것은 보다 낮은 것을 내포하고 있고, 보다 낮은 것은 보다 높은 것을 내포하고 있습니다. 높은 것은 낮은 것의 내부에 감추어져 있으므로 낮은 것은 부정되지 않아야 합니다. 파괴되거나 살해당하지 않아야 하고 변화되어야만 합니다.

깨달은 이는 결코 어떤 것도 비난하지 않습니다. 비난하는 것은 어리석은 태도입니다. 비난함으로써 낮은 것이 높이 발전할 수 있는, 우리의 것이 될 수 있는 가능성을 스스로 부정하는 것이기 때문입니다.

진흙을 비난해서는 안 됩니다. 연꽃이 그 속에 숨어 있지 않습니까? 연꽃을 기르기 위해서는 진흙을 사용해야 합니다. 물론 진흙은 아직 연꽃이 아니지만 그렇게 될 수 있는 것입니다. 창조적인 사람은 연꽃이 진흙에서 자유로워질 수 있도록 진흙이 연꽃을 해방시키는 것을 돕습니다.

육체는 땅의 일부입니다. 그러나 우리의 의식은 하늘의 일부가 될 수 있습니다. 사실 의식은 하늘에 속해 있지요. 인간은 이 두 가지 법칙, 즉 욕구와 힘, 속박과 자유, 땅과 하늘, 육체와 영혼 그리고 가시적인 세계와 불가시적인 세계의 만남입니다. 인간은 이들 양자가 만나는 하나의 장입니다.

이것이 인간의 영광이며 동시에 불행입니다. 땅은 우리를 밑으로 끌어내리고 하늘은 우리를 위로 불러올립니다. 육체는 말하지요. '나를 따르라.' 동시에 영혼은 또 이렇게 말하지요. '나와 함께 가자.'

그러나 이 둘의 길은 서로 다릅니다. 둘을 동시에 따를 수는 없습니다. 육체를 따를 때 어떤 죄의식이 일어납니다. 우리 존재 안에서 울리는 가장 깊고 조용한 소리를 듣지 않았기 때문입니다. 그 조용하고 작은 소리를 따르면 우리가 육체에게 못할 짓을 한 것을 알게 됩니다. 그때 육체는 반란하기 시작합니다. 무엇을 선택하든 우리는 긴장 상태에 놓입니다.

하지만 이 두 가지는 깊은 곳에서는 상호보완적입니다. 우리가 조화 속에서 육체도 될 수 있고 영혼도 될 수 있을 때, 그리고 아무런 마찰도 없이 육체와 영혼을 다루고 그것을 즐기는 방법을 배울 때, 우리의 삶은 웅대한 음악을 창조합니다. 우리는 육체를 기초로 이용하고 의식은 사원을 짓는 데 사용합니다.

육체는 기초가 되고 의식은 사원이 됩니다. 육체는 플룻이 되고 의식은 그것을 흐르는 노래가 됩니다. 물질적인 악기를 통해서 비물질적인 음악이 흘러나옵니다. 인간은 양자를 잇는 밧줄이지요. 이것을 이해하지 못하면 우리는 고뇌로 고통당할 것입니다. 이것을 이해한다면 그때 엑스터시가 일어나지요. 똑같은 에너지가 고뇌가 되기도 하고 엑스터시가 되기도 하는 것입니다.

오늘날 교육과 종교 등 정신문화는 경제 성장과 과학의 발달에 힘입어 외형적으로는 많이 발전한 듯이 보이지만, 반대로 인성이나 세태는 날로 거칠어지고 있습니다. 이런 현상은 교육과 종교가 그 기본 바탕을 무시한 때문일 것인데, 그 바탕은 어떻게 이해할 수 있겠습니까?

본질적인 관점에서 교육과 종교는 모두 실패했습니다. 인류는 전혀 지성적으로 발전하지도 못하고 종교적이 되지도 않았습니다. 그들은 사람들에게 말해 왔습니다. '훌륭한 사람이 되어라. 선한 사람이 되어라. 덕을 쌓아라. 도덕적이 되어라. 그때 그대는 지복을 보답받게 될 것이다.'

그러나 그렇지 않습니다. 오히려 그 반대입니다. 지복에 차면 그대는 선해질 것입니다. 지복에 찬 사람은 누구에게도 해를 입히지 못합니다. 잘못될 수가 없습니다. 우리는 지복을 체험하면서 살 수 있어야 합니다.

그림을 그리면서도 지복을 체험할 수 있습니다. 그림이 유명해질 것이냐 아니냐는 전혀 중요하지 않습니다. 문제는 우리가 그림에 몰입하여 그 속으로 완전히 사라질 수 있느냐 하는 것입니다. 그런 체험이야말로 복된 체험입니다. 신성이 내려오는 순간입니다. 신성의 순간은 자신이 완전히 사라졌을 때 찾아옵니다.

물론 그림으로 성공할 수도 있습니다. 굳이 성공을 반대할 필요는 없습니다. 그러나 성공을 목표로 한다면 그림 자체를 놓치게 됩니다. 설령 성공이 찾아온다 해도 우리의 가슴은 비어있을 것입니다. 왜냐하면 성공으로 가슴이 충만해지는 경우는 없기 때문입니다. 성공은 그냥 뜨거운 욕망일 뿐입니다.

지성은 알고자 하는 염원이 있을 때만 싹튼다. 모든 사람이 아이들을 도와주고 싶어합니다. 그들의 의도는 선하지만, 그 결과는 꼭 그렇지 않을 수 있습니다. 선생님들은 학생들을 도와주기를 원하고 대학은 더 좋은 시민들을 만들어 내기 위해 존재하지만, 아무것도 일어나지 않습니다.

교회, 성직자, 사원, 모두들 삶을 더욱 아름답게 만들려고 애쓰고 있지만, 갈수록 우리 삶은 더욱 더 추해지고 있습니다. 물론 그들의 의도는 매우 훌륭하지만 매우 비과학적입니다. 지성적으로 성장하기를 바라면서 그들의 지성이 싹틀 수 있는 토대를 파괴합니다.

지성은 알고자 하는 염원이 있을 때만 싹틀 수 있는 것입니다. 그런데 강렬한 의문에 사로잡히기도 전에 이미 해답이 주어지니, 진리를 알고자 하는 염원이 일어나겠습니까? 허기를 느끼기도 전에 입에 음식을 우겨넣는 격이지요. 억지로 먹은 음식이 제대로 소화될 리 없잖습니까.

아이들을 보살피는 사람들은 매우 주의 깊고 인내심이 있어야 합니다. 아이의 지성이 싹틀 가능성이 방해가 되는 어떤 말도 하지 않도록 조심해야 합니다. 서둘러 그를 기독교인, 불교인으로 만들려고 해서는 안 됩니다. 무한한 인내심이 필요합니다.

어느 날엔가 아이 스스로 탐구하기 시작할 것입니다. 그럴 때도 기성의 해답을 제공하지 말고, 아이가 좀 더 지성적인 존재가 되도록 도와주어야 합니다. 답을 안겨 주기보다는 아이 스스로 지성을 연마하여 더 깊이 파고들 수 있는 환경을 조성해 주고, 그의 의문이 존재의 핵심까지 뚫고 들어가도록, 그의 의문이 생사의 문제처럼 깊어지도록 그런 환경을 만들어 주어야 합니다.

아이에게 신을 믿으라고 하는 것은 신중치 못한 일입니다. 신이 존재하지 않는다는 말이 아닙니다. 아이는 아직 갈증과 염원이 없습니다. 진리를 추구할 준비가 되어 있지 않습니다. 그는 아직 이 존재계의 실상을 탐구할 만큼 성숙하지 못했습니다.

때가 되면 사랑에 빠지듯이 언젠가는 그런 일이 일어나겠지만, 그에게 어떤 믿음도 강요하지 말아야만 가능한 일입니다. 진리에 대한 갈망이 일어나기도 전에 특정한 종교인으로 만들어 버리면, 그의 삶 전체가 거짓으로 물들고 사이비 종교인이 되기 쉽습니다.

아이들은 참 자아로 태어납니다. 그러나 사회는 가짜 자아를 만들어주기 시작합니다. 유치원에서부터 초 중 고교 및 대학 등이 다 그들을 망쳐 놓을 준비를 하고 있습니다. 그래서 성숙한 사람이 아주 드물게 되었습니다. 대학을 마치고 집으로 돌아갈 때, 그들은 자신의 순수한 존재를 완전히 망각합니다.

이제 그들은 우등상과 일등 졸업, 온갖 상패들을 내건 커다란 에고가 됩니다. 에고는 온갖 야망과 야욕을 품고 항상 모든 분야에서 최고가 되길 원합니다. 에고에 이용당하기 시작하는 것이지요. 그래서 자신의 참 자아를 알아채지 못한 채 살아갑니다. 에고는 무수한 고통과 불행, 투쟁, 좌절, 광기, 자살, 살인, 범죄 등을 생산해냅니다.

아이의 지성을 파괴하면 영혼을 거세한 것이나 다름없습니다. 그의 모든 힘을 말살시켰으니까요. 아이는 무능한 존재가 되어 항상 자신을 지배하고 명령을 내려 주는 누군가를 필요로 하게 됩니다. 이제 그는 충성스런 군인, 모범적인 시민, 애국심 투철한 국민, 신앙심 깊은 종교인이 될 것입니다.

그러나 그는 진정으로 살아 있는 한 개인이 아닙니다. 그에게는 뿌리가 없으며, 평생 동안 그렇게 뿌리 뽑힌 삶을 살 것입니다. 뿌리가 없는 삶은 비참하지요. 지옥 같은 삶입니다. 나무가 땅에 뿌리를 박아야 살 수 있듯이, 인간은 이 존재계에 뿌리를 내려야 합니다. 그렇지 않으면 아주 비지성적인 삶이 되고 말 것입니다.

이 외에도 일상생활에서 그 바탕을 무시함으로써 낭패를 보는 경우가 허다할 것입니다. 이제까지 우리는 바탕에 대해서는 전혀 생각하지 않고 행위만 중시하며 살아왔으니까요.

모든 행위는 바탕이 다져진 뒤에라야 목표에 도달할 수 있습니다. 바탕 없이 행동만 하면, 행동하는 순간 이미 빗나가게 되어 있습니다. 집을 지을 때 기초를 다지지 않고 건물만 세운다고 생각해 보십시오. 그 집이 바로 서 있을 수 있겠습니까?

그러나 완성된 집에서 기초는 보이지 않으며 삶에 직접 소용되는 것도 아니어서 그 존재는 잊혀지기 십상이지요. 그러나 초석은 보이지 않는 자리에서 집 전체를 떠받치고 있는 필수불가결의 요소입니다. 어디 이런 바탕이 집에만 해당되겠습니까?

모든 것은 제일 먼저 바탕이 제대로 이루어져야 합니다. 조금만 깊이 생각해보면, 오히려 바탕 없이 될 수 있는 것을 찾기가 더 어려움을 깨닫게 됩니다. 가령 사람들이 토론하는 것을 보면 상대방을 공격하기 위해서 말만 잘하면 되는 것으로 알고 열변을 토하지만, 정작 상대방이 들을 준비가 되어 있지 않으면 아무리 유창한 화술이라도 단지 공허한 소리에 그치고 맙니다.

국회에서 여야가 아무리 상호 공격하고 비방의 수위를 높여도 듣는 편에서 경청할 자세가 되어 있지 않은 한, 그 모든 공격은 과녁을 빗나간 화살에 불과합니다. 그래서 번번이 회기 내에 아무런 결실도 맺지 못하고 공전하면서 그 존립 명분마저 위협받게 되는 것입니다.

대화나 토론은 말하는 사람 혼자 하는 것이 아닙니다. 듣는 사람이 들을 준비가 되어 있어야지요. 그러나 지금 이 사회에는 웅변학원만 난무할 뿐 듣는 법을 가르치는 곳은 한 군데도 없습니다.

말하는 사람에 앞서 먼저 듣는 사람의 수용적인 자세가 요구됩니다. 수용적인 자세란 다른 사람의 말을 들을 때 오로지 듣는 사람으로 남아 있는 것입니다. 그러나 우리는 남의 말을 들을 때, 오로지 말을 듣기만 하지 않습니다.

흔히 그 사람의 말을 해석하고 비판하고 평가하고 긍정하고 부정하고, 자신의 생각과 일치하거나 일치하지 않는다고 판단하곤 합니다. 그때 그들은 타인의 말을 듣고 있지 않고 다른 일을 하고 있습니다. 이런 사람은 결코 남의 말을 귀담아 들을 수 없습니다.

골짜기가 사라지면 봉우리도 사라진다. 스승의 가르침도 제자가 받아들일 준비가 되어 있지 않은 한 공염불에 지나지 않습니다. 세상에서는 훌륭한 스승을 강조하지만, 사실은 훌륭한 제자가 더 중요합니다. 스승은 스승 자신만으로는 존재할 수 없고 제자들이 그를 필요로 할 때만 존재합니다. 제자가 이해를 필요로 할 때 비로소 사제 관계가 성립합니다.

제자가 스승을 스승으로 생각하기 시작하는 것은 알고자 하는 그의 욕구에서 비롯됩니다. 제자가 이해하는 날, 제자는 사라지고 그와 동시에 스승 또한 사라질 것입니다. 봉우리가 있으면 그 이면에는 골짜기가 있습니다. 골짜기가 사라지면 봉우리도 사라집니다. 골짜기 없는 봉우리는 존재할 수 없습니다.

깨달은이는 오직 그가 우리의 깨달음을 도울 수 있다고 느낄 때만 말을 합니다. 진정한 스승은 우리가 받아들일 자세가 되어 있어야만 어떤 말을 할 것입니다. 우리가 순수하다는 것을, 마음이 열려 있다는 것을 알 때, 그리고 크나큰 겸손과 감사로 받아들일 수 있을 때만 어떤 말을 할 것입니다.

많은 사람들이 남에게 조언하기를 좋아하는데, 사실 바보만이 조언을 합니다. 또 어리석은 자만이 조언을 받아들입니다. 지혜로운 이는 함부로 조언하지 않습니다. 아낌없이 받기는 하되 절대로 남에게 주어서는 안 되는 것이 조언임을 현명한 자들은 잘 알고 있습니다.

지혜로운 자는 조언을 받아들일 수 있도록 먼저 준비시킬 것입니다. 토지를 준비해야 씨를 뿌릴 수 있는 법이니까요. 바위나 돌밭에 씨를 뿌리는 것은 어리석은 이가 하는 짓입니다.

2

참 스승의 외침은 어떤 것인가

天下之無道也久矣 天將以夫子爲木鐸
천 하 지 무 도 야 구 의 천 장 이 부 자 위 목 탁

천하에 도가 없어진 지 오래 되었다. 하늘은 장차 당신들의 스승을 도를 일깨우는 목탁으로 삼으실 것이다.

天下 하늘 아래 즉 온 세상을 뜻하다. | **無道** 도가 없다 즉 도가 통하지 아니하다 | **也** 구절이 끝남을 나타내는 형식어로, 이 구절이 주어로 쓰임을 강조하다. | **久** 오래다, 오래 되다 | **矣** 문장이 끝남을 나타내는 형식어 | **將** 장차, 미래 시제를 나타내다. | **以~爲~** ~으로써 ~을 삼다. 즉 '~이 ~이라고 생각한다'는 숙어, 以甲爲乙 '갑'으로써 '을'을 삼다. 즉 갑이 을이라고 생각하다. | **夫子** 스승을 높여 이르는 말로, 여기서는 공자를 가리킨다. | **木鐸** 불공을 할 때 두드려 소리를 내는 기구로, 세상 사람을 깨우쳐 바르게 인도할 만한 사람을 비유적으로 이르다.

도는 한 순간도 없을 수 없습니다. 그래서 궁극적인 도인 것입니다. 천하에 도가 없다는 것은 정말 도가 없는 것이 아니라 사람들이 도를 무시하는 정도가 극에 달해서, 마치 도가 없는 것처럼 함부로 날뛰는 것을 의미합니다.

그 시대에 도라고 칭한 것은 지금은 신으로 이해해도 좋을 것입니다. 마치 신이 없는 것처럼 인간의 탈을 쓰고는 도저히 할 수 없는 일들이 지금 도처에서 벌어지고 있지 않습니까. 세상이 어려운 상황에 처할 때 위대한 스승이 나타나서 각성의 일갈을 토하게 하는 것은 신이 언제나 우리를 사랑하고 진리가 영원히 살아있음을 보여주는 것입니다.

인간만 빼고 존재계는 모두 지복에 휩싸여 있습니다. 인간만이 지복에서 빠져나와 한 평생 방황하지요. 인간이 길을 잃고 헤매는 것은 다른 생물과 달리 인간에게는 의식이 있기 때문입니다. 의식에는 두 가지가 있습니다. 첫째는 순수 의식입니다. 순수 의식은 우리 안에 빛을 가져옵니다.

붓다는 "무심의 경지에 도달하면 내면에 수천 개의 태양이 떠오른다."고 말했습니다. 그것은 순수하고 오염되지 않은 기쁨입니다. 우리의 마음만 버리면 우주의 유희를 자각할 수 있습니다. 우주의 유희를 자각하면 에너지로 넘칩니다. 우리가 순수 의식이 되게 하는 것, 이것이 스승이 할 일입니다.

우리가 지금 느끼고 있는 것은 자의식입니다. 인간은 극심한 자의식에 사로잡혀 길을 헤매고 있습니다. 기독교의 원죄 이야기는 의미심장합니다. 지식나무의 열매를 따 먹었기 때문에 인간은 자의식이 생기고 타락하게 되었다는 것이지요. 지식이 많을수록 자의식이 강해지고, 지식인이 되면 어느 새 신뢰와 사랑, 유희, 경이 등은 모두 사라집니다.

야생동물은 자의식이 없기 때문에 연기를 하지 않고 단순히 그들의 삶을 살아갑니다. 자의식은 일종의 병입니다. 그것은 갈등과 투쟁과 충돌의 세계입니다. 자의식을 느낄 때 우리는 전체와 분리되고 타인과 대립하는 개인이 됩니다. 자의식에 휩싸인 인간은 항상 긴장하고 좌절 속에 살아갑니다.

자의식은 항상 도를 거스릅니다. 사람들은 쉬운 일은 하지 않습니다. 어렵고 힘든 일을 좋아하지요. 왜 그런가요? 어려운 일을 만나면 자의식이 이를 도전으로 받아들이면서 예민하게 깨어나기 때문입니다.

우리는 자의식 때문에 수많은 일을 합니다. 우리는 큰 집을 갖고 싶어합니다. 지금 사는 집도 편하고 좋습니다. 하지만 더욱 커다란 궁궐 같은 저택을 갖고 싶어합니다. 그 저택은 우리를 위한 것이 아니라 우리의 자의식을 위한 것입니다.

지금 경제적으로 부족하지 않을지라도 우리는 재산을 더 많이 모으고 싶어합니다. 재산은 우리를 위한 게 아니라 우리의 자의식을 위한 것입니다. 부자가 되기 위해 모든 사람이 끊임없이 투쟁합니다. 하지만 투쟁에서 오는 것은 불행뿐입니다. 우리의 불행은 우리가 투쟁하고 있음을 뜻합니다.

진정한 변화는 우리가 존재와의 투쟁을 쉴 때 일어나기 시작합니다. 그러면 점진적으로 도의 세계가 열릴 것입니다. 우리는 전체와 하나가 되거나 아니면 전체와 싸우거나 할 수 있습니다. 순수 의식은 전체와의 하나 됨을 통해 지복을 낳고, 자의식은 전체와의 갈등을 초래해서 세상을 지옥으로 만듭니다. 위대한 스승들은 사람이 자의식을 버리고 순수 의식을 회복하게 하기 위해서 헌신하였습니다.

천하에 도가 없어졌다는 것은 천하가 어지러워진 궁극적 원인을 지적한 것으로 생각되는데, 이때 도는 어떻게 이해하면 좋겠습니까?

평소 말이나 행동이 인간으로서 지켜야 할 도리에 어긋나서 못되게 구는 자를 가리켜 우리는 천하에 무도한 놈이라 합니다. 달리는 금수만도 못한 인간이라 칭하기도 합니다. 최소한 동물은 자연에 충실하나, 이런 사람들은 자연적이지도 못하기 때문입니다.

천하에 무도한 놈이란 한 인간의 무도한 정도를 강조하는 것인데 대해서, 여기서 천하무도天下無道라 한 것은 세상에 이런 인간이 득시글득시글하여 세상이 얼마나 혼란한 상태에 빠졌는지 강조한 것이라 할 수 있습니다.

오늘날 우리 사회를 돌아보면 천하무도가 어떤 것인지 도처에서 명명백백하게 드러나고 있어 이를 굳이 설명할 필요도 없을 듯합니다. 더 많은 돈, 더 큰 권세를 갖기 위해 그리고 더 많은 땅을 차지하기 위해, 많은 사람들이 수단 방법을 가리지 않고 옳지 못한 일들을 자행하고 있습니다.

특정한 극소수가 아니라 대부분의 사람들이 일상 거짓말을 밥 먹듯 하고 부정을 행합니다. 그들은 수백 개의 거짓 얼굴을 가지고 살면서 다른 이에게나 그 자신에게 진실한 적은 한 순간도 없습니다. 끊임없이 거짓말을 하고 사기를 치고 겉치레를 위해 많은 투자를 해야 합니다. 그래야만 세상에서 성공할 수 있습니다. 진실은 성공에 전혀 도움이 되지 않습니다. 정직도 성실함도 아무 도움이 안 됩니다.

특히 최근에는 많은 사람들이 돈의 노예가 되어 온갖 못된 짓을 하면서도 하등 양심의 가책을 느끼지 않는 듯합니다. 갈수록 사람들은 탐욕으로 가득 차 전 생애에 걸쳐 어떠한 수단을 써서라도 돈을 모으려고 합니다. 돈을 가지고 있지 않으면 삶 전체가 하나의 저주가 될 것이라고 생각하는 것 같습니다.

그러나 사람들이 필요 이상의 돈을 모으기 위해 사용하는 수단들은 하나같이 추하고 비인간적이며 폭력적이기까지 합니다. 돈을 많이 모으기 위해서는 다른 사람을 착취해야 할 뿐만 아니라 자신의 아름다운 삶도 희생해야 하기 때문이지요.

돈을 위해서라면 친구는 물론 부모 형제도 아랑곳하지 않고 헐뜯고 싸우며 심지어는 살해하기까지 서슴지 않는 기막힌 사건들이 심심치 않게 언론에 오르내립니다. 우리는 현대의 문명인을 가장 진화된 인간으로 생각하기 쉬우나 실상 현대인은 가장 저급하고 영적으로 병들어 있는 인간입니다.

많은 신흥 졸부들이 자신의 목적을 달성했으며 행복을 발견했다고 생각할지도 모르지만, 사실 지금 그들은 막다른 골목으로 치닫고 있는 것입니다. 현대인의 행복은 옛날 사람의 불행보다도 더 비참하다고 아니할 수 없습니다. 물질 중심의 사회는 공허한 인간을 낳으며, 이런 인간은 장삿속으로만 살아갑니다.

안타깝게도 모든 것이, 심지어는 가장 신성한 것도 장삿속으로 이루어져 있습니다. 바깥에 있는 것은 그 안에 풍부함이 없으면 무의미한 것이 되고 맙니다. 바깥에 있는 부富는 안의 빈약함을 강조하는 것에 불과합니다. 이런 이들에게 인간의 도리란 이해관계 앞에서는 헌신짝만도 못한 것입니다.

자연과 함께, 도와 함께 전통적으로 인간으로서 지켜야 할 도리란, 부모를 공경하고 스승을 존경하는 등 사람들을 관계에 맞게 대접할 줄 알고, 남을 속여 손해를 입히거나 폭력을 휘둘러 상처를 입히는 등의 비신사적 처신을 삼가는 이른바 도덕적 행동 방식을 일컫는 것입니다. 지난 수천 년 동안 인간은 규율을 존귀한 가치로 만듦으로써 사회의 질서를 유지하려 하였습니다.

엄한 사회에서는 지켜야 할 규율이 수백 가지 혹은 수천 가지가 되기도 했습니다. 곰곰이 생각해보면, 이들은 상대적이며 또한 다분히 억압적이고 인위적이기도 한 것이어서 개인의 자유와 인간의 존엄성을 해치기도 합니다. 보다 높은 차원의 절대적인 도를 이해하기 위해서는 도덕주의자들의 한계를 극복할 필요가 있습니다. 도를 도덕이나 윤리 정도로 보는 것은 너무 피상적이고 근시안적인 것입니다.

인간은 늘 자연과 함께 살아왔습니다. 자연과 함께 사는 것은 실상 도와 함께 사는 것입니다. 자연은 수천 가지 방식으로 도를 반영하기 때문이지요. 자라나는 나무들과 멀리서 우는 뻐꾸기 소리와 소나무를 스치는 바람, 바다를 향해 흘러가는 강과 태양 아래 우뚝 선 산, 별이 반짝이는 밤, 이들을 대하면서 보이지 않는 어떤 손을 생각하지 않는다는 것은 불가능한 일입니다.

바다는 물결치고 숨을 쉽니다. 온 존재계는 하나의 커다란 생명 현상입니다. 모든 것이 살아 숨 쉬고 성장하고 있습니다. 에베레스트는 아직도 해마다 조금씩 높이를 더하며 자라고 있습니다. 이 성장하는 경험 때문에 인간은 그 모든 것 뒤에 있는 어떤 보이지 않는 신비로운 힘을 계속해서 의식하게 됩니다. 그 힘을 도로 이해할 수 있습니다. 도는 어떤 인물이 아니고 현존하는 에너지 그 자체입니다.

그러나 지금 우리는 도의 자취를 찾는 게 거의 불가능한 인공적인 세상에 살고 있습니다. 아스팔트 길 위에서 어떻게 도를 발견하겠습니까. 그것은 자라지 않고 숨 쉬지 않습니다. 시멘트 건물에서 어떻게 도를 찾을 수 있겠습니까. 그것들은 살아있지 않습니다. 어떻게 도를 기계 속에서 찾겠습니까. 거대한 기계를 마주하고서는 외경심을 느낄 수 없고 경외감을 느낄 수 없으며 잠깐이라도 무릎 꿇고 기도하고 싶은 충동을 느낄 수 없습니다.

인간은 오늘날 무의미라는 엄청난 홍수와 맞닥뜨렸습니다. 모든 게 아무 의미도 없어 보입니다. 그 이유는 간단합니다. 도가 없이는 아무 의미가 없고 도가 없이는 숭고함도 광채도 없기 때문입니다. 삶은 초월적 삶의 배경 아래서만 의미를 지닐 수 있습니다. 의미는 늘 그 배경으로부터 오는데, 지금 인간은 배경 없이 서 있습니다.

의미는 우리가 자신보다 큰 어떤 것을, 자신보다 위대한 어떤 것을 올려다 볼 수 있을 때만 존재할 수 있습니다. 우리가 보다 위대하고 성스러운 어떤 것과 연관을 느낄 때 우리의 삶은 의미를 지닙니다. 위대한 것과 관련이 없고, 뿌리가 없다고 느끼면서 우리가 어떻게 의미를 느낄 수 있겠습니까?

이제 우리는 세련된 논리로 살면서 도를 부정합니다. 그러나 도는 느낌이지 사고가 아닙니다. 도는 생각할 대상이 아니기에 도에 대해 생각할 수 없습니다. 도는 언제나 존재합니다. 사실 도는 옛날에도 있었고 오늘날도 있으며 앞으로도 영원히 있을 것입니다.

도는 언제나 존재하지만 이를 바라보는 우리의 눈은 바뀝니다. 인간이 성장하면 도도 성장한 모습으로 느껴질 것입니다. 우리가 바뀌는데 도에 대한 우리의 관념이라고 똑같이 제자리에 그냥 남아 있겠습니까. 우리가 바뀔 때 모든 것이 바뀝니다.

한가하게 그러나 게으르지 않게 그러나 이 시대는 도의 개념을 바꾸는 것을 넘어 도 자체를 무시하고 망각함으로써 우리는 허탈하고 공허합니다. 하지만 인간은 오랫동안 공허하게 남아있을 수 없습니다. 그래서 이제 그 자리에 논리가 대신 들어섰습니다. 논리로 입증되는 것은 무엇이든 진리이고, 논리로 입증되지 않는 것은 전부 진리가 아니라고 생각합니다.

하지만 논리는 제한된 것이어서 많은 것들을 입증할 수 없습니다. 논리로는 장미의 아름다움이나 사랑의 존재를 증명할 수 없습니다. 음악과 시에 대해서 논리는 눈먼 존재입니다. 논리는 그 나름의 가치를 가지고 있지만, 그것은 지극히 제한적입니다.

삶은 논리적으로 설명할 수 있는 정형화된 것이라기보다는 강물처럼 끊임없이 흘러가는 현상입니다. 강은 나무 옆을 지나면서 나무에게 물과 양분을 나누어 주며 계속 흘러갑니다. 강은 나무에게 매달리지 않으며, 나무 또한 강을 붙잡으려 하지 않습니다. 그들은 자연의 이법을 철저히 확신하고 있습니다.

인간은 도에 대한 신뢰도 잃어버리고 생기발랄한 삶도 상실한 채 안전과 확실성만을 추구합니다. 그러나 삶은 전혀 안전하지도 확실하지도 않습니다. 오직 기계만이 안전하고 확실합니다. 진정한 지혜를 지닌 인간은 어떠한 도그마에도 의존하지 않고 불확실하게 그러나 자유롭게 살아갑니다.

이런 삶에서 느끼는 도란 사실 막연하기 그지없고 극히 추상적이기도 합니다. 그렇다고 해서 도가 없거나 멀리 떨어져 있는 것이 아닙니다. 도는 현실입니다. 바다가 물고기를 에워싸고 있듯이 도는 우리를 둘러싸고 있습니다.

물고기는 바다를 인식하지 못하고 인식할 수도 없습니다. 물고기는 바다에서 태어났고, 항상 바다에서 살았고, 파도가 바다의 일부분인 것처럼 바다의 일부분이기 때문입니다. 무언가를 알기 위해서는 약간의 거리가 필요합니다.

우리가 도와 함께 하는 현실도 마찬가지입니다. 우리가 좋다면 신이라는 단어를 사용할 수도 있습니다. 신은 멀리 있지 않으며, 그것이 우리가 신에 대해 알지 못하는 이유입니다. 아주 가까이 있다고 말하는 것도 꼭 옳은 것은 아닙니다. 왜냐하면 거기에도 약간의 거리는 있으니까요. 신은 우리 안에 그리고 우리 밖에 존재합니다. 우리는 그 안에 존재하며 그를 벗어날 수 없습니다.

도에는 어떠한 규율도 노력도 필요 없습니다. 단지 이해만이 있을 뿐입니다. 노력은 우리가 올바로 이해하지 못했다는 것을 의미합니다. 이해야말로 하나의 혁명이라 할 수 있습니다. 만일 아름다움이 무엇인지 이해한다면 – 자연스러운 것이 아름다운 것입니다 - 이 아름다움을 얻기 위해 우리가 무슨 노력을 하겠습니까?

자연스럽기 위해서는 오히려 모든 노력을 떨쳐버려야 합니다. 우리는 어떤 노력을 통해 노력을 떨치려고 애 쓸지도 모릅니다. 그렇다면 우리는 같은 함정에 빠지고 말 것입니다.

꽃이 피어나는 데는 어떠한 노력도 필요하지 않고, 나무가 자라나는 데도 아무런 노력이 필요치 않습니다. 강물이 바다로 흘러가지만 강물의 흐름을 행위라 할 수도 없습니다. 거기에는 인위적인 노력이 없기 때문입니다.

강물은 아주 편안하게 마음을 푹 놓고 흘러갑니다. 매 순간 아름답고 소중해서 내일 일을 신경 쓰지 않습니다. 오직 인간만이 긴장하여 행위에 골몰합니다. 스승은 언제나 자연스러움에 대해 말하지만, 추종자들은 자연스러움을 이해할 수 없어 이를 그들 자신을 규율하는 것으로 해석합니다.

도에 따라 사는 사람은 한가한 사람입니다. 자신에 관한 일은 어떤 것도 하지 않기 때문입니다. 그는 한가할 뿐이지 게으른 사람이 아닙니다. 그는 자발적인 사람이기 때문에 한가할 뿐입니다. 행동이 필요한 상황에서 단지 대응할 뿐입니다. 그는 자신의 의식을 기다리는 사람입니다.

그의 본성이 어떤 노력도 하지 않고 자연스럽게 흘러나올 때까지 기다리는 것입니다. 그래서 그는 노력 없는 노력을 하는 사람입니다. 행위 없는 행동을 하는 사람입니다. 단지 존재계가 자신을 통해 흘러가도록 자신을 열어놓은 사람입니다. 그는 텅 빈 대나무일 뿐입니다. 존재계는 그를 통해서 노래를 부를 수 있으며, 그의 유일한 기능은 노래를 방해하지 않는 것입니다.

이와 반대로 적극적으로 세상에서 돈과 권력과 명성을 추구하는 것은 우리의 삶을 파괴할 뿐입니다. 그것들은 우리가 자신을 알고 꽃 피울 수 있는 모든 기회를 없애버립니다. 우리의 삶이 위대한 은총과 축복으로 변할 수 있는 모든 기회를 깡그리 부숴버립니다. 이것이 지금 우리가 처한 현실입니다.

우리는 인류가 최근에 와서 타락한 것으로 생각하는데, 공자가 살던 시대에도 천하가 어지러워진 것이 오래 되었다고 탄식하였습니다. 이를 어떻게 이해해야 합니까?

지금 우리가 과거 어느 때보다 복잡하고 심각한 삶을 살고 있는 것은 부정할 수 없는 사실입니다. 현대인은 거의 모두가 신경증을 앓고 있습니다. 옛사람들은 정신적으로 건강했습니다.

그때는 지금처럼 삶이 복잡하지 않았습니다. 앉아서 별들을 보거나 나무를 바라보거나 새들의 노랫소리를 듣는 시간이 예사로 있었습니다. 한 마디로 존재를 깊이 받아들일 수 있는 시간이 많았던 것이지요. 이런 시간이 있어야 사람은 보다 건강하고 전일적인 존재가 될 수 있습니다.

세상은 엄청나게 변했습니다. 현대인들은 예전 사람들보다 훨씬 더 많은 것을 배우고 소화해야 합니다. 세상은 숨 가쁘게 돌아갑니다. 매일같이 새로운 상황에 적응할 수 있어야 합니다. 이는 크나큰 도전입니다. 신경증이란 마음속에 너무나 많은 짐을 가지고 있어서 마음이 그 짐에 눌려 신음하고 있는 것을 말합니다. 지금 우리는 너나 없이 짐에 눌려 제대로 숨 쉴 수조차 없을 지경입니다.

그러니 의식이 비상한다는 것은 꿈도 꿀 수 없는 일이지요. 짐이 너무 무거워 기어 다니는 것조차 힘겹습니다. 그런데 짐은 매 순간 늘어가기만 합니다. 그래서 마음은 고장 날 수밖에 없습니다. 지금 우리 마음은 이런 상황에 놓여 있습니다. 너무 많은 것들을 받아들여야 합니다. 마음이 고장 나는 것은 어쩌면 당연한 일인지 모릅니다. 기계에는 한계가 있는 법, 마음도 미묘하고 섬세한 메커니즘입니다.

진정으로 건강한 사람은 자신의 경험을 소화하는 데 50퍼센트의 시간을 할애합니다. 50퍼센트의 행위와 50퍼센트의 무위無爲, 이것이 균형 잡힌 삶입니다. 우리는 단순함으로 다시 깨어나야 합니다. 진리는 쉽고 단순합니다. 우리는 자연스러운 상태에서 벗어나 복잡한 문명의 틀 속으로 깊이 빠져들었습니다. 고대로 올라갈수록 나무의 뿌리에 가까워지고, 현대로 내려올수록 나무의 잎사귀에 가까워집니다.

쉽고 단순하고 진실한 진짜 삶 옛날 사람들은 단순하고 진실했지요. 그들은 진짜 삶을 살았습니다. 지금 우리는 매우 억압된 삶, 인위적인 가짜 삶을 살고 있습니다. 웃고 싶지 않을 때도 웃습니다. 화내고 싶을 때도 동정하는 체합니다. 사람들이 모두 거짓스럽습니다. 삶의 모든 양식 자체가 거짓투성입니다. 모든 문화가 거대한 거짓덩어리와 같다면 지나칠까요.

이 시대 우리들은 삶을 사는 것이 아니고 연기를 할 뿐입니다. 회의주의와 불신이 만연하여 어린아이들까지도 의심하고 있습니다. 옛날에는 노인들까지도 모든 것을 신뢰했지요. 세상 전체의 분위기가 신뢰와 믿음으로 가득 차 있었습니다. 그들은 모두 건강한 사람들이었습니다.

옛날 사람이 현대로 오면서 어떻게 변했는가를 구체적으로 이해하는 한 방법으로 어린이와 노인의 차이를 생각해볼 수 있습니다. 노인은 언제나 안전, 무사, 예금 잔액만을 생각합니다. 언제나 두려움의 관점에서 생각합니다. 죽음이 바로 앞에 와 있기 때문입니다. 지속의 관점에서 표면적인 삶만을 살 뿐, 그 안에는 진정한 것이 없습니다.

모든 의미 있는 것들이 다 사라져 버렸습니다. 삶을 기쁨으로 만드는 모든 것들은 사라져 버렸습니다. 위험하기 때문입니다. 지속적이고 영원한 것, 플라스틱과 같은 것들만이 가치 있게 되었습니다. 그것이 더 안전하기 때문입니다. 이것이 노인의 방식이지요.

어린아이는 결코 죽음을 걱정하지 않습니다. 그의 관심은 삶입니다. 그는 지도에 없는 곳, 미지의 곳으로 가는 데 관심이 있지요. 그는 위험을 감수할 준비가 되어 있습니다. 위험을 감수할 준비가 되어 있는 사람만이 진정으로 살아 있는 것입니다.

그들은 오래 살지 못할지도 모르나 그것은 전혀 중요하지 않습니다. 단 한 순간만이라도 진실하게, 전체적으로, 완전하게 살 수 있다면 그것으로 충분합니다. 단 한 순간의 전체적인 경험이 영원히 썩지 않는 플라스틱 같은 것보다 훨씬 더 위대합니다.

거시적 관점 그러나 거시적 관점에서 보다 근본적으로 생각해볼 때 이런 차이나 변화는 표면적인 현상일 뿐 결코 본질적이지 않은 것임을 간파할 수 있어야 합니다. 바빌론에서 약 6천 년 전의 것으로 보이는 돌이 하나 발견되었는데 그 돌 위에는 4~5개의 문장이 새겨져 있었습니다.

마침내 그것이 해독되었을 때 사람들은 놀라지 않을 수 없었습니다. '도대체 그 옛날의 황금기는 모두 어디로 갔단 말인가? 요즘 젊은 이들은 몹시 타락했다. 그들은 자신들의 부모를 존경하지 않고 ……'

이것이 6천 년 전의 글이라니요. 오늘날의 젊은이와 무엇이 다릅니까? 언제나 사람들은 그 시대가 가장 부도덕한 시대라고 느껴왔습니다. 단지 형태와 정도만 다를 뿐 모든 것은 비슷합니다. 똑같은 분노, 똑같은 증오, 똑같은 폭력, 똑같은 비인간성, 똑같은 광기, 똑같은 신경증. 진실로 태양 아래 새로운 것은 아무 것도 없습니다.

여기저기서 조금씩 변하기는 하지만 근본적으로는 동일한 형태를 계속 반복하고 있습니다. 정치와 정치가들, 국가 간의 전쟁, 그리고 생존하기 위해 서로를 무참히 짓밟는 잔인한 아귀다툼, 인간의 탐욕, 인간의 호전성, 다른 인간에 대한 비인간적 폭거 등이 사람 사는 곳엔 난무합니다.

웰스는 자신의 걸작인 『세계사 대계』를 출판했을 때 이런 질문을 받았습니다. "문명에 대해 어떻게 생각하십니까?" 그는 이렇게 대답했습니다. "문명이라고요? 그거 좋은 말입니다. 하지만 문명을 만들려면 노력을 해야지요. 아직까지 문명은 존재한 적이 없습니다."

아직까지 문명도, 문화도, 종교도 존재한 적이 없습니다. 문명, 문화, 종교의 이름으로 우리는 온갖 야만적이고 원시적이고 비인간적인 행위를 수없이 저질렀습니다. 인간은 타락했습니다. 아담과 이브가 하나님으로부터 버림을 받아 에덴동산에서 쫓겨난 이래 오랜 세월에 걸쳐 인간은 항상 똑같은 느낌을 가져왔습니다.

무도無道한 세상에 대해서 유도有道한 세상, 즉 도가 살아서 통하는 세상은 어떤 세상입니까?

자연계에도 도가 있고, 인간 세상에도 도가 있는 법입니다. 근본적으로 이들은 둘이 아니고 하나입니다. 궁극적인 도는 모든 사물에 두루 통하기 때문입니다. 그렇지 않으면 궁극적이라 할 수 없습니다. 편의상 도의 한 예를 식물의 구조를 통해서 살펴볼까 합니다. 나무에서 뿌리는 제일 아래 있고, 꽃은 위에 있습니다. 단단한 것은 하위의 것이고, 부드러운 것이 상위의 것이 되는 것이 도의 한 속성입니다.

인간 세상에서도 강한 사람이 하위를 맡고 유연한 사람이 상부를 맡으면 이상적인 사회 구조가 될 것입니다. 시인과 화가가 사회의 상부를 맡아야 합니다. 성자와 현자가 최상부를 맡아야 합니다. 군인과 정치가와 사업가는 하부를 맡아야 합니다. 그들은 상부를 맡을 만한 사람들이 아닙니다. 하부에 있어야 할 사람들이 상부를 차지하는 바람에 온 세상이 뒤죽박죽이 되었습니다.

이는 마치 뿌리가 나무의 정상을 차지하고 꽃은 밑으로 밀어낸 형국입니다. 세상이 보다 조화로운 환경이었을 때 인도에서는 브라만(힌두교의 제1 계급인 승려 계급)이 상부를 맡았습니다. 브라만은 브라흐마(힌두교의 창조신, 우주의 근원)를 깨달은 현자들입니다.

브라만은 태어나면서부터 정해지는 계급과는 아무런 관련이 없습니다.

브라만은 내면의 각성과 관련 있습니다. 궁극의 진리를 깨달은 사람이 브라만입니다. 브라만은 사회의 꽃이었습니다. 그래서 상부를 맡았습니다. 강력한 제후와 황제들도 브라만의 발 아래 절을 했습니다. 그것이 바른 법도입니다. 왕은 아무리 강할지라도, 아무리 위대할지라도 왕일 뿐입니다. 야망과 에고를 좇는 속인은 정신이 병들어 있습니다. 따라서 왕이라 할지라도 브라만에게 절을 했습니다.

꽃은 위에, 뿌리는 아래에 다음에 재미있는 이야기를 하나 소개합니다. 붓다가 어떤 나라를 찾았습니다. 그런데 이 나라의 왕은 도성 밖으로 나가서 붓다를 영접하길 꺼려했습니다. 지혜로운 늙은 재상이 왕에게 조언을 했습니다. "가 보셔야 합니다." 왕이 대답했습니다. "격에 맞지 않는 것 같소. 구걸하는 거지가 아니오? 그냥 오라고 하시오. 왜 내가 도성 밖까지 나가 영접을 해야 한단 말이오? 나는 왕이고 그는 거지요."

그러자 늙은 재상은 그 자리에서 사직서를 썼습니다. "사직서를 받으십시오. 그렇게 옹졸하시다니, 저는 더 이상 여기 있을 수 없습니다. 전하는 한 나라의 왕이지만, 그분은 왕국을 버린 분입니다. 아무것도 가진 게 없습니다. 전하에게는 거대한 나라가 있고, 그분에게는 아무것도 없습니다. 하지만 그분은 더없이 높으신 분입니다. 가서 영접하십시오. 그렇게 하지 않으시려면 제 사직서를 받으십시오. 저는 더 이상 전하를 보필할 수 없습니다."

그래서 왕은 나가서 영접했습니다. 왕이 붓다에게 절을 하자 붓다가 말했습니다. "그럴 필요 없습니다. 전하는 마지못해 나왔지요. 마지못해 나오는 건 진정으로 나오는 게 아닙니다. 존경은 강요될 수 있는 게 아닙니다. 존경하든가 못하든가 둘 중 하나일 뿐입니다.

그러므로 여기까지 나올 필요가 없었습니다. 내가 전하를 보러 여기까지 오지 않았습니까? 나는 거지에 불과합니다." 그러자 왕이 울기 시작했습니다. 붓다의 말을 깨달은 것입니다.

정치가는 지혜로운 자가 아니다. 동양에서 브라만은 사회의 정상에 있었습니다. 그것이 바른 사회 구조입니다. 하지만 지금 세상에서는 정치가들이 정상에 있습니다. 그래서 세상이 혼란스럽습니다. 그럴 수밖에 없는 것이 현대 사회 구조는 정상이 너무 무거워졌습니다. 꽃이 정상에 있어야 합니다. 현자와 신비가 등 아름답고 가벼운 이들이 정상에 있어야 합니다. 정치가는 결코 아닙니다.

정치가는 영적인 사람이 될 수 없습니다. 물론 정치가가 종교적인 사람인 것처럼 가장할 수는 있습니다. 정치란 순전히 야망의 일이요, 종교란 야망을 버리는 일입니다. 종교성이란 있는 그대로 행복해하는 것입니다. 그러나 정치는 내가 정상에 있을 때만 기뻐할 것입니다. 있는 그대로의 모습으로는 행복할 수 없습니다.

'나는 뛰고 달려야 한다. 필요하다면 폭력도 서슴지 않는다. 수단과 방법을 가리지 않고 나는 정상에 올라야겠다. 그래서 나의 능력을 만천하에 과시하겠다.' 정치가는 이렇게 가장 강한 사람이 되기를 원합니다.

정치가는 열등감에 시달립니다. 종교인에게는 열등감도, 우월감도 없습니다. 정치가는 성공을 위해 종교인인 것처럼 가장합니다. 하지만 종교인이 된다는 것은 야망을 버리고 지금 여기에 존재하는 것입니다. 그러므로 동시에 정치인과 종교인이 될 수는 없습니다.

지혜롭지 못한 사람만이 정치적인 것에 관심을 둡니다. 지혜로운 자는 좀 더 의미 있는 것을 찾습니다. 지혜로운 자는 정치판에서 뒹굴지 않습니다. 오직 삼류만이 대통령이 되고 수상이 됩니다. 지혜로운 자는 이런 황폐한 땅을 넘보지 않습니다. 그러나 지금 정치가가 세상에서 가장 중요한 인물이 되고, 교활한 정치가들이 초인 비슷하게 여겨지기까지 하는 것은 실로 도에서 멀리 벗어난 일이라 아니할 수 없습니다.

목탁이란 세상을 깨우쳐 바르게 인도할 만한 사람을 비유한 것인데, 하늘로부터 목탁의 소임을 부여받는 큰 스승이란 과연 어떤 사람인지 궁금합니다. 누가 세상을 일깨워 바르게 인도할 수 있겠습니까?

진실로 위대한 스승이란 단지 신의 도구일 뿐입니다. 신의 매개자입니다. 신은 우리에게 직접 무슨 일을 할 수 없습니다. 누군가를 통해야 하지요. 우리 가운데서 가장 순수하고 가장 깨달음이 높은 사람을 통해서 세상을 돌보게 합니다.

언제나 신은 우리를 사랑하며 우리를 저버리지 않습니다. 결코 우리에게 무관심하지 않으며, 끊임없이 우리를 염려하고 보살펴 주지요. 특히 인류의 고통이 극에 달하고 많은 사람이 몹시 어려운 상황에 처할 때, 하늘은 위대한 스승을 통해 우리를 구원할 것이라는 믿음이 오래 전부터 있어 왔습니다.

이것이 구체적으로 실현되는 방식은 이렇습니다. 즉 올바른 스승이 있다면 수천의 올바른 제자들이 반드시 찾아옵니다. 순수한 샘물이 있다면 목마른 자들이 몰려오고, 장미가 피면 꿀벌들이 수마일 떨어진 곳에서 꽃을 찾아 날아오는 것과 같은 이치입니다. 이때 스승은 특별히 어떤 일을 하는 것이 아닙니다. 그는 그냥 거기에 있고 그의 현존이 일을 합니다.

그러나 스승은 제자들이 신뢰할 때만 일을 할 수 있습니다. 신뢰가 없다면 어떤 것도 행해질 수 없습니다. 그는 어떤 것도 적극적으로 할 수 없지요. 하지만 그는 열려 있습니다. 제자들이 스승을 신뢰한다면 교류는 자연스럽게 이루어집니다.

스승은 도와줄 준비가 되어 있습니다. 그러나 그러기 위해서는 제자들이 수용적이어야 합니다. 스승은 제자에게 공격적일 수가 없습니다. 공격성을 갖고는 일 자체가 불가능해집니다. 제자들이 스승의 강을 신뢰하지 못한다면 어떻게 그와 함께 흐를 수 있겠습니까.

태양과 해바라기 스승은 선생이 아닙니다. 스승은 제자를 가르치지 않습니다. 단지 그를 깨울 수 있는 방법을 궁리할 뿐입니다. 스승에게서 제자에게로 전달되는 것은 아무것도 없습니다. 스승이 거기 있는 것, 단지 거기 있는 것만으로 무언가 저 깊은 속으로부터 겉으로 떠오르기 시작합니다.

스승이 거기 있는 것, 바로 그것이 촉매작용을 하여 마침내 제자는 탈바꿈하기 시작합니다. 그가 하는 일이란 단 한 가지, 즉 태양처럼 그곳에 그렇게 있는 것입니다. 태양은 새싹에게 아무 것도 보태주지 않습니다. 태양이 거기 떠있는 것만으로 촉매가 됩니다. 그래서 해바라기는 제자를 상징하지요.

제자가 하나의 씨앗이라면, 스승은 그 씨앗을 꽃피우는 것입니다. 그들에게 위로 향한 열망을 갖게 만듭니다. 그들 자신을 꽃피우려는 의지를 심어 줍니다. 그것은 공부의 문제가 아니라 스승과의 깊은 사랑의 문제입니다.

스승은 가르치는 대신 그들 주위에 상황을, 상황만을 만듭니다. 그는 토양을 만들 것입니다. 그 씨앗은 그들 내면에 이미 숨어 있습니다. 상황이 만들어지면 씨앗은 싹트기 시작하고, 잠자는 씨앗도 깨어나게 될 것입니다. 마침내 씨앗은 죽지만 나무가 그 자리를 대신하게 될 것입니다.

가르쳐질 수 있는 지식은 낮은 지식입니다. 정보는 있지만 무지합니다. 왜냐하면 그들에게 가르쳐질 수 있는 것은 마음속에만 머물고 결코 그들에게는 닿지 않기 때문입니다. 그들의 중심은 건드려지지 않습니다. 그들의 존재는 어떤 식으로도 변화되지 않습니다. 뇌세포만이 그것을 모으지요.

그것은 컴퓨터에 정보를 입력하는 것과 같이 기계적인 일입니다. 그 일엔 의식이 전혀 필요치 않습니다. 컴퓨터가 할 수 없는 것이 최고의 지식이지요. 컴퓨터는 자신을 알 수 없습니다. 컴퓨터가 자신을 의식하게 될 가능성은 전혀 없습니다. 인간도 마찬가지 상황이라면 영혼은 없고 그들은 다만 하나의 생체 컴퓨터일 뿐입니다.

진리는 침묵 속에서 실현된다. 스승은 두려워합니다. 거기에는 깊은 이유가 있습니다. 그 두려움은 거짓을 말할지도 모른다는 두려움이 아니고, 진리를 언어로 표현하는 순간 왜곡될지도 모른다는 두려움입니다. 그는 결코 거짓을 말하지 않습니다. 그러나 언어로 표현하면 그것이 무엇이든 변하게 됩니다. 그 본질이 변하게 됩니다.

그것은 이런 경우와 같습니다. 마치 흐르는 강물에 곧은 막대기를 넣으면 그 순간 막대기는 더 이상 곧게 보이지 않습니다. 물이라는 매개체와 빛의 굴절이 막대기에 변화를 줘서 곧은 막대기는 더 이상 곧게 보이지 않습니다. 막대기를 다시 꺼내면 곧게 됩니다.

막대기는 언제나 곧지요. 그러나 물이라는 매개체 때문에 굽어보입니다. 진리는 언어도 말도 없는 침묵하는 마음 안에서 실현됩니다. 완전한 침묵의 상태에서 진리는 실현됩니다.

우리는 일상 외부의 소리에만 귀를 기울입니다. 그래서 계속 내면의 소리를 놓치고 있습니다. 내면의 소리는 우리의 가장 깊은 중심이 하는 이야기입니다. 우리는 표면에서 살고 있습니다. 마음에서 살고 있습니다.

마음은 너무나 시끄러워, 우리는 작고 고요한 내면의 소리를 전혀 들을 수 없습니다. 스승은 단지 하나의 방편일 뿐입니다. 우리는 외부의 소리만 들을 수 있기 때문에 스승은 존재가 내면에서 말하려고 애쓰는 것을 외부에서 말해줍니다.

스승과 함께 있는 것은 우리가 눈을 감고 내면을 들여다 볼 수 있도록, 우리 자신의 직관이 끊임없이 우리에게 말하고 있는 침묵의 소리를 들을 수 있도록 내면으로 방향을 전환할 준비를 하고 있는 것입니다. 그리하여 내면의 빛을 발견하는 사람의 삶은 순수한 지복 외에는 다른 것이 될 수 없습니다.

그것은 그 자신에게만 지복이 아닙니다. 지복은 전염되지요. 다른 사람들에게 영향을 미치기 시작한다는 말입니다. 한 사람이 지복에 차게 되면 그것은 수천 명의 사람 속에 지복의 방아쇠를 당길 수 있습니다. 그리고 그렇게 끝없이 이어질 것입니다.

그러나 내면의 불꽃에 도달하기 위해서는 많은 함정과 유혹이 숨어 있는 참으로 힘든 길을 걸어야 합니다. 어둠 속을 걷다가 넘어질 뻔하기도 하고 부딪치기도 하고, 굴러 떨어져서 다시 기어 올라가기도 해야 하지요. 불굴의 용기가 필요합니다. 끈질긴 의지가 필요합니다. 포기하지 않도록 격려해 주는 누군가도 필요합니다. 그것이 스승의 역할입니다.

스승은 계속 우리의 손을 잡아주고 계속 이야기합니다. '두려워하지 말라. 목표가 멀지 않았다. 단지 저 모퉁이만 돌면 된다.' 물론 결코 저 모퉁이만 돌면 되는 것은 아니지요. 그러나 스승은 항상 저 모퉁이만 돌면 된다고 말합니다. 과연 어느 날 그렇게 될 것입니다. 그날을 기다려야 합니다. 인내심을 가지고 기다려야 합니다.

사회는 진리를 두려워한다. 그러나 불행하게도 진리를 추구하려고 노력하는 스승이 존재할 때마다 사회는 즉각 그를 적대시하곤 합니다. 사회는 거짓말로 살아가기 때문입니다. 그러므로 진리에 몰두하는 사람들은 모든 기득권에 위험이 됩니다.

그때 그는 살해될 위기에 처하게 됩니다. 인간은 언제나 그렇게 해 왔습니다. 조금도 변하지 않았고 지금도 마찬가지입니다. 다른 분야에서는 많은 발전이 있었습니다. 기술이나 과학은 매우 발전했습니다. 그러나 심리적으로는 여전히 원시적이지요.

그러나 한 가지 알아야 할 것은 진리 때문에 사람들이 그를 괴롭히면 괴롭힐수록 진리에 대한 그의 사랑이 더 깊어지게 된다는 것입니다. 그는 더욱 더 구체화되기 시작합니다. 그는 하나의 영혼이 되기 시작하고, 중심을 가지기 시작합니다. 고문을 당하고 괴롭힘을 당하면 당할수록 그는 자신을 진리에 내맡기며 더욱 더 그 속으로 뿌리를 내립니다.

그리고 그의 정당성은 더욱 확실해지지요. 그것이 진리가 아니라면 사람들이 그를 괴롭힐 이유가 전혀 없기 때문입니다. 만약 아주 많은 사람들이 불안해하며 그를 못살게 군다면, 그것은 바로 그가 뭔가 중요한 것을 발견했다는 것을 말해줍니다. 사람들은 진리만을 두려워하지, 그 외에는 아무것도 겁내지 않습니다.

역사적으로 위대한 스승들은 모두 이 어리석은 세상을 상대로 싸웠습니다. 철저히 혼자서 단독으로 싸워왔습니다. 그리고 끝내는 학살되고 십자가에 못 박히고 독살되었습니다. 그러나 그들을 죽인다고 해서 달라지는 것은 아무것도 없습니다. 한 사람이 다시 깨달음에 도달할 때마다 사자의 포효가 터져 나옵니다. 그는 진리를 위해서 모든 것을 희생할 준비가 되어 있습니다.

위대한 스승은 태양처럼 존재 자체로 작용하고 침묵을 통해 심원한 진리를 드러낸다고 하지만, 이는 그의 특성을 강조한 것이며 그가 완전히 언행을 접었다는 뜻은 아닐 것입니다. 때로는 부득이 말을 해야 할 경우가 있을 텐데, 이때 스승의 말은 우리가 말하는 것과 어떻게 다른지요?

세상의 소위 지도자들은 말할 때 자신만만하다 못해 기고만장합니다. 그들은 자신의 유식함을 증명하기 위해 세상을 향해 큰 소리로 외칩니다. 비록 그들 자신은 외치지 않는다 해도 그들의 일거수일투족은 뭇사람들의 주의를 끌고 큰 소리 친 이상으로 영향을 미칩니다. 그들은 자신의 삶에 충실하지 않고 사회에 큰 족적을 남기기 위해 지식의 노예가 된 사람들입니다.

그러나 자신의 삶에 충실하고 안으로 만족해하는 사람은 스스로의 존재에 충실하고 자기 자신만을 주시하므로 크게 외칠 필요가 없습니다. 슬기로운 사람은 아무런 지식도 가지고 있지 않습니다. 이것이 바로 소크라테스가 말한 무지입니다.

아이들의 배우는 능력은 차츰 감소합니다. 더 많이 알수록 더 적게 배웁니다. 배움은 수용성인데 이것은 지식을 모을수록 감소하게 됩니다. 이미 알고 있다고 믿을 때 많은 것을 놓칩니다. 전적으로 무지할 때 그들은 아무것도 놓칠 수 없습니다. 소크라테스는 노년에 이르러 말했습니다. "나는 전적으로 무지하다." 이것이 진정한 성숙입니다.

내가 어찌 그것을 알겠소. 삶은 광대합니다. 협소한 마음이 어찌 이 광대함을 알 수 있겠습니까? 기껏해야 일별이 가능할 뿐입니다. 이 작은 한 방울의 의식이 어찌 이를 알 수 있을까요? 이런 겸손이 스승이 말할 때 지니는 특성입니다.

사이비 스승은 제자의 질문에 마치 준비해놓은 듯 자신만만하게 정답을 일러줍니다. 그러나 진정한 스승은 지혜와 이해를 줄 뿐 결코 다른 사람에게 자신의 의견을 강요하지 않습니다. 그는 인간의 자유와 권위와 선택의 권리를 존중합니다. 그리하여 제자의 질문에 대한 그의 대답은 자신이 없는 듯이 보입니다.

한 제자가 물었습니다. "선생님, 어떻게 신을 섬겨야 합니까?" 스승은 그 질문에 놀라 대답합니다. "내가 어찌 그것을 알겠소." 그는 그것에 대해 알 수 있는 모든 지식에 대한 가능성을 부정합니다. 철학자라면 "그렇소. 알고 있소."라고 대답했겠지요.

아마도 그는 명쾌한 진술로 논리적이며 삼단논법마저 동원한 까다로운 이론을 제시했을 것입니다. 그러나 깨달은이들은 '내가 어찌 그것을 알겠소.'라고 말합니다. 모든 깨달은 자의 대답은 이것입니다. '내가 어찌 그것을 알겠소. 신을 섬기는 방법이라니요. 그대들은 너무나 커다란 질문을 하는구려. 나는 그것을 대답할 자격이 없소.'

그러나 이어서 그는 이야기를 들려줍니다. 처음에는 그는 그러한 일에 대해 안다는 것은 불가능하다고 말합니다. 그런 다음에 자신의 이야기를 합니다. 이야기란 이론적으로 말하는 것과는 전혀 다릅니다. 이야기는 살아있으며 직설적입니다. 이야기는 많이 말하지 않으면서도 많은 것을 보여줍니다. 그래서 모든 스승은 이야기나 비유나 일화를 사용합니다.

무엇인가를 직접적으로 말하면, 많은 것이 죽어버리기 때문입니다. 직접적인 표현은 미숙하며 천하고 추하지요. 비유는 우회적으로 말합니다. 비유는 대상을 부드럽게 하지요. 비유는 대상을 훨씬 시적이며 덜 논리적으로 만듭니다. 삶에 더 가깝게 더 역설적으로 만듭니다.

신에게는 삼단논법을 적용할 수 없으며, 어떠한 증명도 할 수 없습니다. 단지 이야기를 할 수 있을 뿐입니다. 이야기를 들을 때 우리는 긴장을 풀지요. 그러나 이론을 들을 때는 긴장하게 됩니다. 긴장시키는 것은 도움이 되지 않습니다. 그것은 파괴적입니다. 비유는 분위기를 만들어냅니다. 우리는 그러한 분위기 속에서 무엇인가를 깨닫게 됩니다. 이것이 비유의 비결입니다.

3

사랑의 반대는 증오가 아니라 무관심이다

子曰 惟仁者 能好人 能惡人
자 왈 유 인 자 능 호 인 능 오 인

공자가 말하였다. "오직 인자한 사람만이 남을 좋아할 수 있고
미워할 수 있다."

주해

惟 오직 | **仁** 어질다 | **者** ~한 사람 | **能** 할 수 있다 | **好** 좋아하다 | **人** 타인 |
惡 미워하다, 증오하다, '악하다'는 뜻일 때는 독음이 [악]이고, '미워하다'는
뜻일 때는 독음이 [오]다.

깨달은 사람은 완벽한 삶을 추구하지 않고 전체적인 삶을 지향합니다. 완벽의 이상은 이런 것입니다. '이렇게 하라. 저렇게 하지 말라. 분노하지 말라. 질투하지 말라. 욕심을 갖지 말라. 어떠한 결함도 한계도 갖지 말라.'

그러나 전체성의 이상은 완전히 다릅니다. '만일 화가 난다면 철저히 화를 내라. 사랑하고 있다면 철저히 사랑하라. 슬프면 철저히 슬퍼하라.' 전체적인 인간은 아름답습니다. 그러나 완벽한 인간은 이미 죽은 시체입니다.

우리가 전체적으로 살 때, 강렬하고 열정적이 될 때, 모험을 할 때, 삶은 완전히 새로운 풍미를 지닙니다. 그때 위대한 지혜가 우리 속에서 떠오릅니다. 모험을 할 때 우리는 날카로운 칼이 됩니다. 그러나 모험을 하지 않는 사람의 칼에는 먼지만 앉습니다. 그들의 거울은 먼지로 뒤덮이지요. 그 칼은 녹이 슬고 쓸모가 없어집니다. 수많은 사람들의 영혼에서 꼭 이와 같은 일이 일어나고 있습니다.

우리는 사랑하길 원하는 만큼 사랑할 수 없습니다. 신사숙녀로 체모를 지켜가며 살아야 하기 때문입니다. 그래서 성낼 수도 없고 누구를 증오할 수도 없습니다. 증오해서는 안 되는 것이 아니라 그 증오를 나타내서는 안 된다는 것입니다. 표정을 바꾸는 것이 우리가 할 수 있는 전부입니다.

내면의 존재는 결코 바꿀 수 없습니다. 분노가 일어나지만 우리는 분노를 나타내지 않습니다. 그것을 억제합니다. 이렇게 꾸민 삶은 위험합니다. 결코 신사로서 살지 마십시오. 숙녀로서 살지 마십시오. 여자는 아름답지요. 그러나 숙녀는 추합니다. 여자는 소박하고 자연스럽지요. 그러나 숙녀는 꾸며져 있습니다.

깨이지 못한 사람은 사회가 옳거나 그르거나 따릅니다. 옳거나 그르거나 내 조국이며 내 종교입니다. 옳거나 그르거나 내 성직자, 내 경전입니다. 깨달은 사람은 사회에 대해서 전혀 걱정하지 않습니다. 그는 가장 깊은 내면에서 오직 자신의 도를 따릅니다.

만일 사회가 그 내면의 도에 적합하다면 좋지요. 그러면 사회와 더불어 갑니다. 만일 사회가 그의 내면의 도에 적합하지 않다면 홀로 갑니다. 그는 지식의 포로가 아니며 관습의 노예가 된 경직된 사람이 아닙니다. 그의 기준은 자신의 내면에서 불타고 있는 의식입니다.

신사는 사회에 의해서 그의 절대적인 존재를 매도해 온, 사회로부터 가면을 빌려 온 사람을 뜻합니다. 그는 몹시 억압되어 있지요. 그의 전 존재에 자유로운 행위를 허락하지 못합니다. 무수한 것들을 거부함으로써 이제 그것들은 그의 내부에서 끓어오르고 있습니다. 신사나 숙녀는 꾸민 사람들입니다.

교화되고 단장되고 진실하지도 정직하지도 않은 그들은 분노를 느끼면서도 웃습니다. 증오하면서도 포용합니다. 심지어는 그들이 한 남자나 한 여자를 사랑할 때, 참으로 사랑하는지 가장하고 있는지조차 알 수 없습니다. 거기에 진실로 사랑이 있는지 없는지 도무지 알 수가 없습니다.

우리는 우리의 존재와 만나는 그 모두를 잃었습니다. 자신과의 사이가 너무 멀어졌습니다. 우리는 우리 자신에게 낯선 사람이 되어 있습니다. 이것은 마치 나는 이 장미가 진짜 장미인지 만든 종이 장미인지 모르겠다는 것과 같습니다. 이것은 무슨 뜻이겠습니까?

나는 이 나무들이 정말 푸른 것인지 혹은 누가 나무들에 푸른 물감을 칠했는지 알 수가 없습니다. 그 나무들이 바로 피상적인 우리입니다. 우리는 우리의 내적 느낌에 대해서 판단할 수 없습니다. 이것은 우리가 진실의 언어를 잊어버렸다는 것을 의미합니다. 우리는 오랫

동안 가짜였으며 이제 그 가짜들이 거의 우리의 진실이 되어버렸습니다.

신사는 믿을 만한 사람이 아닙니다. 결코 신사이지 마십시오. 숙녀이지 마십시오. 그냥 인간이십시오. 그것들은 역할들이며 지위들입니다. 진실하게 사십시오. 그러면 성장할 수 있습니다. 모든 성장은 오직 진실할 때만 일어납니다. 아마도 우리는 많은 어려움을 치러야 할 것입니다. 모든 성장은 고통을 통해서 일어납니다.

오직 어진 사람만이 남을 좋아할 수 있고 미워할 수도 있다는 것은 잘 이해가 안 됩니다. 누구를 좋아하고 싫어하는 마음의 변화는 오히려 어질지 않은 보통 사람들에게서 흔히 볼 수 있는 현상이 아닐까요?

이는 어질고 어질지 않음의 문제가 아니고 우리 마음의 깊은 비밀과 관련됩니다. 어머니들은 아이에게 많은 것을 금지시키지요. 아무리 이해심 많은 어머니라도 하지 못하게 말리는 일이 있습니다. 그러면 아이는 분노를 느낍니다. 아이는 어머니를 사랑하면서 증오합니다. 그것이 하나의 틀로 굳어지면 그 뒤에도 어떤 사람을 사랑하는 동시에 증오심을 품게 됩니다.

배우자들 또한 서로 사랑하면서 증오하지요. 사랑에는 그 안에 이미 증오의 측면이 있기 때문입니다. 사람들은 자기가 사랑하는 사람을 증오합니다. 그 증오가 자칫 모든 사랑을 다 파괴시켜 버릴 수도 있습니다. 이 세상에서는 점차 사랑이 사라져 가고 사람들의 관계는 각박하다 못해 몹시 추해지고 있습니다. 그들의 사랑은 증오와 분노로 가득 차 있습니다.

마음은 하나가 아니다. 먼저 이해해야 할 것은 우리는 마음을 하나만 갖고 있는 것이 아니라는 사실입니다. 우리는 내면에서 하나의 군중입니다. 밖에도 군중이 있고 안에도 군중이 있습니다. 우리는 어떤 때는 사랑으로 넘치다가도 어떤 때는 증오심으로 가득 찹니다. 개체성이나 통일성 일관성이 없습니다.

어떤 때는 이 마음이 작용하고 다른 때는 저 마음이 작용하기 때문이지요. 그래서 우리는 어떤 사람을 사랑하고 또 그 사람을 증오하고, 아침에 연인이었던 사람이 저녁에는 원수가 됩니다. 어떤 순간에는 그 누구를 위해서 죽을 수도 있을 것 같습니다. 그러나 그 순간이 지나면 바로 그 사람을 죽일 준비가 될 수도 있습니다.

우리 마음이 계속 한쪽 극단에서 다른 쪽 극단으로 왔다 갔다 하는 것은 바로 이 때문입니다. 때로는 매우 행복해 하다가 때로는 매우 불행해 합니다. 어떤 때는 즐거움과 사랑으로 행복해 하다가 또 어떤 때는 슬픔과 증오로 비참해집니다.

우리 마음은 이 양극단 사이를 오고갑니다. 사랑과 기쁨과 행복의 순간이 왔다가 다시 가버립니다. 그것들이 영원히 머물 수는 없습니다. 그리고 그들이 가버리면 우리는 절망과 슬픔과 증오의 어두운 계곡 속으로 빠져 들어갑니다.

마음은 한가운데 머물기가 쉽지 않습니다. 시계추가 오른쪽으로 이동할 때 우리는 단순히 그것만을 보지만, 실제로 시계추는 왼쪽으로 이동하기 위한 반동력을 모으고 있는 것입니다. 마음도 한 곳으로 이동해 갈 때마다 동시에 그 반대편으로 이동해 갈 준비를 하고 있는 것입니다. 그 반대는 숨겨져 있고 나타나 있지 않을 뿐입니다.

우리가 누군가를 사랑할 때 우리는 곧 그를 미워하기 위한 반동력을 모으고 있습니다. 그래서 오직 친구만이 적이 될 수 있습니다. 사랑이라는 것은 친밀한 적대 관계입니다. 삶에서는 온갖 반대되는 것들이 하나로 합쳐집니다. 논리는 피상적이고 삶은 심오합니다.

행복과 불행은 공존한다. 우리가 누군가를 사랑할 때 증오심을 억누르고 있다는 것은 모순 같지만 사실입니다. 마음은 언제나 그 안에 반대되는 것들을 지니고 있습니다. 그 반대되는 것은 무의식 속에 묻혀 있으면서 솟아나올 순간을 기다리고 있지요. 우리가 진실하다면 '나는 당신을 사랑한다.'고 하는 대신 '그대와 나의 관계는 사랑과 미움의 관계이다.'라고 말할 것입니다.

행복할 때 우리는 어떤 불행도 공존하지 않는다는 말을 자신 있게 주장할 수 있습니까? 행복이 중심에 있을지 모르지만 한쪽 구석에서는 불행이 우리를 기다리고 있지 않습니까? 행복의 어디엔가는 불행의 씨앗이 싹트고 있지 않습니까? 불행할 때 우리는 그냥 불행하기만 하다고 완전히 절망할 필요가 있겠습니까?

그것은 마치 해가 솟아오르는 아침과 마찬가지입니다. 우리는 저녁이 오는 것을 보지 못하지만 아침에는 저녁이 숨어있습니다. 아침과 더불어 저녁은 항상 들어올 채비를 하고 있습니다. 한낮에 빛이 마구 쏟아지고 태양이 절정에 이르면, 누가 밤과 어둠을 생각하겠습니까?

하지만 바로 그 절정의 순간에 밤의 씨앗이 거기에 있으며, 때가 오기를 기다리면서 자랍니다. 그리고 그 절정의 순간에 태양은 이미 기울기 시작하고, 벌써 서쪽을 향해 움직입니다. 그리고 캄캄한 밤은 아침을 잉태해서 아침은 밤의 자궁 속에 들어 있습니다.

모든 상반된 개념들에 똑같은 얘기를 적용할 수 있을 것입니다. 사랑할 때는 증오가 씨앗으로서 그 사랑 속에 들어 있습니다. 증오할 때는 사랑이 씨앗으로서 그 증오 속에 존재합니다.

행복할 때는 이미 우리는 불행 쪽으로 옮겨가기 시작한 것입니다. 불행할 때는 잠깐 기다리기만 하면 어느 새 행복이 문을 두드리고 안으로 들어옵니다. 모든 상반되는 요소들은 이렇게 함께 존재합니다. 이것이 위대한 진리의 깨달음입니다.

남을 미워하는 것은 결코 옳은 일이 아니며, 어떤 경우에도 칭송할 만한 것이 아니지 않습니까?

위대한 스승들은 한결같이 증오심을 품지 말 것을 강조합니다. 예수는 심지어 원수마저도 사랑하라고 하지 않았습니까. 그는 말했습니다. "잘 들어라. 너희를 미워하는 사람들에게 잘해 주고, 너희를 저주하는 사람들을 축복해 주어라. 그리고 너희를 학대하는 사람들을 위하여 기도해 주어라.

누가 뺨을 치거든 다른 뺨마저 돌려대 주고, 누가 겉옷을 빼앗거든 속옷마저 내어 주어라. 달라는 사람에게는 주고, 빼앗는 사람에게는 되받으려고 하지 말라. 너희는 남에게서 바라는 대로 남에게 해 주어라. 너희가 만일 자기를 사랑하는 사람만 사랑한다면 칭찬 받을 것이 무엇이겠느냐?

죄인들도 자기를 사랑하는 사람은 사랑한다. 너희가 만일 자기한테 잘해 주는 사람에게만 잘해 준다면 칭찬 받을 것이 무엇이겠느냐? 죄인들도 그만큼은 한다. 너희가 만일 되받을 가망이 있는 사람에게만 꾸어 준다면 칭찬 받을 것이 무엇이겠느냐? 죄인들도 고스란히 되받을 것을 알면 서로 꾸어 준다.

그러나 너희는 원수를 사랑하고 남에게 좋은 일을 해 주어라. 그리고 되받을 생각을 말고 꾸어 주어라. 그러면 너희가 받을 상이 클 것이며 너희는 지극히 높으신 분의 자녀가 될 것이다. 그분은 은혜를 모르는 자들과 악한 자들에게도 인자하시다. 그러니 너희의 아버지께서 자비로우신 것같이 너희도 자비로운 사람이 되어라.”

미움은 미움을 낳고 사랑은 사랑을 낳고 붓다는 증오심을 갖게 되는 이유와 이를 극복할 수 있는 방도와 관련하여 보다 논리적으로 말합니다. “아무개가 나를 욕하고 때렸다. 이런 생각을 마음에 새기면 미움 속에 살게 되고, 이런 생각을 버리면 사랑 속에 살게 된다. 미움은 과거와 관련이 있다.

어제 어떤 사람이 모욕한 것을 오늘도 회상하고 하나의 상처로 간직할 때 미움이 존재한다. 과거와 관련짓지 않고 현재의 어떤 사람을 미워할 수는 없다. 이 사람은 내게 아무 짓도 하지 않았으며 다만 저기에 가만히 앉아 있을 뿐이다. 어떻게 그를 미워할 수 있는가?”

과거를 기억하고 있지 않을 때 사랑은 현재에 가능합니다. 사랑은 과거의 참고사항을 필요로 하지 않습니다. 이것이 사랑의 아름다움이며, 사랑의 자유로움입니다. 사랑이 아름다운 것은 아무 조건도 없다는 것입니다.

사랑은 아무 이유 없이 우리를 찾아옵니다. 행복이 넘쳐날 때, 우리의 가슴을 나누어 주는 것입니다. 사랑은 존재의 노래를 나누어주는 것입니다. 나누어 준다는 것은 말할 수 없는 즐거움입니다. 나누어주는 것 자체가 목적입니다.

그러나 우리가 흔히 사랑이라고 말하는 것은 이런 사랑이 아닙니다. 미움의 다른 측면일 뿐입니다. 우리의 사랑에는 조건이 있지요. 어제 어떤 사람이 나에게 호의를 베풀어주었습니다. 그래서 그는 내가 사랑을 느낄 만큼 멋진 사람이었음을 기억합니다.

또는 어떤 사람의 미소 짓는 모습이며 상냥한 말투 그리고 내일 자기 집에 오라고 초대하는 태도로 보건대, 그는 나에게 호감을 갖고 있음에 틀림없습니다. 그때 그에게 사랑을 느낍니다.

그러나 이것은 사랑이 아닙니다. 미움의 다른 얼굴입니다. 조건이 개입된다는 것이 바로 그 증거입니다. 사랑으로 변장한 미움이지요. 이 사랑은 언제라도 미움으로 바뀔 수 있습니다. 사람들의 사랑을 조금만 긁어보십시오. 사랑의 껍질 밑에서 미움이 금방 그 모습을 드러냅니다. 연인이나 부부들이 끊임없이 싸우고 행동으로든 생각으로든 서로의 목을 조이는 것은 바로 이 때문입니다. 이런 사랑은 진정한 사랑이 아닙니다. 오히려 정반대입니다. 사랑으로 위장한 미움입니다.

진정한 사랑은 이유나 근거를 찾지 않습니다. 진정한 사랑은 우리 안에 샘솟는 기쁨을 나누어 주는 것이며, 다른 이유나 동기를 끌어들이지 않고 그저 나누어 주는 데서 즐거움을 느끼는 것입니다. 새들은 아침마다 노래합니다. 거기엔 아무 이유도 없습니다. 다만 가슴에 즐거움이 가득 차서 저절로 노래가 흘러나오는 것일 뿐입니다. 진정한 사랑은 바로 이런 것입니다. 이런 사랑의 차원으로 들어가면 우리 삶, 우리 가정은 낙원이 될 것입니다.

미움이 미움을 낳듯이 사랑은 사랑을 낳습니다. 만일 나를 모욕한 사람을 내가 미워한다면 나는 그의 가슴속에 나에 대한 더 큰 미움을 만들고 있는 것입니다. 어둠이 어둠을 물리칠 수 없듯이 미움으론 미움을 물리칠 수 없습니다.

오직 사랑만이 미움을 내쫓을 수 있습니다. 이것이 진리지요. 어둠을 내쫓을 수 있는 것은 빛뿐입니다. 어두운 방에 촛불을 들고 들어가면 즉시 어둠은 사라집니다. 사랑은 빛이고, 미움은 존재의 어둠입니다.

미움은 궁극적으로 우리 스스로 만든 감옥입니다. 결코 남이 만들어주는 것이 아닙니다. 그들은 조금 도와줄 수 있을 뿐입니다. 이런 사실을 깨달을 때만 우리는 이 감옥에서 벗어날 수 있습니다. 그러면 행복은 그림자처럼 따라옵니다.

화를 내지 않고 화를 낼 수 있는 이들 그러나 매사 그렇게 단순한 것은 아니어서 실제로는 증오가 반드시 나쁘기만 한 것도 아니고, 미워하지 않는 것이 꼭 좋은 것만도 아님에 유의할 필요가 있습니다. 소위 도덕군자는 결코 성낼 수 없으며 어느 누구도 증오할 수 없습니다. 그가 증오해서는 안 된다는 것이 아니라 그 증오를 나타내서는 안 된다는 것입니다. 군자는 그의 표정을 바꾸는 것이 그가 할 수 있는 전부입니다.

내면 존재는 결코 바꿀 수 없습니다. 분노가 그에게 일어나지만 그는 분노를 나타내지 않습니다. 그는 그것을 억제합니다. 그래서 그는 혼란을 일으키고 그의 내부에 증오심을 축적하고, 들끓고 있는 그것들은 어느 순간 폭발할 것입니다. 군자로 사는 것은 위험합니다.

증오는 나쁘기만 한 것이 아닐 뿐만 아니라 무엇보다도 숭고한 정신의 발현일 수도 있음을 우리는 성인현자들의 삶을 통해서 볼 수 있습니다. 앞에서 우리는 주로 보통사람들의 사적인 삶에서의 증오의 문제에 관하여 살펴보았지만, 성인현자들이 공적으로 대의명분의 차원에서 증오하고 공분公憤을 폭발하는 일에 대해서 간과해서는 안 될 것입니다.

라즈니쉬는 말합니다. "나는 매우 솔직한 사람이다. 내게는 사랑할 수 없는 사람들이 많이 있다. 그들은 독과 같은 존재들이다. 나는 그들을 증오한다. 그들은 매우 소수지만 인류를 착취해 오고 인류를 잘못된 길로 오도하고 있다. 나는 고통 받고 억압 받으며 착취당해 온 사람들에 대해 무한한 사랑을 품고 있다. 하지만 나는 성직자와 정치가, 착취자와 억압자를 사랑할 수는 없다. 나의 입장은 분명하다. 그리고 나는 그대들도 분명해지기를 바란다.

명상은 그대가 무엇이 가시인지 장미인지를 구분할 수 있는 그런 명료함을 제공해준다. 오직 장님만이 가시를 장미로, 장미를 가시로 착각하며 실수를 저지를 수 있다. 명료한 눈을 가지면 그대는 가시는 제거해야 하고 장미는 사랑해야 한다는 사실을 명확히 알 수 있을 것이다."

성인 중에서도 특히 사랑을 강조한 예수도 증오해야 할 때는 증오합니다. 예수는 화를 내고 싶으면 화를 낼 수 있습니다. 예수는 필요에 따라 분노를 이용합니다. 하지만 우리는 분노를 이용하지 못합니다. 오히려 분노가 우리를 이용합니다. 예수는 도움이 된다고 생각하는 것이면 무엇이나 이용할 수 있습니다. 예수는 자신의 주인인 것입니다. 예수는 화를 내지 않고 화를 낼 수 있습니다.

제자를 가르치면서 미친 듯이 화를 내곤 한 스승으로 구제프란 성인도 있습니다. 많은 제자들이 그와 함께 공부를 하고 있었습니다. 구제프는 한번 화를 냈다 하면 지독하게 화를 냈습니다. 거의 죽일 것처럼 덤벼들었습니다. 그러나 그의 분노는 특별한 상황에서 상대를 도우려는 방편이었습니다. 그는 갑에게 화를 낸 다음, 바로 을을 보고 웃곤 했습니다. 그러다가 다시 갑을 보고는 잡아먹을 듯이 화를 냈습니다.

깨어 있는 사람은 그럴 수 있습니다. 모든 것을 방편으로 이용할 수 있습니다. 깨어 있는 사람에게는 독조차 감로수로 변합니다. 잠든 사람에게는 감로수조차도 독이 됩니다. 모든 것은 깨어 있느냐 아니냐에 달려 있습니다. 행위는 중요하지 않습니다. 중요한 것은 깨어 있고 각성된 존재입니다. 그가 무엇을 하느냐는 문제가 아닙니다.

분노는 우리의 본성이다. 우리도 옳게 분노를 이용하려면, 분노가 떠오를 때 기계적으로 그것을 나쁘다고 말하지 말 것입니다. 그것을 '분노'라고 부르지도 말 것입니다. 왜냐하면 '분노'라는 단어 자체가 이미 비난의 뜻을 내포하고 있기 때문입니다.

눈을 감고 X, Y, Z 식으로 말해 보세요. "지금 X가 떠오르고 있다."고 말하세요. '분노가 떠오르고 있다.'고 말할 때와 'X가 떠오르고 있다.'고 말할 때의 차이점을 느껴 보세요. 즉각 차이점이 느껴질 것입니다. X에 대해 그대는 찬성도 반대도 하지 않지요. X에 대해 아무 선입견도 없잖아요. 그러나 분노에 대해서는 선입견이 있습니다. 분노는 나쁜 것이라는 세뇌작용이 뿌리깊이 박혀 있습니다.

인간이 그것을 창조하지 않았고, 본성에 의해서 그것을 지니고 태어났기 때문에, 분노는 자연스러운 것입니다. 그리고 자연은 그것의 쓸모에 따라 있었을 터이고, 그렇지 않다면야 분노가 인간에게 주어졌을 리가 없습니다. 하지만 사회는 그것을 반대하고, 그것을 억누르라고 합니다.

그런데 우리가 분노를 억누를 때는 우리의 내적인 존재에서는 모든 것이 서로 관계가 맺어졌기 때문에 다른 것들도 결과적으로 억제를 당합니다. 우리는 한 가지만 표출할 수도 없고 한 가지만 표출하지 않을 수도 없습니다. 한 가지를 나타내면 여러 가지가 표현되고, 한 가지를 억누르면 여러 가지가 억눌립니다.

분노를 억누르는 사람은 그의 사랑 또한 억눌러야만 합니다. 그러면 사랑이 표현될 때마다 분노도 또한 표현되기 때문에 그는 사랑을 두려워하게 될 것입니다. 사실상 연인들은 서로 상대방에 대해서 수시로 분노하게 되는데, 어떤 적이라 해도 그렇게까지 분노할 수는 없을 것입니다. 그들은 친밀한 적이어서, 그들은 사랑하며 또한 분노하기도 하고, 그들은 사랑이 너무 깊기 때문에 분노가 그 사랑을 파괴하지 못하리라는 것을 알고, 사실상 사랑은 절대로 분노에 의해서 파괴되지 않습니다.

증오가 반드시 사랑과 상반된 것은 아니며, 사랑 또한 반드시 증오와 상반된 것은 아니라면, 이들이 상보적일 수도 있다는 말씀인가요?

마음은 모든 사물을 대립적인 시각으로 바라봅니다. '이것은 저것과 반대다'라는 식이지요. 마음은 밤과 낮은 전혀 별개의 것이라고 생각합니다. 피상적으로는 그렇게 보일지 모르나, 실은 그렇지 않습니다. 낮과 밤은 하나지요. 낮이 밤이 되고 밤이 낮이 됩니다. 마음은 사랑과 증오 또한 전혀 다른 것이라고 믿습니다. 사랑과 증오는 서로 반대되는 것이라고 생각합니다.

아닙니다. 사랑과 증오는 동전의 양면에 불과합니다. 그래서 우리는 당혹스러워하고 혼란스러워합니다. 이런 혼란스러움은 우리 마음 때문이지 세상 때문이 아닙니다. 마음이 사물을 바라보는 시각에 문제가 있습니다. 마음의 시각은 부분적이고 불완전하며 편파적입니다. 전체를 한 눈에 바라볼 수 있을 때, 우리는 세속적인 편견으로부터 해방됩니다.

사랑의 진짜 반대는 가짜 사랑이다. 사랑과 증오의 관계가 혼란스러운 한 가지 이유는 사랑에도 진짜 사랑이 있고 가짜 사랑이 있으며, 증오에도 진짜와 가짜가 있기 때문이라는 것입니다. 영적으로 성장하는 데 정말 위험한 일은, 서로 거의 흡사해 보이지만 정반대인 것들로부터 생깁니다.

진짜 문제는 분명히 서로 반대인 것들로부터는 생기지 않습니다. 진짜 문제는 아주 분명히 반대가 아닌 것들로부터 생깁니다. 증오의 진짜 반대는 사랑이 아니고, 사랑의 진짜 반대도 증오가 아닙니다.

사랑의 진짜 반대는 가짜 사랑입니다. 사랑인 척하는, 사랑이 아닌 사랑입니다. 자비의 진짜 반대는 분노가 아닙니다. 자비의 진짜 반대는 꾸며낸 거짓 자비입니다. 우리 내면의 자비가 아닌, 우리의 인격 안에만 있는 자비, 표면에 채색된 자비입니다.

미소의 진짜 반대는 눈물이 아니라 채색된 미소, 입술 이상으로는 더 깊은 의미를 지니지 못하는 미소, 그저 입술의 움직임에 불과한 미소입니다. 그런 미소에는 어떤 애정도 따르지 않고 그 뒤에는 어떤 감정도 없습니다. 그런 미소는 아무 가치도 없고 잘 연습된 속임수에 불과합니다. 눈물은 미소의 반대가 아니고 이 둘은 서로 상호 보완적일 뿐입니다.

거짓된 것은 참된 것의 적이라는 사실을 항상 기억하십시오. 우리의 미소가 참되고 우리의 눈물이 참되다면, 이 둘은 서로 친구이며 존재의 참됨을 강화시키는 것을 서로 도울 것입니다. 우리의 눈물이 거짓이고 미소가 거짓이라면 마찬가지로 이 둘은 서로 친구이며, 우리의 거짓과 인격과 가면을 강화시킬 것입니다.

깨달은 사람은 항상 진정한 사랑을 구가합니다. 진정한 사랑은 가식적인 사랑과 전혀 다른 향취를 갖습니다. 뒤에 증오를 숨기고 있는 사랑이 아니지요. 그냥 단순히 사랑할 뿐입니다. 보상을 받을 것이라는 기대 같은 것은 애초에 없습니다.

주는 것만으로 축복이며, 필요한 것은 아무것도 없습니다. 그의 내면은 이미 풍요롭기 때문에 부족한 것이 없습니다. 그는 끊임없이 지복을 나눌 수 있습니다. 지복은 나누면 나눌수록 더 많이 갖게 됩니다. 아무것도 그를 빈곤하게 만들 수 없습니다. 이것은 하나의 기적입니다.

사랑은 논리가 아닙니다. 비논리적 비합리적입니다. 사랑은 삶입니다. 그 안에 모든 모순을 함축합니다. 사랑은 자신의 반대자, 미움까지도 수용할 수 있습니다. 우리는 사랑하는 사람을 미워합니다. 그러나 사랑이 더 크지요. 사랑은 너무 커서 미움이 그 역할을 수행하는 것을 허락합니다. 우리가 진실로 사랑한다면, 미움이 불화를 일으킬 수 없습니다. 오히려 미움은 장식과 조미료가 됩니다. 미움은 전체에 다양한 색깔을 더합니다. 무지개처럼 말이지요.

연인은 친밀한 적이 됩니다. 연인들은 계속해서 싸웁니다. 그들이 싸우기를 멈추었을 때, 사랑도 멈춥니다. 연인들이 더 이상 싸우지 않으면, 서로에게 무관심하게 되어 그때 사랑은 멈춥니다. 누가 남자 친구나 여자 친구와 싸우고 있다면, 그것은 생명이 여전히 그 안에 흐르고 있음을 단적으로 보여주는 것입니다. 아직도 전류가 통하고, 아직도 뜨겁다는 증거입니다.

사랑이란 생생히 살아 있는 것이요, 자연스럽게 솟아나는 것이며, 결론에 상관없이 행동하는 용기 있는 자세를 뜻합니다. 결론을 염려하면 그 사람의 가슴은 죽은 것과 다름없습니다. 미리 가정하고 결론지으면 그 사랑은 모든 날카로움과 아름다움과 강렬함을 잃고 맙니다.

동시에 한 사람을 사랑하고 또 다른 사람을 미워할 수 있습니까?

그것은 불가능합니다. 사랑하는 사람은 혼자 있을 때라도 언제나 사랑으로 가득 차 있지요. 사랑이야말로 그의 본성이기 때문입니다. 그와 그대와의 관계가 어떻든 그것은 아무 상관이 없습니다. 성내는 사람은 혼자 있을 때도 성내고 있지요. 미움으로 가득 차 있는 사람은 혼자 있을 때라도 미워하고 있습니다.

그가 혼자 있는 때를 가만히 관찰해 보십시오. 그러면 그가 특별히 누군가에게 노여움을 나타내고 있지 않더라도 그의 노여움을 느낄 것입니다. 그의 온 존재는 오직 미움과 노여움으로 가득 차있습니다. 반대로 사랑으로 가득 차 있는 사람을 보면, 그는 혼자 있을 때라도 사랑으로 넘치고 있음을 느낄 수 있습니다.

사랑은 삶의 본성 숲 속에서 피어나는 꽃은 진가를 인정하는 사람이 있든 없든, 누군가가 그 길을 지나가든 지나가지 않든 상관하지 않고 제 향기를 내뿜고 있습니다. 향기로운 것은 꽃의 본성이며 그대를 위해서만 꽃이 그 향기를 내뿜고 있다는 환상에 빠져서는 안 됩니다.

이처럼 우리는 사랑으로 가득 차 있어야 합니다. 그것은 누구에게든 문제되지 말아야 합니다. 그러나 세상의 모든 연인들은 자기가 사랑하는 사람이 세상에서 오직 자기 하나만 사랑하기를 바랍니다. "나만을 사랑하라."고 그는 말합니다.

모든 사람을 사랑할 줄 모르는 사람은 한 사람도 사랑할 수 없다는 것을 그는 모릅니다. 세상의 아내들은 남편이 자기만을 사랑해야 하고, 자기 이외의 그 누구에게도 애정을 보여서는 안 된다고 말합니다. 그렇다면 아내에 대한 사랑도 거짓일 것입니다. 그리고 그렇게 되도록 만든 것은 자기라는 것을 모르고 있습니다.

모든 사람에 대해 사랑하는 마음이 없는 남편이 어떻게 아내를 깊이 사랑할 수 있을까요? 사랑으로 가득 차 있는 것은 삶의 본성입니다. 인간은 한 사람에 대해 사랑으로 가득 차 있으면서 그 밖의 모든 사람에 대해서는 사랑이 결핍된 상태로 있을 수 없습니다. 그러나 인류는 이 소박하고 명백한 진리를 잘 모르고 있습니다.

아버지는 자식에게 자신을 사랑하도록 요구합니다. 그러나 과연 그는 자식에게 집안의 늙은 하인을 사랑하도록 가르친 적이 있습니까? 그 하인도 역시 인간이 아닙니까? 하인은 늙었을지 모르나 그 또한 누군가의 아버지일지도 모릅니다. 하지만 그는 하인에 불과하므로 그에게 예의 바르게 대하고 사랑을 쏟는 것은 하등 문제도 안 됩니다.

그러나 그 아버지는 자기가 늙었을 때 아들이 자기에게 애정을 표시하지 않는다고 불평하게 되리란 것을 미처 깨닫지 못합니다. 만일 모든 것을 사랑하도록 가르쳤다면, 아들은 사랑이 충만한 사람으로 자랄 수 있었을 터이니 아들은 늙은 아버지도 존경할 것입니다. 사랑은 관계가 아닙니다. 사랑은 마음의 상태입니다. 인간 존재의 본질적인 구성 요소입니다. 사랑으로 가득 차 있지 않은 사람은 정말 인간이 아닙니다.

어진 사람만이 남을 미워할 수 있다는 말씀은 우리의 일반적 생각과는 상반되는 참으로 당혹스런 말씀이 아닐 수 없습니다. 공자의 심중에 깃들어 있는 본의는 무엇이라 볼 수 있습니까?

기회만 있으면 사랑에 대해서 역설하던 분이 왜 갑자기 증오에 대해서 말씀할까요? 미움이라는 단어는 그에게는 어울리지 않습니다. 이 말 때문에 공자는 모순되고 역설적으로 보이기까지 합니다. 그러나 표면적으로만 그럴 뿐입니다. 좀 더 깊이 들어가야 합니다. 공자가 미움에 대해 말한다면 그것은 단순한 미움이 아니고 무엇인가 더 깊은 의미를 말하고 있을 것임에 틀림없습니다.

공자가 의미하는 것은 깨달은 사람의 유일한 징표는 그가 어떤 불의에 대해서도 결코 타협적이거나 방관적이 아니라는 것입니다. 부당한 것에는 분개하거나 질타함으로써 언제나 반항적인 자세를 견지합니다.

만일 어떤 성자가 불의를 방관하거나 그에 타협적이라면 그는 가짜입니다. 불의에 대한 반항은 진정한 스승의 기질입니다. 영적으로 강한 사람은 반항적일 수밖에 없지요. 불의와 타협한다는 것은 자신의 존재에 독소를 가하는 것을 의미하기 때문입니다.

그러나 이런 경지에 오르는 것은 결코 쉬운 일이 아닙니다. 절대적으로 용기가 필요합니다. 용기는 가장 위대한 특성입니다. 용감하지 않다면 진실해질 수 없으며, 실체를 탐구할 수 없습니다. 용기 있게 살고 비겁해지지 않도록 노력할 일입니다. 결과를 생각하지 마십시오. 겁쟁이들만이 결과를 생각합니다. 결과 지향적인 사람들은 삶을 놓치게 됩니다.

이것은 사회를 거스르라고 부추기는 말이 아닙니다. 우리의 본성을 따라야 함을 역설하는 것입니다. 반항적인 자와 반동분자 사이에는 엄청난 차이가 있습니다. 반동분자는 기회만 있으면 언제라도 사회를 거스르려는 자입니다. 그는 사회가 올바르다 해도 사회를 거스르려 할 것입니다. 때로 사회는 올바릅니다. 사회가 무조건 그릇될 수는 없기 때문입니다. 미친 사람조차도 때로는 올바르지요.

사랑에서 나오는 분노 깨달은 이도 화를 낼 수밖에 없을 때가 있습니다. 그러나 그는 우리가 화를 내는 방식으로 화내지 않습니다. 깨달은 사람에게서 모든 것은 완전히 다른 차원으로 일어납니다. 그가 내는 화는 그의 자비에서 우러나오는 것입니다. 우리가 내는 화는 미움, 공격성, 잔인함에서 나옵니다.

깨달은 이도 때로는 머리를 쥐어뜯기도 하고 이마를 치기도 하면서 화를 내지만 그것은 자비에서 나오는 것입니다. 생각해 보십시오. 한 평생 세상에 진리를 가르쳐 오고 있는데 아무도 그를 이해하지 못한다면, 그의 자비심이 어떻게 죽은 듯이 가만히 있을 수 있겠습니까?

한번은 크리슈나무르티가 봄베이에서 강연을 하고 있었습니다. 한 노부인은 50년 동안 그의 강연을 들어왔습니다. 크리슈나무르티는 명상을 위한 방법은 없고, 명상은 필요치 않다고 말해 왔습니다. "그저 현재에 존재하고, 자신의 삶을 살아라. 그것이 명상이다. 다른 어떤 기법도 필요치 않다."

그녀는 약간 귀가 먹고 아주 노쇠해서 앞줄 의자에 앉았습니다. 한 시간 반 동안 그가 가슴을 쏟아 열강을 했더니 마지막에 그 노부인이 일어나서 물었습니다. "어떻게 명상해야 하지요?" 이제 그가 어떻게 할 것이라고 생각합니까?

그는 스스로 제 머리를 쳤습니다. 이것은 우리가 내는 화가 아닙니다. 그는 그 노부인에게 싫증나 있지만, 그 노부인은 그에게 싫증나 있지 않습니다. 그 노부인은 그의 이야기를 들으려고 강연 때마다 와서 같은 어리석은 질문을 하곤 합니다.

크리슈나무르티가 화를 낼 수 있다고 말할 때, 우리가 화를 내는 것처럼 화내는 것을 말한 것이 아닙니다. 그의 화는 자비에서 나온 것입니다. 그는 이 노부인을 돕고 싶지만, 도움을 줄 수 없을 것 같은 느낌이 듭니다. 이렇게도 해보고 저렇게도 해봅니다. 그가 전하는 메시지는 아주 단순하고 하나뿐이고, 일차원적입니다.

50년 동안 그는 단 한 가지 말만 해왔습니다. 사실 그가 주는 모든 가르침은 엽서 한 장에 다 적을 수 있습니다. 그는 사람이 고안해 낼 수 있는 모든 방식으로 그것을 말해 오고 있지만, 그것은 좀처럼 함락되지 않는 요새일 뿐입니다. 사람들은 여전히 계속해서 그의 얘기를 들으러 오고, 계속해서 어리석은 질문을 합니다.

그는 분명히 화를 냅니다. 그것은 순수한 화 그 자체입니다. 그러나 많은 사람들이 그가 화를 내기 때문에 그에게 적잖이 실망을 느껴왔습니다. "그래, 이 사람은 붓다가 아니야. 그는 아직 깨닫지 못했어." 그들은 붓다는 결코 화를 내서는 안 된다는 편견을 갖고 있습니다.

그는 이 지구상에 존재했던 가장 위대한 사람들 중의 한 사람임에도 화를 낼 수 있습니다. 그가 내는 화는 자비에서 나오는 것, 정화된 자비입니다. 그는 진정으로 우리를 걱정하기 때문에 화를 냅니다. 이것은 완전히 다른 성질의 화입니다. 그가 화를 낼 때 그 화는 진정한 화 그 자체입니다.

우리가 내는 화는 부분적이고 미적거리는 것입니다. 비교하자면 우리가 내는 화는 낯선 사람에게 어떻게 행동해야 하는지 잘 모르는 개와 같습니다. 낯선 사람을 보면, 그가 주인의 친구일 수도 있어서 개는 꼬리를 흔듭니다. 그러다가도 그가 적일 수도 있기에 개는 짖어댑니다. 개는 두 가지 행동을 다 하지요. 한편에서는 짖고 다른 한

편에서는 꼬리를 흔들지요.

개는 외교 행위를 하고 있기 때문에 상황이 어떤 식으로 판명이 나도, 항상 자기 행동이 옳다고 느낄 수 있습니다. 주인이 와서 낯선 사람에게 친하게 대하면, 개는 더 이상 짖지 않을 것이고, 개의 모든 에너지는 꼬리로 갈 것입니다. 주인이 침입자에게 화를 내면 꼬리 흔들기를 즉각 멈추고, 개의 모든 에너지는 짖는 행위로 갈 것입니다.

우리가 내는 화도 이런 식입니다. 내심 어느 정도까지 화를 낼 수 있는가 하는 것과, 그렇게 하면 얼마나 이득이 될지를 재고 있습니다. 그러나 크리슈나무르티 같은 사람이 화를 낼 때는 그는 순수한 화 그 자체가 됩니다. 순수한 화는 아름답습니다. 그는 화 그 자체일 뿐입니다. 그는 얼굴을 붉히며 화로 가득 차서, 온 세상을 파괴할 태세가 되어 있는 어린아이와 같습니다.

이런 일은 예수에게도 일어났습니다. 그가 예루살렘의 사원에 들어가 환전상들과 작업대를 발견했을 때 격분한 나머지 환전상들을 들어서 모두 사원 밖으로 내쫓고, 작업대를 뒤엎어 버렸습니다. 그는 격렬하게 행동했습니다.

그래야만 사람들에게 충격을 주고, 어떤 변화가 일어날 수 있는 상황이 조성될 것이기 때문입니다. 그 화는 자비와 사랑에서 나오는 것입니다. 예수는 환전상들에게까지 관심을 갖습니다. 그의 행위는 관심과 사랑, 각성된 의식에서 나온 것입니다.

정말 가슴이 따듯한 사람은 저주받아 마땅한 인간에 대해서도 사랑으로 감화시킬 수 있습니까? 분노나 증오 없이 처음부터 사랑만으로 악을 선으로 변화시키는 연금술이 가능하다면 더욱 좋을 것입니다.

모든 악은 보살의 길로 변화될 수 있고, 그 길은 붓다가 됩니다. 악은 우리를 거역하지 않으며, 우리는 단지 그것을 사용하는 방법을 모를 뿐입니다. 독은 적이 아니고, 그것으로부터 약을 만드는 방법을 우리가 모를 뿐입니다.

현명한 이의 손에서 독은 약이 되고, 어리석은 이의 손에서 약은 독이 될 수 있습니다. 'evil'이라는 말은 거꾸로 읽으면 'live'가 되지요. 삶이 악이 될 수 있고, 악이 삶이 될 수도 있습니다. 모든 것은 그것을 읽는 방법에 달려 있습니다. 악에 저항하지 마십시오. 이것은 그리스도의 말입니다.

이는 반유대교적이지요. 유대인의 신은 심하게 악에 저항했습니다. 유대인의 신은 말합니다. "나는 매우 질투가 많은 신이다. 그대가 나에게 복종하지 않으면 그대는 파괴될 것이다."

또 구약성서에는 눈에는 눈으로, 악은 처벌되어야 한다고 말합니다. 그러나 그리스도는 말합니다. "악을 받아들여라. 그것에 저항하지 말라. 그것과 싸우지 말라. 그것에 분노하지 말라. 그것은 선으로 변화할 수 있으니 그것을 받아들여라."

빛은 어둠이 존재할 때만 존재할 수 있습니다. 그런데 왜 어둠을 증오합니까? 삶은 죽음 없이 존재할 수 없습니다. 그런데 왜 죽음을 증오합니까? 죽음은 삶이 별처럼 반짝이는 밤의 어둠입니다. 밤의 어둠을 파괴한다면 그 별들은 사라질 것입니다. 그것이 낮에 일어나는 것입니다.

별들은 여전히 그곳에 있습니다. 별들이 사라졌다고 생각합니까? 그렇지 않습니다. 빛이 너무 많기 때문에 그것들을 볼 수 없을 뿐입니다. 그것들은 반대 상황에서만 보입니다. 그러니 악에 저항하지 마십시오. 반대는 반대가 아니라 상호보완적이고, 반드시 함께하며 따라서 선택의 여지가 없습니다.

우리가 지켜보는 자라면 우리는 단지 거울일 뿐입니다. 그것은 우리와 상관없습니다. 행복은 오고 가며 불행도 오고 갑니다. 우리는 그것을 비추는 거울입니다. 거울은 어느 것에도 영향을 받지 않습니다. 거울은 어느 것에 의해서도 각인되지 않습니다. 우리가 지켜보는 자일 때 엄청난 거리가 생겨납니다. 그리고 그 지켜봄 속에서만 우리는 저급한 금속을 빛나는 금으로 변화시킬 수 있습니다.

사랑은 양날을 가진 칼 사랑은 연금술이 될 수 있습니다. 우리가 누군가를 사랑한다면 그 사랑은 다른 사람을 변화시킵니다. 어린 시절, 라즈니쉬가 살던 마을에는 유명한 도둑이 살고 있었습니다. 그는 감옥을 제 집 드나들 듯이 하는 상습범이었습니다. 그는 인생의 거의 절반을 감옥에서 보낸 사람이었는데, 감옥에서 나오면 즉시 라즈니쉬에게로 달려오곤 했습니다.

아버지와 선생님은 매우 걱정스러워했습니다. 그들은 그가 위험인물이며, 그와 우정을 나누는 것은 좋은 일이 아니라고 충고했습니다. 라즈니쉬는 그들에게 말했습니다. "아버지와 선생님이 두려워하는 사랑은 양날을 가진 칼이에요. 나의 사랑이 그를 변화시킬지, 아니면 그의 사랑이 나를 변화시킬지는 시간이 말해 줄 거예요. 문제는 누가 더 많이 사랑하느냐 하는 것이지요."

그들이 말했습니다. "너를 설득하기란 매우 힘들다는 것을 잘 알고 있다. 그러나 우리는 그가 오랜 상습범이며 그 버릇을 고치기 힘들다는 것을 네게 말해 두고 싶다." 그가 말했습니다. "누가 그를 변화시키겠다고 했나요? 제가 언제 그의 버릇을 뜯어고치겠다고 했어요?

나는 그런 것과 상관없이 그냥 그가 좋아요. 나는 그의 도둑질이나 형무소 생활에 대해서는 한 마디도 물은 적이 없어요. 나는 그런 것에는 관심 없어요. 그것은 그의 일이니까요. 그렇지만 그는 아름다운 사람이에요. 그는 매우 성실하고 신뢰할 만한 사람이에요."

그들이 말했습니다. "너는 그가 너를 망칠 때까지 우리의 말을 듣지 않을 작정이구나." 그가 말했습니다. "그가 되든 내가 되든 둘 중의 하나는 변하겠지요. 그러니 기회를 주세요."

어느 날 그 도둑이 그에게 말했습니다. "너는 나의 도둑질에 대해서한 마디도 묻지 않는구나." 그가 말했습니다. "그것은 당신의 삶의 방식이잖아요. 당신 삶의 주인은 바로 당신이에요. 당신이 삶의 방식으로 도둑질을 선택했다면 그것은 내가 간섭할 문제가 아니에요."

도둑이 말했습니다. "너는 내가 감옥에 갔었다는 사실에 대해서도 말한 적이 없다. 마을 사람들 중에 어느 누구도 나와 친구가 되려고 하지 않는다. 그것은 위험한 일이기 때문이지. 나와 함께 서 있거나 이야기하는 것이 경찰의 눈에 띄기라도 하면 문제가 생길지 모르거든."

그가 말했습니다. "그 점에 대해서는 염려하지 마세요. 나는 기꺼이 문제에 빠질 거예요. 문제에 빠지는 나의 방식과 당신의 방식은 다르겠지요. 하지만 문제는 누구에게나 있는 거예요. 그러니 그 점은 걱정하지 마세요. 나는 당신을 사랑하고 믿으니까요." 그 도둑의 눈에서는 눈물이 흘렀습니다.

도둑이 말했습니다. "내가 여러 번 도둑질을 그만둘 수 있었던 것은 순전히 너 때문이다. 감옥 안에서 나는 오로지 너만을 생각한단다. 나는 밖에 있는 누군가가 나를 기억하고 있다는 사실을 잊을 수가 없다. 그렇지 않다면 바깥 세상은 내게 존재하지 않는 것이나 다름없다. 곧 나는 출옥할 것이고, 다시는 도둑질을 하지 않을 것이다."

라즈니쉬가 말했습니다. "그건 당신에게 달린 문제예요. 내가 당신 행동을 방해한다고는 생각하지 마세요. 나는 자유를 줄 수 없는 사랑은 사랑이 아니라고 생각해요. 만일 사랑이 연인과 친구의 삶에 간섭하기를 일삼는다면, 그것은 사랑이 아니에요. 나는 단지 당신을 있는 그대로 사랑할 뿐이에요. 당신은 나의 사랑 때문에 자신을 변화시키려고 해서는 안 돼요."

서서히 그는 도둑질을 그만두었습니다. 사람들은 깜짝 놀랐습니다. 그 도둑이 그를 도둑으로 만들 것이라고 목청을 높였던 그의 선생님은 2년이 지나도록 그가 도둑질을 하지 않고 감옥에도 가지 않자, 자신의 충고가 잘못된 것이었음을 깨닫고 말했습니다. "미안하다. 아마 나는 사랑의 엄청난 힘을 모르는가 보다."

4

세상에서 출세한 자들은 가짜 인생을 산다

子曰 富與貴 是人之所欲也 不以其道得之 不處也
자 왈 부 여 귀 시 인 지 소 욕 야 불 이 기 도 득 지 불 처 야

貧與賤 是人之所惡也 不以其道得之 不去也
빈 여 천 시 인 지 소 오 야 불 이 기 도 득 지 불 거 야

공자가 말하였다. "부귀, 이는 사람들이 바라는 것이지만 바른 방법으로써 얻은 것이 아니면 거기에 처하지 않을 것이며, 빈천, 이는 사람들이 싫어하는 것이지만 당연한 과정을 통해 얻은 것이 아니라도 거기서 떠나지 않을 것이다."

주해 ─────────────────────────────

富與貴 '부귀'란 단어를 구의 형식으로 표현한 말, 與는 두 말을 이어주는 접속어이다. | **是** 이것 | **人之所欲** 사람들이 하고자 하는 것, 사람들이 갖고자 하는 것 | **也** 문장이 끝남을 나타내는 형식적인 말 | **不以其道得之** 제 도로써 얻지 아니하다 | **不處** 처하지 아니하다 | **貧與賤** '빈천'이란 단어를 구의 형식으로 표현한 말 | **人之所惡** 사람들이 싫어하는 것, 惡[오]미워하다, 싫어하다 | **不去** 떠나지 아니하다, 버리지 아니하다

부귀빈천에 대한 세상 사람들의 태도는 너무도 분명합니다. 부귀는 수단 방법을 가리지 말고 쟁취해야 하며, 빈천은 무슨 수를 써서라도 모면해야 한다는 것이지요. 하지만 그 분명함은 매우 피상적입니다. 오직 어리석은 자들만이 분명합니다. 그들은 삶에서 혼란을 느낄만한 지성을 갖추고 있지 못합니다. 지성만이 혼란을 느낍니다.

부귀한 삶을 원하고 빈천한 삶을 원치 않는 것은 일견 지극히 당연한 논리로 생각됩니다. 그러나 삶은 항상 비논리적으로 전개되기 때문에 논리와 삶이 만나는 일은 없습니다. 대통령과 수상, 갑부 등 소위 출세한 사람들은 가짜 인생을 살고 있습니다. 그들의 삶은 공허합니다. 그들의 가슴에는 시가 없고 눈에는 밝음이 없습니다.

지금 많은 사람들이 돈을 축적하면서, 더 많은 권력과 명예를 위해 몸부림치면서 동분서주합니다. 만일 그들이 성공하고 있다면, 돈이 늘어나고, 권력이 커지고 명성이 높아지고 있다면, 사람들은 그들을 부러워하기도 하고 질투도 느낄 것입니다. 그들은 확실한 인생의 목표를 가지고 있고 그것을 획득할 수 있는 방법을 잘 알고 있습니다. 그들은 사다리를 오르고 있는 중이며, 서서히 목표에 접근하고 있습니다.

그러나 지성적인 사람은 그저 거기에 서 있습니다. 무엇을 해야 할지 무엇을 하지 말아야 할지 혼란스럽습니다. 무엇이 옳은지 무엇이 그른지 혼란스럽습니다. 지성만이 회의하고 혼돈을 느끼는 것입니다. 사실 혼란은 굉장한 기회이지요. 만일 정말로 혼란스럽다면 우리는 축복받은 것입니다.

이제 무언가가 가능합니다. 무언가 대단히 가치 있는 것이 이루어질 것입니다. 이제 마음은 더 이상 확실성을 제공하지 않습니다. 우리는 마음의 죽음에 점점 더 가까이 다가가고 있습니다. 이것은 삶에서 어떤 사람에게 일어날 수 있는 가장 위대한 축복입니다.

마음이 사라지면 욕망의 불꽃이 스러지고 초월적인 무엇이 가슴속에서 자라기 시작합니다. 그러면서 행복할 때 행복에만 매달리지 않고 불행할 때는 이를 피하려고만 애쓰지 않는 지혜와 용기가 싹트기 시작합니다.

행복이 찾아온다 해도 영원히 행복할 수 없음을 막연히 알 것 같습니다. 어딘가에 숨어 있는 불행이 조만간 찾아올 것입니다. 행복의 정상에 도달할 때마다 즉시 불행이 뒤따를 것입니다. 그것이 바로 삶이라는 것을 받아들여야 합니다.

사람들은 언제나 부귀한 자가 되기를 원하지만, 특히 이 시대는 그 정도가 심한 것 같습니다. 부와 귀가 가장 중요한 존재 이유가 되어버렸습니다. 이를 어떻게 보아야 할까요?

아시다시피 과거 동양은 몹시 가난했습니다. 너무 가난해서 사람들은 하루에 한 끼도 제대로 해결할 수가 없었지요. 논리적으로 보면 그때 자살하는 사람들이 더 많았어야 하며, 미쳐 버리는 사람이 더 많았어야 합니다. 그러나 그렇지 않았습니다.

그들은 미치지도 않았으며, 자살하지도 않았습니다. 오히려 그들은 어떤 만족감마저 느끼고 있었습니다. 왜냐하면 야망이 사회에 의해 주어진 마음의 일부가 아니었기 때문입니다. 그래서 그들은 절대적인 빈곤 속에서도 절망하거나 크게 괴로워하지 않고 담담하게 살아왔습니다.

현대 사회는 극도로 야망과 권력과 부를 부추기고 있습니다. 사람들은 모두가 더 풍족한 삶을 위해 야심을 불태우고 있습니다. 현재 있는 그대로의 모습으로는 결코 행복할 수 없습니다. '나는 뛰고 달려야 한다. 필요하다면 폭력도 서슴지 않는다. 수단과 방법을 가리지 않고 나는 정상에 올라야겠다. 그래서 나의 능력을 만천하에 과시하겠다.' 이런 마음으로 살면서 열등감에 시달립니다.

이런 사회는 심리적으로 병든, 제 정신이 아닌 사람들을 만들어냅니다. 사회가, 교육 제도가 그들에게 부여한 목표에 도달했을 때, 그들은 자신들이 막다른 골목에 다다랐다는 것을 알게 될 뿐입니다. 그길은 거기서 끝납니다. 그 너머에는 아무것도 없습니다. 이런 추구에서는 누구도 성공하지 못합니다.

성공이 불가능한 것이 바로 성공의 속성이기 때문입니다. 욕망은 채워질 수 없습니다. 사실 성공하지 못한 자의 상황이 더 나은 편입니다. 그는 여전히 희망을 가질 수 있기 때문이지요. 조금만 더 경쟁력을 높이고, 더 공격적이고 더 폭력적이 된다면 성공할 것이라고 생각하니까요.

천석꾼이 거지 이런 사람들은 비정상입니다. 욕망에 사로잡혀 있는 만큼 그들은 비정상입니다. 돈이 삶을 줄 수 없고, 행복과 평화를 줄 수도 없습니다. 그러나 돈을 열렬히 사랑하는 무수한 사람들이 있습니다. 돈은 그들의 신입니다. 언젠가 그 비정상적인 것이 충족되면 그때 다른 비정상적인 일이 일어납니다. 평생을 돈의 공포에서 벗어나지 못합니다.

경쟁을 부추기는 분위기에서 마음은 항상 더 많은 것을 갈망합니다. 우리가 돈을 가지고 있다면 마음은 더 많은 돈을 갖고자 할 것입니다. 마음은 더 많은 것들 안에서 삽니다. 항상 무언가를 원하고 갈망한다는 사실은 우리가 가난하다는 것을 반증하는 것입니다.

이런 의미에서 가난하지 않은, 부유한 사람은 찾아볼 수 없습니다. 설사 우리가 모든 것을 소유했다 할지라도 우리는 무언가를 더 원하고 있기 때문입니다. 이때 우리는 부자 가난뱅이, 부자 거지입니다. '천석꾼이 거지'라는 우리 옛말이 있지요.

사람들은 부유해지기를 소원합니다. 부자들은 자유로운 듯이 보이기 때문입니다. 어떻게 가난한 사람이 자유로울 수 있습니까? 그의 욕구가 그를 구속하지만, 그가 가려고 하는 곳마다 뛰어넘을 수 없는 장벽이 가로막고 있습니다. 그러므로 부자가 되기를 바랍니다.

부자가 되려는 욕구의 밑바닥에 깔려 있는 것은 절대적으로 자유롭고자 하는 충동입니다. 그러나 사람들은 틀린 방향으로 나아갑니다. 계속 나아갈 수는 있지만 목적지에 도달할 수는 없습니다. 처음부터 방향을 잘못 잡았기 때문이지요. 첫 걸음을 잘못 내딛었습니다.

현명한 사람은 욕망을 지켜보고 그것에 대해 깨어 있을 줄 압니다. 그는 욕망을 추구하는 데 자신의 에너지를 탕진하지 않고, 현재 그가 가지고 있는 것을 누리는 데 에너지를 이용하며, 이를 누리면 누릴수록 그가 가지고 있는 것은 더욱 풍요롭게 느껴집니다.

마음이 더 많은 것을 요구하면 더욱 불안해지고, 현재를 즐기며 만족할 때 평화가 내려오고 침묵이 일어납니다. 이런 토대에서만 행복은 날개를 달고 축복과 지복의 하늘로 날아오릅니다. 그러나 이런 일은 한갓 백일몽에 지나지 않는 세상에 지금 우리는 살고 있습니다.

부귀영화라면 무조건 좋아하는 많은 사람들의 사고의 틀은 어떤 것이며, 이와 달리 시시비비를 가리며 지성적인 자세로 사는 지혜로운 사람은 어떤 신념에서 그럴 수 있는지요?

풍요에는 여러 가지가 있습니다. 돈이 풍요로운 것은 가장 낮은 차원입니다. 이렇게 표현하면 어떨까요. '돈이 많은 사람은 가장 빈곤한 부자다.' 예술과 학문의 측면에서 보자면 그는 빈곤한 부자입니다. 궁극적인 깨달음의 시각에서 보면 그는 풍요롭다고 말할 수조차 없는 사람이지요.

인간은 공허합니다. 그것이 인간의 불행입니다. 인간은 가득 차기를 원합니다. 그래서 음식으로, 돈으로, 물건으로, 과학 기술이 만들어 낸 모든 새로운 기계들로, 자신을 가득 채우려 합니다. 그러나 내면의 공허감은 조금도 변하지 않고 여전히 그대로 남아 있습니다. 사실 사람들은 온갖 물건들에 둘러싸여 있을 때 더욱 공허함을 느끼지요. 상대적으로 내면이 더욱 가난해 보이기 때문입니다.

외부 세계에서만 살 때 우리는 항상 거지일 수밖에 없습니다. 돈과 권력과 명예가 아무리 많다 해도 그 모든 걸 치레 뒤에는 거지 근성이 숨어 있을 뿐이니까요. 부자들과 권세가들의 일거수일투족은 조금이라도 재물을 더 긁어모으려는 거지들의 몸짓에 불과합니다. 돈, 권력, 명예는 일면 우리에게 충족감을 줍니다.

그러나 그것은 방향이 잘못 되었습니다. 그것을 통해서는 결코 풍요로워질 수 없습니다. 단지 더욱 허기를 느끼고 탐욕스러워집니다. 바닷물을 마시면 마실수록 더욱 갈증을 느끼듯이 외부에서는 많이 가지면 가질수록 더욱 더 탐욕스러워질 뿐입니다. 그것은 영원한 바다와 같은 것이 아니고, 끊임없이 일어났다 사라지는 파도와 같은 것입니다.

고위 관리들은 자신이 위대하다고 생각하는 듯합니다. 그러나 일단 그 자리가 무너져 버리면 모든 위대함은 순식간에 사라져 버립니다. 부자들은 그가 쌓아 놓은 재물을 통하여 자신을 부자로 생각합니다. 그러나 갑자기 파산하게 되면 재산뿐만 아니라 그의 영혼까지도 사라져 버립니다.

대부분의 사람들은 돈이 많아지면 행복해질 것이라고 생각합니다. 그러나 그렇지 않습니다. 만약 그들이 행복하다면 그들은 풍족하게 느낄 것입니다. 만약 그들이 행복하다면 그들은 부자일 것입니다. 행복한 사람은 그 외에 다른 상태일 수가 없습니다. 커다란 궁전을 가지고 있지 않을지도 모릅니다. 그래도 그들은 부자일 것입니다.

그렇지만 많은 사람들은 부만 쌓아 올리려고 합니다. 그렇게 되면 행복해질 것이라고 믿는 것이지요. 결코 그런 일은 생기지 않습니다. 부는 행복의 원인이 될 수 없기 때문입니다. 행복이 항상 부의 원인인 것입니다.

지금 바로 이 순간에 우리는 행복해질 수 있습니다. 아무도 우리의 길을 가로막지 않습니다. 만약 지금 바로 이 순간에 행복해질 수 없다면 우리는 영원히 행복해질 수 없을 것입니다. 행복은 미래와는 아무 관계가 없습니다. 행복은 다른 아무 것에도 의존하지 않기 때문이지요. 그것은 하나의 마음가짐일 뿐입니다. 이것이 근본적인 원인입니다. 근본 원인부터 추구하면 결과는 자연히 원인을 따르게 될 것입니다.

'야, 참 좋다. 안 좋은 게 하나도 없구나.'하고 말할 수 있는 것이 행복입니다. '있는 그대로가 다 좋구나.'라고 생각되는 마음이 곧 행복입니다. 행복한 상태에서는 무엇을 더 보태려고 하지 않습니다. 있는 그대로의 모든 것들을 기쁜 마음으로 바라볼 뿐입니다. 내면에는 그저 평화와 감사하는 마음이 충만합니다. 그런 순간에 내면으로부터 아름다운 음악이 흘러나옵니다. 그런 순간에 바치고 싶은 기도가 진정한 기도입니다.

지혜로운 이는 적은 재물로 만족한 삶을 산다. 삶에서 위대한 것이란 없습니다. 삶은 작은 것들로 이루어져 있습니다. 만일 작은 것들을 누리는 방법을 안다면 우리는 삶을 위대한 것으로 바꿀 수 있습니다. 깨달은 이의 손에서는 평범한 물조차도 포도주가 됩니다. 그것이 예수가 물을 포도주로 바꾸었다는 기적입니다.

이것은 상징적인 진실입니다. 예수의 손에서는 물이 포도주입니다. 우리는 그냥 물로도 취할 수 있습니다. 그것을 마시는 방법에 달렸습니다. 음료수에 달려 있는 것이 아니라 그것을 마시는 자에게 달려 있습니다.

현명하고 주의 깊은 사람은 적은 재물만 갖고도 아주 만족한 삶을 삽니다. 단순하고 검소하게 살기를 원하기 때문입니다. 그런 이에게 많은 재물은 도리어 부담이 될 뿐 아무런 도움도 되지 않고 어떤 기쁨도 주지 않습니다. 그것들은 대부분 전혀 쓸모없는 것입니다.

그것들은 그를 혼란시키고 에너지를 소모시킬 뿐입니다. 이것이 그들의 유일한 기능입니다. 그들은 그를 그 자신으로부터 멀리 떨어뜨립니다. 이것이 그들의 유일한 유용성입니다. 그들은 그가 그 자신과 함께 지낼 시간과 공간을 허락하지 않습니다. 그것들은 위험합니다. 이 불필요한 것들로 인해 그는 평생을 낭비하고 파산 상태로 죽을 것이기 때문입니다.

의식이 깬 사람은 평범한 삶 속에서 굉장한 기쁨과 법열을 느낍니다. 그는 삶을 평범하다고 생각하지 않습니다. 그는 비범한 감수성으로 살아갑니다. 삶은 존경과 사랑과 감사를 받아 마땅합니다. 그것은 신의 엄청난 선물이기 때문입니다. 이 모든 나무들과 새들과 사람들과 강들과 산들과 별들과 이 광대한 하늘 …, 이 축복받은 존재 속에서 즐거워하지는 못할 망정 탐욕스럽고 심각해 질 수 있다는 것은 정말 이상하고 병적인 현상이지요.

돈, 권력, 명예와 같은 이른바 세속적인 것으로 성공하게 되면, 그때 우리는 모든 것이 실패했음을 알게 될 것입니다. 돈은 있지만 우리들의 내면은 빈곤합니다. 하나도 변한 게 없고, 실제로 부로 인하여 더더욱 내면의 빈곤을 깨닫게 될 것입니다. 대비에 의해 그것을 보다 잘 보게 되는 것입니다.

우리에게는 좋은 음식이 행복이고, 돈을 모으는 것이 행복이고, 명예나 권력이 행복이지만, 이런 행복은 너무 세속적이고 일상적이며 천박한 것일 뿐 거기에 위대한 것이라곤 아무 것도 없습니다. 아무런 위엄도 광채도 없습니다. 우리의 내면의 하늘은 완전히 어둠에 묻힌 채로 남아 별들도 없을 것이고, 휘영청 밝은 만월의 밤도 오지 않을 것입니다.

지금 사람들은 돈이 되는 일이라면 무슨 짓이라도 하며, 심지어는 양심을 제쳐놓고라도 덤벼듭니다. 그래서 사회는 온통 돈을 놓고 한판 승부를 벌이는 혼란한 싸움판 같습니다. 돈을 벌면서도 깨어있어야 할 최소한의 의식마저 갖추지 못하고 있는 것이 안타까울 뿐입니다.

두 사람의 동업자가 있었습니다. 이들은 같이 하던 일이 실패하자, 작은 사업을 새로 하기로 의논하였습니다. 이들은 이 마을에서 저 마을로 옮겨 다니며 여행을 시작했습니다. 밤에 한 사람이 먼저 마을로 들어가 집집마다 창문과 문에 콜타르를 칠해 놓습니다. 그리고 이삼일 지난 후 다른 사람이 그 마을에 가서 그것을 지우는 일을 합니다. 한 사람이 그 일을 하고 있는 동안, 한 사람은 다른 마을로 가서 콜타

르를 칠하고 다닙니다.

이런 방법으로 그들은 많은 돈을 벌었습니다. 물론 이렇게 하는 데도 굉장한 노력이 필요하지요. 그러나 돈은 단순히 노력의 대가로만 오는 것이어서는 안 되며, 온당한 방법으로 사람들에게 도움을 준 대가로 받는 것이어야 합니다.

현명하지 않고 영리한 사람들 모든 일에는 노력이 필요합니다. 그러나 사람들의 마음은 갈수록 노력 자체에 관심을 두지 않으며, 오직 결과에만 관심이 있습니다. 아무 노력도 하지 않고 쉽게 돈을 얻을 수 있다면, 그때 그들은 지름길을 택하려 합니다. 이것이 교육 받은 자들이 지름길을 쉽게 찾을 수 있기 때문에 교활해진 이유입니다.

그들은 의사나 변호사 등 전문직 인사가 되어 혹은 고위 공무원이나 국회의원 등 정치 지도자가 되어 돈을 벌 수 있습니다. 그러면 그들은 이용할 수 있는 모든 지름길을 택할 것입니다. 교육을 많이 받을수록 사람은 교활해집니다. 그는 현명하지 않고 영리합니다.

사회의 교육 수준이 갈수록 높아지면서 사람들이 교활해져서 정당한 노력을 기울이지 않고 사기나 밀수, 투기 등 어떤 부당한 방법을 통해서라도 돈 벌 길을 찾습니다. 정상적으로 돈을 버는 일은 결과에만 마음을 두지 않는 자들에게만 일어납니다.

왜곡된 경제 관념 되도록 적은 노력으로 많은 돈을 벌려고 하는 것은 왜곡된 경제 법칙입니다. 사람들은 돈 가방을 주우면 행복해합니다. 이런 행복은 일시적입니다. 잠시 동안은 에너지가 증대되고 행운이라고 생각합니다. 행복감은 잠시고 다음 순간이면 곧 두려워질 것입니다. 붙잡히지 않을까? 누구의 돈인가? 누가 보지 않았나?

무엇보다 양심이 말할 것입니다. '이건 옳지 못해. 도둑질이다. 경찰에 넘겨줘라.'

설령 신고하지 않고 아무도 보지 않았다고 해서 이 돈을 갖고 있은들 무엇을 하겠습니까? 무엇을 하든 그것은 일시적인 행복에 불과할 것입니다. 가령, 차를 산다고 합시다. 그러면 잠시 기분이 좋습니다. 며칠 후면 그 차는 거들떠보지도 않습니다. 일시적인 행복은 왔다가 사라집니다. 마치 구름과 같습니다. 그런가 하면 자신이 어떤 부당한 절차의 한 부분이었다는 사실에 죄책감을 느끼고 내심 괴로움에 시달릴 것입니다.

아무런 노력도 투자도 필요 없이 횡재를 꿈꾸는 사람은 복권을 삽니다. 그리고 돈에 대해 몽상하기 시작합니다. 당첨이 되면 그것을 어디에 어떻게 쓸까 궁리가 많고, 뭘 살까 계획까지 세웁니다. 그러나 기대가 높은 만큼 깊이 떨어지는 충격은 클 것입니다. 허황된 시도는 결국은 아무 것도 이루지 못하고 헛된 꿈으로 끝나 버립니다.

설사 복권에 당첨됐다 해도 행복이 찾아오는 것은 아닙니다. 아마 그 반대일 가능성이 더 많습니다. 불행해질 가능성이 많다는 것이지요. 복권으로 횡재한 사람이 일장춘몽으로 인생을 더욱 비참하게 마치는 예를 신문은 종종 전해줍니다.

더 많이 소유하기 위해, 더 많은 돈, 더 큰 권세를 갖기 위해 그리고 더 많은 땅을 차지하기 위해, 사람들은 아무렇지 않게 옳지 못한 일들을 행하고 있습니다. 계속해서 거짓말하고 부정직한 일을 되풀이 합니다.

수백 개의 거짓 얼굴을 가지고 다른 이에게나 자신에게나 진실한 적은 한 순간도 없습니다. 끊임없이 거짓말을 해야 하고 사기를 쳐야 하고 겉치레를 해야 합니다. 그래야만 세상에서 성공할 수 있습니다. 진실은 성공에 전혀 도움이 되지 않습니다. 정직도, 성실도 소용이 없습니다.

돈의 노예가 되지 않아야 한다. 돈은 물건을 교환하는 단순한 수단입니다. 거기에 잘못된 것은 하나도 없습니다. 그러나 우리가 그것에 지나치게 집착하여 벌어온 방식으로 보면, 거기에선 모든 것이 잘못된 것으로 보입니다. 사람들은 돈을 가지고 있지 않으면 삶 전체가 하나의 저주가 될 것이란 두려움 때문에 전 생애에 걸쳐 수단 방법을 가리지 않고 돈을 가지려고 애를 쓰지요.

그러나 비록 돈을 많이 가지고 있다 해도 그것이 기본적인 것을 바꿔놓지는 않습니다. 그들은 계속해서 더 많은 것을 원하고 마침내 무척 많은 돈을 가지게 될 때, 그들은 죄책감을 느끼기 시작합니다. 그들이 돈을 모으기 위해 도모했던 그 수단들은 하나 같이 추하고, 비인간적이며, 폭력적인 것이었기 때문입니다.

그렇게 해서 이제 그들은 그 돈을 가지게 되었지만, 그 많은 돈은 그것을 얻으면서 저질렀던 모든 범죄들을 상기시켜 줄 뿐입니다. 한 사회에 제한된 화폐의 총량에서 극소수 사람들이 다다익선으로 돈을 몰아가려고 탐욕을 부리는 것은 결코 건강하지 못한 병적 현상입니다. 그들은 인생에서 성공한 것 같지만 사실은 돈의 노예가 되었을 뿐입니다.

요즘 같은 풍요의 시대에도 각성한 사람은 짐짓 가난한 삶을 살려고 할지요? 궁극적으로 가난을 두려워하지 않을 뿐만 아니라 적극적으로 이를 옹호하는 의식의 경지는 어떤 것일까 알고 싶습니다.

사람들은 가난을 두려워합니다. 가난할 때 죽음에 더 많이 노출된다고 여기기 때문입니다. 어떤 방법을 써도 죽음을 피해갈 수 없음을 잘 알면서도 거액의 돈은 죽음을 막는 방패처럼 여깁니다. 거액의 돈이 하는 일이 있긴 합니다. 이것은 사람을 바쁘게 만들지요. 정신없이 바빠지면 의식이 깨어날 가능성은 아예 없습니다. 일종의 마약과 같습니다.

의사로 돈을 벌든 사업가로 돈을 벌든, 이것은 그들 자신과는 아무 상관이 없습니다. 이것은 그들의 직업에 관한 것이지 그들 자신에 관한 것이 아닙니다. 이것은 그들의 경제 상태를 보여주는 것이지 삶 자체를 말해 주는 것은 아닙니다. 우리는 모두 삶을 경제 지향적인 시각으로만 보며 세간살이로 삶을 대신하고 있습니다.

물론 부자들은 안전하고 안락하고 안정된 삶을 삽니다. 그러나 그들은 훨씬 더 귀중한 것들을 놓치고 있습니다. 그들은 모험을 놓치고 진리에 대한 탐구를 놓치고 신성을 놓치고 사랑을 놓치고 빛을 놓칩니다. 그들의 삶은 무덤과 같습니다. 무덤 속에는 아무 위험도 없습니다. 그들에게는 생존하려는 동물적인 감각만이 살아 있을 뿐, 실제로는 식물인간이나 다름없습니다. 그들은 영혼이 없습니다.

위험하게 살 때 진정한 삶을 살 수 있다. 위험하게 살기 시작할 때 인간은 처음으로 살기 시작합니다. 위험하게 사는 것은 신성한 삶을 사는 것입니다. 예수는 위험하게 살았습니다. 붓다도 소크라테스도 위험하게 살았습니다. 그러나 이들은 인간이 도달할 수 있는 최정상에 도달한 사람들입니다. 이들은 의식의 에베레스트를 안 사람들이지요.

진정으로 부유해지는 유일한 방법은 신의 존재에 민감해지는 것입니다. 신의 모든 색깔들에, 신의 모든 무지개들에, 그 모든 노래들에, 그 모든 나무와 꽃들에 민감한 사람이 되는 것입니다. 신은 자연 도처에서 발견됩니다.

우리 가슴이 삶을 아무 조건 없이 다가오는 대로 받아들일 준비가 되는 순간, 갑자기 신이 사방에서 몰려옵니다. 그때 우리의 가슴은 오직 춤추고 노래하고 즐기고 사랑하고 사랑 받기만을 원할 뿐입니다. 우리의 가슴은 향기로 가득 찬 한 송이 꽃처럼 살고 싶어합니다. 탁 트인 하늘을 날고 있는 새처럼 살고 싶어합니다.

고급 저택은 황금으로 만든 새장과 같습니다. 많은 사람들이 그것을 치장하는 데 공을 들입니다. 너도나도 황금 새장에 집착하기 시작합니다. 사람들은 자신에게 날개가 있다는 사실을 잊어버렸습니다.

하늘 전체에 도전할 수 있다는 것을, 자신 앞에 기나긴 여로가 펼쳐져 있다는 것을 잊어버렸습니다. 각성한 사람은 허다한 어려움에도 불구하고, 그 모든 위험에도 불구하고, 마음이라는 황금 새장을 던져버리고 미지의 세계 속으로 들어갈 수 있습니다.

모든 종교는 가난에 찬성합니다. 가난한 자는 축복받을 것이라고 말합니다. 사람들이 굶주림에 허덕이고 있을 때, 종교는 그들이 천국을 상속받을 것이라고 말합니다. 진정한 종교인은 이 세상에서 부자로 살기보다 내적인 풍요를 즐길 줄 아는 자입니다.

부자는 외부 세계에 힘써야 하기 때문에 내적인 세계로 들어갈 수 있는 길이나 시간을 갖기 힘들 것입니다. 그러나 가난한 자의 상황은 훨씬 좋은 편입니다. 가난한 자는 외부 세계에 전념할 것이 없습니다. 그는 눈을 감고 내면으로 들어갈 수 있습니다. 물론 가난하다고 모두 각성한 사람이 되는 것은 아닙니다. 그러나 각성한 사람은 모두 가난하게 살기를 원합니다.

극소수 크게 깨달은 이들만이 무한한 인간의 영혼, 끝없는 인간의 비상을 염원합니다. 그러나 대부분의 사람들은 이런 염원은 언감생심 아랑곳하지 않은 채 소인으로 살아갑니다. 그들의 욕망은 모두 세속적인 것들입니다.

돈과 명예, 사회적 지위, 권력 등 실로 천박하고 쩨쩨하기 그지없지요. 그것이 욕망과 염원의 차이입니다. 욕망은 성취 가능한 것을 추구합니다. 그러나 염원은 항상 신성하고 불가능한 것을 추구합니다. 불가능한 것을 염원하지 않는 한, 사람들은 자신이 도달할 수 있는 최고의 높이까지 오르지 못할 것입니다.

신은 욕망의 대상으로 존재하지 않습니다. 신은 성취할 수 있는 것이 아닙니다. 신은 불가능의 다른 이름일 뿐입니다. 그러나 불가능한 것을 염원하지 않는다면, 평범한 속인의 욕망을 벗어날 수 없습니다. 신을 추구하는 것은 우리를 천박하고 교활하며 질투심에 불타게 만드는 모든 세속적 족쇄로부터의 자유를 의미합니다.

이는 욕망 자체가 나쁜 것이라거나 욕망을 무조건 배격하는 것을 의미하지 않습니다. 아무런 욕망도 없다면 우리는 생존할 수 없습니다. 만일 욕망을 지나치게 잘라낸다면, 우리의 삶은 빈곤해질 것입니다. 욕망은 생명력입니다.

그래서 진정으로 깨달은 이들은 욕망을 버리라고 말하는 대신 욕망으로부터 자유로워지라고 말합니다. 욕망이 있든 없든 완전히 자유로운 존재가 되라는 것입니다. 욕망이 강박적인 것이 되어서는 안 된다는 것입니다.

부유한 사람만이 가난해질 수 있다. 사실 많은 것들을 소유함으로써 부자가 될 수는 있지만, 그 부유함은 가짜입니다. 그것은 인간을 속이는 것입니다. 우리는 빈손으로 이 세상에 태어났고 빈손으로 떠나야 합니다. 모든 재산을 뒤에 남겨 두고 떠나야 합니다. 그것을 모으기 위해 우리 삶을 모두 바쳤지만, 정말로 얻은 것은 아무것도 없습니다. 오히려 우리는 진정으로 풍요로워질 수 있는 엄청난 기회들을 모두 낭비했을 뿐입니다.

언제부터인지 인간은 거의 무감각해졌습니다. 높은 가치를 지닌 것일수록 그것에는 더 무감각합니다. 이제 인간이 이해하는 언어는 단지 돈과 권력, 명성이라는 어휘뿐입니다. 사랑과 기쁨, 춤의 언어를 잊어버린 채 단지 가치 없는 것들만 소유하고 그것에 소유됩니다. 돈을 소유하건 권력을 소유하건, 그것은 문제가 아닙니다. 우리가 소유하는 것이 무엇이든, 우리는 그것에 의해 소유되고, 그것을 잃을까 봐 전전긍긍합니다.

진정한 부는 내적인 것입니다. 그것은 사물을 소유하는 것과는 아무 상관이 없습니다. 이는 사물을 반대하는 것이 아닙니다. 그것을 사용하고 즐길 수 있습니다. 그것은 그 나름대로 유용합니다. 그러나 그것이 전부가 아닙니다. 그것은 매우 피상적인 세계에 불과합니다. 진정한 보물은 우리의 내면에 있습니다. 세상의 정글에서 헤매면 우리는 여전히 가난하게 살다가 가난하게 죽을 것입니다.

부유할 때만 가난해질 수 있습니다. 부유하지 않은 사람에게 가난은 예수가 말하는 아름다움이 없으며, 탁발을 하던 붓다의 청빈함이 없습니다. 오직 부유한 사람만이 가난해질 수 있습니다. 가진 자만이 가진 것을 놓을 수 있습니다.

부유하지 않은 사람이 가난해질 수 있는 길은 없습니다. 부유하지 않은 사람의 가난은 표피적입니다. 심령의 깊이가 없지요. 표면적으로는 가난해 보일지 모르나, 마음속으로는 부를 갈구하니까요. 부자가 되고자 끊임없이 갈망하니까요. 그냥 겉보기만 가난한 것입니다. 부자만이 진정으로 가난해질 수 있습니다.

외적인 부만으로는 진정으로 부유한 게 아닙니다. 그런 사람은 아직도 가난한 사람입니다. 욕망이 있는 사람은 가난합니다. 외적인 부는 문제가 아니지요. 부유함이 차고 넘쳐서 욕망이 사라진 사람이 진정으로 부유한 사람입니다. 그런 사람만이 붓다와 같이 청빈한 사람이 될 수 있습니다. 그런 청빈함이야말로 참으로 부유한 것입니다.

5

진실하게 산 사람은 알맞은 때 죽는다

子曰 朝聞道 夕死 可矣
자 왈 조 문 도 석 사 가 의

공자가 말하였다. "아침에 도를 들으면 저녁에 죽어도 좋다."

주해 ────────────────────────────

朝 아침 | **聞** 듣다 | **道** 길, 진리 | **夕** 저녁 | **死** 죽다 | **可** 옳다, 상관없다 | **矣**
문장이 끝남을 나타내는 형식적인 말

신은 언제나 가슴 속에서 우리를 부르고 있습니다. 우리가 그 소리를 듣지 못할 뿐입니다. 우리는 늘 무엇인가 세속적인 일들, 평범한 일들에 몰두합니다. 우리의 마음은 쓸 데 없는 쓰레기들로 꽉 차서 아무 일도 없이 바쁘지요.

그래서 계속 내부에서 들려오는 조용한 속삭임을 놓치고 있습니다. 마음이 침묵할 때, 우리가 아무 생각도 하지 않고 있을 때, 갑자기 그 음성이 들려옵니다. 자신의 가슴에서 직접 신의 음성을 듣는 것이 바로 변화의 시작입니다.

그것은 하나의 계시입니다. 신은 항상 계시로서 옵니다. 지식이 아니라 계시로서 찾아옵니다. 신은 멀리 떨어져 있지 않습니다. 신은 항상 가슴에서 하루 24시간 내내 우리를 기다립니다. 그러나 우리는 계속 이리저리 뛰어 다닙니다. 우리는 일생을 그런 어리석은 일들로 허비하지요.

그래서 공허하고 충족되지 못한 채 죽음을 맞이합니다. 죽음이 우리를 찾아와 육체를 빼앗고, 미완성된 모든 것을 빼앗아 갈 때, 그것은 고통스런 경험이 될 수밖에 없습니다. 자식들은 아직도 어리고 끝마치지 못한 사업이 남아 있습니다.

그러므로 죽음의 노크 소리를 환영할 수 없습니다. 황제조차도 죽음을 환영할 수 없지요. 아직 정복할 땅이 많이 남아 있기 때문입니다. 욕심은 한계를 모릅니다. 욕심은 끝없이 자꾸 더 많은 것을 요구합니다. 그것이 죽음이 적처럼 보이는 이유입니다.

하지만 매 순간 조금씩 욕심을 덜어내고 삶을 아름다움과 사랑, 그리고 기쁨으로 가꾸어온 사람에게는 죽음 또한 축복이 됩니다. 꽃봉오리들이 툭툭 피어나기 시작하는 어느 화창한 봄날 아침에 내면에서 메아리치는 새의 노랫소리와 함께 문득 신의 소리를 접하게 될 때, 죽음은 미지의 세계로 들어가는 신비의 문이 됩니다.

오랜 친구와 세상에 전하는 기쁨의 작별 인사입니다. 그의 죽음은 평화와 사랑으로 가득합니다. 이런 이에게 죽음은 결코 비극이 아닙니다.

> 도를 듣게 된다는 것은 단순히 청각을 통해 어떤 소리를 듣는 것과는 근본적으로 차원이 다른, 진리의 이해 혹은 깨달음을 암시하는 것일 듯한데, 이를 좀 더 구체적으로 말씀해 주시면 좋겠습니다.

깨달음이란 어떤 원인의 결과가 아닙니다. 어떤 수행의 효과도 아니며, 우리가 가득 채운 요소들의 집합이나 산물도 아닙니다. 그것은 만들어낼 수 없는 그 무엇입니다. 단지 발견될 뿐입니다.

이미 그것은 거기에 있습니다. 우리가 눈을 감고 있을 뿐입니다. 그래서 그것을 보지 못합니다. 눈이 열릴 때 우리는 자신의 불성佛性을 볼 수 있습니다. 우리가 그것을 만들어냈다고 말할 수 없습니다. 그것은 단지 발견한 것입니다.

깨달음은 때가 되면 일어납니다. 깨달음을 일어나게 할 수는 없습니다. 그럼에도 불구하고 우리는 깨달음을 얻으려고 무던히 노력합니다. 우리가 하는 노력은 깨달음의 직접적인 원인으로 작용하지 않습니다.

우리의 노력은 깨달음을 받아들일 준비를 하게는 해줍니다. 깨달음은 때가 되면 절로 옵니다. 우리가 하는 노력은 깨달음을 받아들일 수 있는 토대를 만들어 주고, 깨달음이 찾아오면 이를 알아볼 수 있게 해줄 뿐입니다.

내가 사라져야 깨달음이 일어난다. 깨달음은 언제든지 일어날 수 있습니다. 하지만 준비가 되어 있지 않으면 계속 놓칠 수밖에 없지요. 사실 깨달음은 매 순간 일어납니다. 모든 존재계는 깨달음의 바다이기 때문입니다. 문제는 우리가 알아볼 수 있느냐 없느냐 하는 것입니다.

신은 존재합니다. 문제는 신의 존재 여부가 아니고, 우리가 신을 볼 수 없다는 데 있습니다. 우리에게는 신을 볼 수 있는 눈이 없습니다. 모든 명상이나 기도, 정화 등은 눈을 맑게 하는 데 도움이 될 뿐입니다.

눈이 맑아지면 놀라운 일이 일어납니다. 갑자기 신은 항상 거기 있었음을 깨닫게 됩니다. 날마다 순간마다 신은 축복을 퍼붓지만, 우리는 축복을 받아들일 수 있을 만큼 깨어 있지도 않고 비어 있지도 않습니다.

에고로 가득 차 있지요. 내(에고)가 사라지면 깨달음이 나타납니다. 이것이 깨달음의 본질입니다. 우리가 온전히 비워지는 순간 진리가 드러나는 것입니다. '나'가 계속 존재하는 한 무지와 암흑이 우리를 뒤덮고 있지요. 사실 '나'가 곧 암흑입니다.

지금 우리는 영혼의 어두운 밤 속에 있습니다. '나'가 존재하면 우리는 존재계와 분리됩니다. 존재계와 분리되어 있는 상태가 바로 어둠입니다. 내가 전체와 떨어져 있으면 나는 고립된 존재가 됩니다. 두려움에 휩싸여 불행한 존재가 됩니다. 불안과 두려움은 우리 스스로가 만드는 것입니다. 나는 존재계와 분리되어 있다는 생각이 만드는 것입니다.

이런 생각을 버리면, 그래서 자신이 분리되어 있지 않음을 이해하면, 전체의 일부요 전체의 내용임을 깨달으면, 모든 문제는 사라집니다. 두려움도 사라지고 고통도 사라집니다. 두려움과 불안과 고통 속에 갇힌 에너지가 풀립니다. 바로 그 에너지가 영혼을 찬미하는 에너지로 바뀔 수 있습니다.

깨달음이란 자신을 있는 그대로 보는 것을 말합니다. 에고가 완전히 비워진 본래의 상태를 말합니다. 에고는 생각으로 지어낸 것으로, 우리는 스스로 에고를 만들고 현실에 투사합니다.

에고는 환영이요 꿈입니다. 에고는 존재하지 않습니다. 우리가 자신의 의식을 깨우고 내면을 들여다봄에 따라 에고는 줄어들게 되어 있습니다. 의식이 깨어나는 만큼 에고는 줄어들고, 의식이 완전히 깨어나는 순간 에고는 사라집니다.

우리는 나름대로 여러 해 동안 여러 방법으로 수행을 하기도 합니다. 하지만 깨달음을 얻을 수는 없습니다. 사실 우리가 깨달음을 얻는 게 아닙니다. 깨달음은 우리 너머에 있지요. 우리가 깨달음을 얻을 수 있는 것이라면 우리 아래 있는 것이어야 합니다.

우리가 깨달을 수 있다고 생각한다면 그런 깨달음은 에고의 장식품에 불과합니다. 우리 스스로 깨달음을 일어나게 할 수는 없습니다. 깨달음이 일어나려면 먼저 우리 자신이 사라져야 합니다.

우리는 세상의 모든 경전을 섭렵할 수도 있습니다. 하지만 그렇게 해서는 지식이 풍부해질지는 모르나 깨달을 수는 없습니다. 깨닫기는커녕 오히려 깨달음에서 더 멀어집니다. 지식이 많아지는 만큼 에고도 많아지기 때문입니다.

어려운 방편들을 수행하는 만큼 에고는 더욱 강화되기 마련입니다. '나는 단식도 많이 했고 기도도 많이 했다. 정말 이것저것 많이 했다.' 이런 식으로 수행을 많이 하면 할수록 '나는 대단하다. 나는 깨닫기에 부족함이 없다.'고들 믿습니다.

그러나 깨달음은 그렇게 믿는다고 되는 것이 아닙니다. 깨달음이 일어나려면 자신이 사라져야 합니다. 신이 나타나려면 마음이 멈춰야 합니다. 신이라 부르든 깨달음이라 부르든 둘은 같은 것을 뜻합니다. 깨달음은 찾는다고 얻을 수 있는 게 아닙니다. 깨달음은 모든 구도 행위가 쓸모없음을 깨달을 때 찾아옵니다.

그렇다고 해서 깨달음을 찾지 말라는 뜻이 아닙니다. 처음부터 찾지도 않으면 찾는 것이 쓸모없는 것임을 알 수도 없으니까요. 명상을 하지 말라고 말하는 게 아닙니다. 처음부터 명상을 하지 않으면, 우리가 명상을 하는 게 아니라 명상이 우리를 찾아온다는 진리를 알 수조차 없으니까요.

명상은 우리의 눈을 맑게 하고 의식을 깨어나게 하는 방편입니다. 명상을 하면 가슴이 깨어나고 민감해지며 사랑으로 넘치게 됩니다. 이전에 볼 수 없었던 것들을 볼 수 있게 됩니다. 자신의 존재 안에 있는 새로운 차원을 체험하게 됩니다.

날마다 매 순간 새로운 것이 일어납니다. 명상은 묵은 때를 씻어낸다는 점에서 목욕과 같지요. 하지만 묵은 때를 씻어낸다고 바로 깨달음이 오지는 않습니다. 묵은 때를 씻는 일은 깨달음으로 가는 준비 과정일 뿐입니다.

우리가 깨달음에 도달하는 게 아니라 깨달음이 우리를 찾아오는 것입니다. 신이 우리를 찾아올 수 있도록 길을 닦아야 합니다. 우리가 신을 찾는 게 아닙니다. 우리가 할 수 있는 것은 깊은 믿음으로 기다리는 것뿐입니다. 그럴 때 신이 찾아올 것입니다.

우리는 바로 이런 점을 놓치고, 찾고 또 찾습니다. 찾는 것에 너무 매달립니다. 찾는 것에 매달리면 에고만 커질 뿐입니다. '나는 대단한 구도자다. 보통 사람과 다르다. 영적인 사람이다. 종교적인 사람이다. 훌륭한 사람이다.' 이렇게, 내가 남보다 훌륭하다고 생각하는 사람은 결코 진리를 찾지 못합니다.

사실 내가 남보다 훌륭하다는 생각은 가장 큰 장애요 타락입니다. 나는 성인이며 남은 죄인이라는 생각에 사로잡히면 길을 잃습니다. 평범한 쇠사슬을 벗는 일은 쉽지만 다이아몬드가 박힌 금 사슬을 벗는 일은 대단히 어렵습니다. 그런 금 사슬은 나를 구속하는 사슬이 아니라 나의 위대함을 알리는 훈장처럼 보이기 때문입니다.

귀한 도를 듣기 위한 전 단계로 우리 보통사람들이 경험할 수 있는 조그만 각성들에 대해서 생각해보고 싶습니다.

조금만 정신 차려 보면 세상은 반복적이지 않습니다. 반복적인 것은 우리의 마음이지 세상이 아닙니다. 태양은 매일 새로 뜹니다. 우리는 그것이 반복된다고 말하기 쉽지요. 그러나 그렇지 않습니다. 태양은 매일 다르게 뜹니다. 색깔이 다르고 분위기가 다르고 하늘이 다릅니다. 태양은 결코 반복되지 않습니다.

언제나 새롭습니다. 태양이 떠오르는 것을 매일 바라보는 것은 지루함을 야기할지 모릅니다. 그러나 지루함은 우리가 새로움을 볼 정도로 예민하지 않기 때문에 생깁니다. 모든 것이 매 순간 새롭습니다. 그것이 오래 된 것처럼 보이는 것은 마음속에 과거를 갖고 다니며 과거를 통해 보기 때문입니다.

모든 것이 새롭다. 우리는 아내나 남편, 친구와 함께 오랜 세월을 살았을 것입니다. 그리고 그동안 그 사람의 얼굴을 보지 않았다는 것을 알아차리지 못합니다. 얼굴은 매일 변하고, 눈도 매 순간 변하고,

마음도 수시로 변합니다. 삶은 흐름입니다. 오래 된 것은 아무것도 없습니다. 반복되는 것도 아무것도 없습니다. 모든 것이 매 순간 변하지만 우리에게는 그것을 알아볼 만한 눈이 없습니다.

우리의 눈이 오래 된 것이라는 것을 첫 번째로 기억해야 합니다. 세상에 오래 된 것은 하나도 없습니다. 모든 것이 새롭습니다. 우리의 눈만이 오래 된 것입니다. 그래서 고정된 방식으로 보기 일쑤입니다. 과학자들은 바깥세상으로부터 들어오는 정보의 90 퍼센트가 감각기관에 의해 받아들여지지 못하고 10 퍼센트 정도만이 받아들여진다고 합니다.

우리는 집으로 돌아와서 고정된 방식으로 아내를 보고 남편을 봅니다. 주목해서 보지 않습니다. 아내가 기뻐해도 '내 아내가 기뻐할 리가'라는 고정된 생각을 갖고 있습니다. 아내는 기뻐하지만 남편은 보지 못합니다. 우리는 우리가 믿는 것만을 봅니다. 아내가 기뻐하는데도 아내의 슬픔만을 보고 있다는 것을 아내가 알게 되면 갑자기 아내는 슬퍼질 것입니다. 그리고 자신의 방식이 옳았다는 것이 증명됩니다.

모든 사람이 저마다 고정된 방식을 갖고 있습니다. 그 때문에 세상은 오래 된 것처럼 보이고 반복되는 것처럼 보입니다. 지루함은 그래서 생깁니다. 세상은 모든 것이 새롭고 모든 것이 변하고 있습니다. 어떤 것도 고정되어 있지 않고 어떠한 방식도 따르지 않습니다. 세상은 살아있는 흐름입니다. 그러나 우리의 마음은 죽어 있습니다. 그래서 고정된 것들만을 봅니다. 이 마음을 버리고 새로이 보기 시작해야 합니다.

오래 된 것이라고 생각되는 것을 볼 때마다 명상적으로 깊이 바라보고 다시 봅니다. 그러면서 느끼고 만져보고 예민해져야 합니다.

그러면 우리는 점차 풍요로워질 것이고 서서히 새로운 것을 발견하게 될 것입니다. 전에 우리는 매일 식탁으로 가서 고정된 마음으로 음식을 먹었습니다. 바로 오늘 아침에 식사를 할 때는 눈을 감고 먼저 손으로 빵을 느껴보고 냄새를 맡아봅니다. 그런 다음에 빵을 입에 넣고 가능한 한 많이 씹습니다.

물을 마실 때는 물을 먹고, 음식을 먹을 때는 음식을 마시는 것처럼 합니다. 음식이 물처럼 되어서 마실 수 있을 정도가 되도록 음식을 씹습니다. 그리고 물을 마실 때도 급히 마시지 않고 물맛을 음미합니다. 목이 마를 때는 혀에 있는 물을 느끼고 물이 목구멍을 넘어가면서 갈증이 사라지는 것을 느껴봅니다.

그러면 평범한 음식조차도 멋진 것이 될 수 있습니다. 평범한 여자도 클레오파트라 같은 신비를 줄 수 있습니다. 평범함은 우리의 마음속에 있는 것이기 때문입니다. 모든 것은 평범하지 않습니다. 모든 사람은 유일하고 독특합니다. 그것을 발견해야 합니다.

삶은 이미 만들어진 완제품으로 주어지지 않습니다. 삶은 발견되어야 합니다. 살면서 지루해하는 것은 삶은 이미 만들어져 있다고 생각하기 때문입니다. 매일 매 순간 새 삶을 새로 발견해야 합니다. 그 발견은 마지막 순간까지 계속되어야 합니다. 발견을 멈추면 지루해질 것입니다. 오랫동안 우리는 그 발견을 중단해왔습니다. 다시 사물과 사람을 느끼기 시작하고, 언제나 새로운 점을 발견하기 위해 노력해야 합니다.

어디를 보든, 하늘과 나무와 시장과 가게 등 그 무엇을 보든 언제나 새로운 것을 찾도록 합니다. 새로운 것은 충분합니다. 부족함을 느끼지 못할 것입니다. 언제나 새로운 것이 속속 솟아나올 것입니다. 그러면 삶은 다시 신비가 될 것입니다. 삶이 신비가 될 때 우리는 종교적이 됩니다. 신비가 사라진 삶은 우리를 신에게로 인도하지 못합니다. 신이란 이 삶 속에 숨겨져 있는 가장 깊은 신비를 의미합니다.

깨달은 사람은 죽음을 두려워하지 않는 듯한데, 어떻게 우리가 그토록 두려워하는 죽음을 두려워하지 않을 수 있는지, 그 지혜와 용기는 어디서 오는 것인지 알 수 없습니다.

삶을 전체성 속에서 받아들인다면 죽음은 삶의 끝이 아니라 그 일부입니다. 일종의 휴식일 뿐입니다. 하루 종일 일을 하고 밤이 되면 잠을 자지요. 잠은 최고의 휴식입니다. 죽음은 그보다 조금 더 긴, 조금 더 깊은 잠입니다. 매일의 잠은 원기를 회복시켜 주며, 우리가 효율적으로 기능할 수 있도록 해줍니다. 죽음은 그보다 더 깊은 수준에서 그와 똑같은 작용을 합니다.

그것은 몸을 변화시킵니다. 이제 몸은 보통의 잠만으로는 회복될 수 없게 되었습니다. 어느새 너무 늙어버렸습니다. 그래서 보다 철저한 변화가 필요합니다. 새로운 몸을 필요로 합니다. 우리의 생명에너지는 새로운 형태를 원합니다. 늙은 몸을 질질 끌며 살기보다는 차라리 새로운 몸, 새로운 형태를 갖는 편이 더 낫기 때문입니다.

삶을 조금 더 깊이 이해한다면, 그때 죽음도 이해할 것입니다. 삶을 이해하는 사람만이 죽음도 이해합니다. 삶과 죽음은 둘이 아니기 때문입니다. 삶을 향하는 태도가 무엇이든, 죽음을 향하는 태도도 그와 같은 것입니다. 만일 죽음을 두려워한다면, 삶을 두려워하고 있는 것입니다. 만일 삶을 사랑한다면 그때 우리는 죽음도 사랑할 것입니다. 죽음은 삶의 가장 높은 정점, 그 완성에 다름 아니기 때문입니다.

죽음은 삶의 성취 진실하게 살아온 사람, 강렬한 삶을 산 사람은 알맞은 때 죽습니다. 그의 죽음은 열매이며 수확입니다. 완전한 성취입니다. 그는 휴식을 원하는 시점에 올 때까지, 너무 많은 것을 사랑하고 즐겼습니다. 창조적인 작업에 모든 에너지를 쏟았습니다. 그의 삶의 잔은 가득 찼습니다. 이제 지구 위에서 우물쭈물할 필요가 없습니다. 그는 자신이 가도록 운명 지어진 곳으로 가야 합니다.

깨달은이는 더 이상 갈등이 없습니다. 그는 삶을 신뢰하며 확신을 지니고 있고 어떤 것도 잘못될 수 없다는 걸 잘 압니다. 그는 두려워하지 않습니다. 죽음의 자리에서조차 그는 웃고 노래하고 환희에 차 있을 것입니다. 죽음의 자리에서 신이 그를 기다리고 있을 것이기 때문입니다.

그는 죽음을 그 너머의 세계로 올라가는 계단 혹은 궁극으로 이어진 사다리로 봅니다. 마치 강이 자신을 잃어버리고 바다가 되는 것처럼 그는 죽어서 신과 하나가 될 것으로 깊이 믿고 있습니다.

무슨 일이 일어나도 좋다는 식으로 삶과 깊은 조화를 이룬 사람은 심오한 차원의 이해에 도달할 수 있습니다. 그는 특정한 사건이 발생하기를 원하지 않습니다. 무슨 일이 발생하건 그것은 좋은 일입니다. 붓다는 이런 경험을 여여如如라고 하였지요. 무슨 일이 일어나든 간에 그는 '그것은 그렇게 일어날 것이었다.'고 생각했습니다.

만일 다른 일이 일어나기를 기대하고 있었다면 그때는 슬픔과 절망이 우리를 덮칠 것입니다. 삶은 우리에게 친절하지 않습니다. 그러나 붓다에게 있어서 삶은 항상 친절합니다. 그에게 존재계는 항상 자비롭습니다. 무슨 일이 일어나든 간에 그것은 그럴 수밖에 없습니다. 붓다에게는 자연스럽게 일어나는 것 그 이외에 다른 욕망은 없습니다.

그래서 제자가 죽었을 때도 그는 "애석할 게 없다. 그의 때가 온 것이다."라고 말했습니다. 붓다는 사물의 본성은 여여如如하다고 믿었기 때문에 여여를 믿는 사람이라는 의미의 여래如來란 이름을 얻었습니다. 그에게는 전체적인 수용만이 있을 뿐입니다.

전체적인 수용과 더불어 재난이 사라지고, 삶은 전혀 다른 차원의 경험이 됩니다. 그는 너무나 평온하고 고요합니다. 아무것도 그를 혼란시킬 수 없습니다. 그 평온함과 고요함 속에서만 우리는 우리 자신을 알게 될 것입니다.

자신의 존재를 알게 될 때 우리는 죽음을 두려워하지 않습니다. 죽음은 허구지요. 있는 것처럼 보일 뿐입니다. 자신의 죽음을 본 사람은 아무도 없습니다. 우리는 언제나 다른 사람이 죽는 모습을 봅니다. 하지만 자신이 죽는 모습을 본 적은 없습니다.

사실 아무도 죽지 않습니다. 생명의 정지는 불가능합니다. 죽는 것처럼 보이는 타인도 진짜 죽지 않습니다. 단지 집을 바꿀 뿐입니다. 죽는 사람의 생명은 다른 형상으로 이동합니다. 죽은 사람의 생명이 빠져나가면 육체는 빈껍데기로 남습니다. 육체에는 생명이 없는 것입니다.

이는 어두운 집에 촛불을 켜면 온 집 안이 밝아지는 것과 같습니다. 밖에서 창문을 통해 집 안을 보면 빛이 보입니다. 집 자체에 빛이 있는 것은 아닙니다. 촛불이 꺼지면 집은 다시 어두워집니다. 사실 집은 항상 어둠 속에 있습니다. 집 안을 밝힌 것은 촛불이었습니다.

영혼의 위대한 순례에서 탄생과 죽음은 작은 삽화에 불과합니다. 진정한 자신을 깨닫는 순간 죽음에 대한 두려움은 즉각 사라집니다. 그리고 완전히 새로운 하늘이 열립니다. 죽음이 없음을 깨달으면 모든 두려움이 사라집니다. 미지에 대한 두려움이나 어둠에 대한 두려움이나 모든 두려움이 사라집니다.

그리고 참된 여행이 시작됩니다. 우리를 감싸고 있는 신비의 세계로 떠나는 것입니다. 존재계 전체가 우리의 집이 됩니다. 두려워할 것이 없습니다. 존재계가 우리의 어머니입니다. 우리는 존재계의 아주 작은 부분들입니다.

존재계는 우리를 집어삼키지도 파괴하지도 않습니다. 존재계를 알면 알수록 우리의 존재는 더욱 성장합니다. 더 많은 축복이 쏟아집니다. 우리의 존재는 더욱 확장됩니다. 이것이 궁극적으로 깨달은 사람이 경험하는 바로 그것이지요.

> 죽음은 사람들이 이 세상에서 가장 두려워하는 대상입니다. 그러나 왜 그렇게 죽음을 두려워하는지 막상 그 까닭에 대해서는 잘 모르는 것 같습니다.

사람들이 죽음을 두려워하는 것은 그들이 언젠가는 죽을 것이라는 사실을 알고 있기 때문이며, 그들은 죽고 싶지 않기 때문입니다. 우리는 다른 모든 사람들은 죽을 것이나, 나만은 아니라는 희망 속에서 살고 있습니다. 이것이 인간의 정상적인 심리입니다. 사람들은 죽음을 화제로 삼는 것도 금기시합니다. 두려워하는 것을 상기시켜 주기 때문이지요.

사람의 마음은 언제나 이해할 수 없는 것을 피하려고 하며, 죽음은 가장 이해할 수 없는 신비 중의 하나입니다. 우리는 막연히 죽음은 안 좋을 것이라고 믿고 있습니다. 그러나 죽어보지도 않았는데, 죽음이 삶보다 안 좋을 것이라는 것을 어떻게 알 수 있단 말입니까?

그것은 어쩌면 삶보다도 좋은 것일지도 모릅니다. 어떻게 사람들은 알지도 못하면서 그토록 죽음을 두려워합니까? 어떻게 모르는 일을 그토록 두려워합니까?

임종을 눈앞에 둔 사람들을 보면 사실 그들이 겪는 고통은 죽음 때문이 아닙니다. 죽음은 전혀 고통스럽지 않습니다. 오히려 죽음은 깊은 잠처럼 유쾌합니다. 잠을 푹 자는데 무슨 고통이 있겠습니까?

그런데 사람들은 깊은 잠같이 편안한 죽음 그리고 그 즐거움에 대해서는 전혀 관심이 없습니다. 오히려 삽시간에 손가락 사이에서 흘러 없어질 기존의 세계를 걱정할 뿐입니다. 두려움은 오직 하나에서 비롯됩니다. 기존의 세계를 잃고 미지의 세계로 들어가는 것에 대한 두려움입니다.

사람들은 죽음을 두려워하고 있는 것이 아닙니다. 자기의 공포를 죽음에 잘못 덮어씌우고 있을 뿐입니다. 사람들이 죽음을 두려워하는 보다 본질적인 이유는 아직 제대로 삶을 살지 못하고 있기 때문입니다. 이 같은 공포는 올바른 삶을 살지 못한 데 원인이 있습니다.

사람들은 자기 자신이 아직까지 제대로 살지 못하고 있는 것을 가장 두려워하고 있는 것입니다. 거기에 종지부를 찍으려고 죽음이 다가옵니다. 그들은 더 이상 존재할 수 없게 됩니다.

현재 우리 모습은 꽃이 피지 않은 나무와 같습니다. 거기에 나무꾼이 다가오고 있습니다. 순간 나무는 공포를 느낍니다. 이때 공포는 죽음에서 오는 것이 아닙니다. 아직 일어나지 않은 그 무언가에서 옵니다.

그 나무는 아직 열매를 맺지 못하고 있습니다. 꽃조차 피지 못한 것을 잘 알고 있습니다. 그 나무는 아직 봄을 모릅니다. 따스한 바람과 춤추어 본 일도 없습니다. 그 살아보지 못한 삶이 공포를 낳습니다. 그런데 나무꾼이 가까이 다가오고 있는 것입니다.

너무 일찍 죽는다. 팔십 년 중에서 단 팔 분만이라도 나만의 시간을 가질 수 있다면, 한가하면서도 산만하지 않은 이완된 시간, 자신의 존재 안에서 휴식하는 시간을 가질 수 있다면, 그것으로 충분할 것입니다.

그러나 그 팔 분조차도 놓치고 있습니다. 그 때문에 우리는 서두르는 것입니다. 인생은 짧고 바람처럼 지나갑니다. 또 다른 삶은 없으며, 서서히 죽음이 다가오고 있습니다. 우리는 공허하고 충족되지 못한 채 죽을 것입니다.

그러나 이러한 조급함은 도움이 되지 않습니다. 조급함은 일을 더 어렵게 만들 뿐이지요. 조급함은 우리를 계속해서 달리게 하고, 그림자를 쫓도록 만듭니다. 그러나 그림자를 쫓는 동안 또 다시 시간을 낭비할 뿐입니다. 우리는 삶이 아닌 죽음을 살고 있습니다. 우리는 시들어 죽어가고 있습니다. 진짜 삶을 사는, 전체적으로 삶을 사는 열정과 열의, 흥미를 잃어버렸습니다.

의식이 깨이지 못한 사람은 죽음이 모든 것의 끝이라고 생각하며, 그때 모든 것이 무의미해집니다. 만일 죽음이 모든 것의 끝이라면, 우리의 창조력도 사랑도 아무 소용이 없습니다. 우리의 모든 기쁨들도 심심풀이에 지나지 않습니다.

무엇에 몰두함으로써, 문 앞에서 끊임없이 노크를 하고 있는 죽음을 피할 수는 없습니다. 우리가 원하든지 원하지 않든지 어느 날 죽음은 문을 열고 들어올 것입니다. 죽음은 '선생님, 들어가도 될까요?' 하고 묻지 않습니다. 그냥 쳐들어옵니다.

자라투스트라는 사람들이 너무 일찍 죽는다고 말했습니다. 사람들이 이미 오래 전부터 죽은 채로 살기 시작했다는 의미입니다. 그들은 여든 살에 화장될 것이지만, 이미 서른 살 때 죽었다는 것입니다. 나머지 반세기 동안의 삶은 아무 일도 일어나지 않습니다. 그 기간은 텅 비어 있습니다.

그 삶은 아무것도 자라지 않고 풀 한 포기 없는 사막과 같습니다. 그들의 삶에는 노래하며 흐르는 실개천조차 없습니다. 완전히 불모의 땅이 되었습니다. 그들은 아무것도 창조하지 않습니다. 이미 오래 전에 죽었고, 나머지 삶은 사후의 삶입니다.

사랑하기를 멈추는 날, 창조하고 성장하기를 멈추는 날, 엄밀한 의미에서 그들은 이미 죽은 것입니다. 물리적인 측면에서 보면 그들은 계속 숨 쉴 것입니다. 그러나 호흡은 삶과 동의어가 될 수 없습니다. 숨 쉬기만을 계속하는 자는 식물과 다름없습니다. 세상은 이런 식물 인간으로 가득합니다. 이런 사람은 죽음이 다가오는 것을 보고 두려움만 느낄 뿐, 삶에서 아무런 의미도 찾을 수 없습니다.

인간 의식의 수준에 따라서 죽음에 대한 태도가 다름을 알 수 있습니다. 이런 태도는 어떻게 구분될 수 있습니까?

육체적인 삶만을 살았으며 육체를 초월하는 어떠한 것도 결코 알지 못했다면, 죽음은 몹시 추하고 불쾌하며 고통스러운 것이 될 것입니다. 그때 죽음은 번뇌가 될 것입니다. 그러나 만일 조금 더 높은 차원의 삶을 살았다면, 우리는 번뇌에서 벗어날 수 있습니다.

만일 음악과 시를 사랑하고 꽃과 별을 바라보고 감흥에 젖었다면, 그리고 무언가 비육체적인 것이 의식 속에 스며들었다면, 죽음은 그리 나쁘지도 고통스럽지도 않을 것입니다. 그때 우리는 평정 속에서 죽어갈 수 있을 것입니다. 그러나 그것은 아직 축복이 되지는 못합니다.

죽음에 대한 세 가지 태도 만일 내면에서 초월적인 그 무엇을 접한다면, 자신이 더 이상 육체도 마음도 아닌 존재의 중심에서, 즉 육체적 쾌락도 음악이나 시나 문학이나 그림 같은 정신적 쾌락도 완전히 사라져버린 존재의 중심에서 자신의 본래면목을 들여다본다면, 우리는 오로지 순수한 의식이 됩니다.

그때 죽음은 위대한 축복이, 위대한 깨달음이 될 것입니다. 만약 우리가 내면에 있는 초월적인 그 무엇을 알고 있다면, 죽음은 우주 속의 초월자를 보여줄 것입니다. 그러면 죽음은 더 이상 죽음이 아니며 그것은 신과의 만남, 신과의 교제가 될 것입니다. 그러나 이는 깨달음과는 아무 관계도 없는 대부분의 사람들에게는 상상도 되지 않는 아득한 차원의 세계일 뿐입니다. 우리 보통 사람들의 죽음은 이보다는 훨씬 저차원의 것이 될 수밖에 없습니다.

죽음에 대한 세 가지 태도가 인간 마음의 역사에서 발견됩니다. 첫 번째 태도는 육체에 집착하여 살아가는 사람의 태도입니다. 그는 음식과 성의 쾌락을 넘어서는 아무것도 알지 못하며, 전 인생은 음식과 성에 불과하며 그것만을 즐길 뿐입니다. 그 삶은 원시적이며 야비합니다.

자신의 궁전 안에는 한 번도 들어가 보지 못했으며 오로지 궁전 문 앞에서 살아가면서 그것이 삶의 전부라고 생각합니다. 죽음의 순간이 다가오면, 그는 삶에 매달립니다. 그는 죽음에 저항하고 죽음과 싸우려 합니다. 죽음은 적으로서 다가오는 것입니다. 그래서 죽음은 어둡고 악마와 같은 것으로 묘사됩니다.

다음에는 두 번째 유형의 태도입니다. 간혹 시인이나 철학자들은 죽음은 결코 나쁘거나 악한 것이 아니며, 마치 잠과 같은 깊은 휴식일 뿐이라고 말합니다. 이것은 첫 번째 유형보다는 훌륭합니다. 최소한 육체를 초월하는 마음속의 무엇인가를 알고 있는 것입니다.

그들은 단지 음식과 성만을 소유하는 것이 아니며, 전 인생이 먹고 재생산하는 것에 국한된 것은 아니라는 것이지요. 그들은 영혼을 이론화하며 다소 귀족적이며 교양이 있습니다. 그들은 죽음을 깊은 휴식과 같다고 생각합니다. 그러나 그들도 역시 진실로부터 멀리 떨어져 있습니다.

끝으로 삶의 깊은 핵심을 깨달은 자들은 말합니다. '죽음은 신이라'고. 죽음은 단지 휴식이 아니라 부활이며 새로운 생명이며 새로운 시작입니다. 새로운 문이 열리는 것입니다. 자기 내부의 초월적인 것을 깨달으면 죽음은 신과의 만남이 됩니다.

모든 인생은 바로 이 절정을 위한 준비입니다. 어떻게 죽어야 하는지를 가르쳐 줄 수 있는 단 하나의 방법은 어떻게 살아야 하는가를 가르치는 것입니다. 이는 분리될 수 없습니다. 무엇이 옳은 삶인지 알면, 무엇이 옳은 죽음인지도 알게 될 것입니다.

죽음은 가장 이해하기 어려운 문제 중의 하나일 것입니다. 정말 죽음의 정체는 무엇인지 생각해 보아야 할 것 같습니다.

죽음은 가장 오해되기 쉬운 현상입니다. 우리는 죽음이 삶의 끝이라고 생각해왔지요. 이것이 오해의 시초이며 근원입니다. 죽음은 끝이 아니라 새로운 삶의 시작입니다. 또한 죽음은 삶의 절정입니다. 그러나 우리는 삶이 무엇인지 거의 알지 못합니다.

우리는 자신의 삶과 마주친 적이 없을 정도로 무지한 가운데 그냥 살아갑니다. 이러니 자신의 죽음에 대해 알기란 불가능합니다. 죽음은 이승의 삶 최후의 경험이며, 다른 삶에 대한 최초의 경험이기 때문입니다. 죽음은 두 삶 사이의 문입니다. 한 삶은 뒤에 남고 다른 한 삶은 앞에서 기다리고 있습니다.

이러한 죽음엔 아무것도 추한 것이 없습니다. 그러나 사람들은 죽음이란 단어를 입에 올려서는 안 되는 가장 추한 단어로 만들었습니다. 공포 때문입니다. 그 공포에는 이유가 있습니다. 주변에서 항상 누군가가 죽는 것을 보기 때문이지요. 죽음은 가장 내적인 경험입니다. 그러나 우리는 항상 외적인 입장에서만 죽음을 봅니다.

그것은 마치 제삼자의 입장에서 사랑을 보는 것과 같습니다. 우리는 오랫동안 지켜볼 것이지만, 사랑이 무엇인지 아무것도 알지 못합니다. 겉으로 드러나는 사랑의 양상은 대충 알게 될지도 모르지만, 사랑 그 자체에 대해서는 아무것도 모를 것입니다.

죽음은 훌륭한 여행이다. 죽음에 대해서도 마찬가지입니다. 우리는 죽음의 표면적인 현상만을 압니다. 숨이 끊어지고 심장이 멈추는 것, 말하고 걷고 하던 사람이 이젠 존재하지 않는다는 것, 살아 있는 육체 대신에 시체가 누워 있다는 것, 이런 정도가 우리가 죽음에 대해 알고 있는 거의 전부입니다. 그러나 그런 것들은 지극히 표면적인 현상일 뿐입니다.

죽음은 한 영혼이 이 육체에서 저 육체로 옮겨 가는 것입니다. 또는 어떤 사람이 완전한 깨달음을 얻은 경우라면, 하나의 육체에서 우주 전체의 품으로 돌아가는 것입니다. 죽음은 훌륭한 여행입니다. 그러나 외부에서는 그것을 알 수 없지요. 제삼자의 눈으로 볼 때는 겉으로 드러나는 현상만이 보일 뿐이니까요.

그 표면적인 현상은 사람들을 두려움에 떨게 만듭니다. 그러나 내부에서 죽음을 아는 사람은 죽음을 두려워하지 않습니다. 그때 죽음은 추하고 두려운 것이 아니라 가장 순수하고 고귀한 경험이 됩니다. 우리는 최초로 우리 자신을 육체라는 감옥 없이 경험합니다. 자신을 절대적인 자유로서 경험하는 것입니다. 구속되어 있지 않고 새장에 갇혀 있지 않은 자유 말입니다.

죽음은 여러 가지 방법으로 알려질 수 있습니다. 일반적인 죽음이 그 중의 하나입니다. 그러나 우리는 이 자리에서 죽음의 경험을 이야기하지 못할 것입니다. 우리는 완전히 가버립니다. 우리는 죽음을 경험했을 것이지만 우리와 더불어 경험 또한 사라집니다. 다행스럽게도 죽음을 경험할 수 있는 다른 방법이 있습니다.

우리는 살아 있으면서도 죽음이 무엇인지 경험할 수 있습니다. 사랑이 그 한 가지 방법입니다. 전체적인 사랑 안에서 우리가 아무것에도 얽매어 있지 않을 때, 갑자기 죽음이 일어납니다. 우리는 더 이상 육체가 아닙니다. 우리는 더 이상 마음도 아닙니다. 우리는 순수한 영혼입니다.

명상 속에서도 똑같은 경험이 일어납니다. 우리는 뚜렷한 의식을 갖고 살아 있으면서도 몸과 마음을 초월합니다. 그래서 명상가는 결코 죽음을 두려워하지 않습니다. 만일 명상가가 죽음을 두려워한다면, 그것은 그가 아직 명상에 깊이 들어가지 못했음을 의미합니다.

사랑하는 사람들도 죽음을 두려워하지 않습니다. 만일 사랑하는 사람이 죽음을 두려워한다면, 그것은 그가 아직 사랑을 모른다는 증거입니다. 사랑을 통해서든지 명상을 통해서든지 또는 창조적인 작업을 통해서든지 도달할 수 있는 깊이는 단 하나입니다.

그 깊은 곳에서 우리는 자신을 육체가 아니라 순수한 의식, 구름 한 점 없는 무한한 하늘로 경험합니다. 그 경지를 힐끗 보는 것만으로도 죽음은 영광스런 경험이 됩니다.

‘아침’과 ‘저녁’이란 표현은 표면적으로는 하루 중의 두 시점 사이의 짧은 시간을 나타내는 것으로 이해되지만, 깨달음과 관련할 때 아침과 저녁이란 말 자체에 어떤 상징적 의미도 있지 않을까 합니다.

잠을 잘 자고 상쾌하게 일어난 아침, 사람들은 신을 향해 돌아설 희망이 있습니다. 그러나 저녁이 되어 지친 사람에게는 그런 가능성이 거의 없습니다. 같은 이유로 어린아이들에게는 신을 향해 갈 수 있는 가능성이 많으나 노인들에게는 그런 희망이 적지요. 그들은 인생의 황혼기에 있으니까요. 이제 죽음은 그들에게서 모든 것을 빼앗아 갈 것입니다.

따라서 우리는 가능한 한 빨리, 가능한 한 아침 일찍 여행을 시작해야 합니다. 저녁은 저절로 찾아올 것입니다. 그러나 진작 아침부터 여행을 떠났다면, 저녁 무렵에 우리는 신의 사원에 도착할 수도 있을 것입니다. 그 영원한 지복의 사원에.

외부의 세계는 안전하지 않습니다. 그것은 변하는 세계, 순간적인 세계이고, 사람은 영원에 대한 갈망을 가슴 깊이 품고 있습니다. 외부의 세계는 그 갈망을 충족시켜 줄 수 없습니다. 그러므로 지혜로운 사람은 외부에서는 순간적인 것을 기뻐하고 그것이 영원하기를 요구하지 않습니다. 외부에서는 어떤 것도 영원할 수 없습니다. 그것이 순간적이라는 것을 철저하게 인식하면서 순간을 순간으로서 즐깁니다.

아침마다 작은 탄생이 있다. 아침에 핀 꽃들은 저녁이면 시들 것입니다. 그것들은 일출과 함께 와서 일몰과 더불어 사라질 것입니다.

그러므로 꽃을 사랑하되 집착하지 말 것입니다. 그렇지 않으면 환멸을 느끼게 될 것입니다. 그 대신 내면에서는 영원을 추구합니다.

그러면 내면에서 감로수, 영원, 신성을 발견할 것입니다. 그것을 발견하게 되면 더 이상 찾아야 할 것은 없습니다. 그때 모든 것이 지복이고, 모든 것이 기쁨입니다. 삶이 실현되면 더 이상 죽음을 두려워할 필요가 없습니다. 언제 죽음이 찾아와도 상관없지요. 집에 도착했으니까요.

그러나 지금 인간의 영혼은 저물어가는 저녁의 어둠 속에서 살고 있습니다. 바깥에 아침이 와도 내면에 아침이 오기란 매우 어렵습니다. 내면에 아침이 오는 순간 우리는 그리스도가 됩니다. 모든 삶은 진실로 그러한 내면의 아침을 얻기 위한 하나의 기회입니다.

내면의 태양이 떠올라야 합니다. 그리고 그것은 떠오를 수 있습니다. 그것은 우리를 기다리고 있습니다. 우리 쪽에서 암시를 보낼 때 바로 그 태양은 떠오르기 시작합니다. '나는 받아들일 준비가 되었습니다. 그대를 환영합니다.'라는 간단한 신호를 포착하기만 하면 기적이 일어나기 시작합니다.

현명한 사람은 자신의 내면의 존재를 탐구하기 시작할 것입니다. 그것은 그의 최초의 탐험이 될 것입니다. 자신의 내면에 무엇이 있는지 알지 못하면서 어떻게 전 세계의 모든 것을 찾아 나설 수 있습니까? 그것은 너무나 방대한 세계이지요. 그러나 내면을 들여다본 사람은 어느 날 아침 문득 모든 것을 발견합니다. 그것은 점진적인 발전이 아니고 갑작스런 현상, 갑작스런 깨달음입니다.

아침마다 작은 탄생이 있습니다. 우리는 조물주를 찬양해야 합니다. 우리에게 또 다른 날을 주었습니다. 우리는 그만한 가치가 없습니다. 우리는 어제를 낭비했습니다. 모든 어제를 낭비했지요. 그러나 조물주는 관대합니다. 우리에게 다시 한 번 기회를 줍니다. 우리는 다시 한 번 살 수 있게 되었고, 기뻐할 수 있게 되었습니다.

오늘 우리에게 꼭 필요한 것은 이른 아침에 깨어나 새로운 인간으로 새롭게 시작하는 것입니다. 옛 사람은 끝났고 사라져 버렸습니다. 그는 지치고 탈진했습니다. 하지만 우리는 어찌된 일인지 옛 사람의 송장을 지고 다닙니다. 그것을 불태워 버려야 합니다.

새로운 날을 맞이하려면 어제에 작별인사를 고해야 합니다. 아침은 우리에게 새로운 탄생의 시작, 내면의 탄생을 가져다줍니다. 새로운 각성을 통해서 잠에서 벗어날 수 있고, 새로운 날 속으로 들어갈 수 있습니다.

6

지혜로운 사람은 반드시 이웃이 있다

子曰 德不孤 必有隣
자 왈 덕 불 고 필 유 린

공자가 말하였다. "덕은 외롭지 않으니, 반드시 이웃이 있게 마
련이다."

주해

德 인간다운 본질적 능력, 여기서는 이런 능력이 꽃핀 사람을 뜻한다. | **孤** 외
롭다, 외로워하다 | **必** 반드시 | **有** 있다 | **隣** 이웃, 이웃 사람

덕이 있는 사람은 어디로 가든 이웃이 있습니다. 친구가 아니라 이웃인 점에 유의할 것입니다. 이웃은 우연의 산물입니다. 우연히 서로의 곁에 살고 있을 뿐입니다. 친구처럼 의식적으로 선택한 것이 아닙니다. 그러나 친구처럼 혹은 그 이상으로 도움이 될 수도 있습니다. 이런 우연이 덕성스런 이에게는 필연처럼 존재하는 것은 존재계라는 전체가 그와의 끈을 놓지 않고 있기 때문입니다.

라즈니쉬는 말합니다. "온 우주는 하나의 커다란 마을과 같다. 나는 나에게 등을 돌리는 나무를 만난 적이 없다. 많은 산에 머물렀지만 나와 사이가 나빴던 산은 하나도 없었다. 모든 존재가 매우 다정하다." 사고무친四顧無親이라는 말은 덕이 없는 사람들에게나 해당되는 것입니다.

덕이 높은 사람이 깊은 산 속에서 홀로 살 수도 있을 것입니다. 그러면 그는 나무와 이야기하기 시작할 것입니다. 새와 동물들과 가슴으로 교류할 것이고, 곧 그들과 이웃이 될 것입니다. 아침마다 그를 찾아와 노래를 불러주는 새가 있을 것입니다. 사람이 개입하지 않는다고 해서 홀로 고립되었다고 생각할지 모르나, 히말라야에 간다 해도 그에게는 이웃이 있습니다.

존재계는 하나의 유기체지요. 사람은 사람과 서로 연결되어 있을 뿐 아니라 나무들과도 연결되어 있습니다. 사람들이 서로 함께 호흡할 뿐만 아니라 온 우주가 서로 함께 숨 쉬고 있습니다. 우주는 깊은 조화 속에 있습니다. 인간만이 조화의 언어를 잊어버렸습니다.

여기에서 공자는 우리에게 잊어버린 언어를 다시 상기시켜 주고 있습니다. 없는 조화를 새로 만들어내는 게 아닙니다. 조화가 바로 우리의 실체입니다. 우리는 자신의 실체를 잊어버렸을 뿐입니다. 어쩌면 그런 조화가 너무나 당연해서 잊어버리는지도 모릅니다. 어쩌면 우리가 조화 속에 있기 때문에 그 조화를 보지 못하는지도 모릅니다.

우리는 전체 오케스트라의 악기들입니다. 이를 이해하려면 깊은 체험을 해야 합니다. 있는 그대로 침묵해 보십시오. 있는 그대로 존재해 보십시오. 그러면 자신이 다른 사람들과 연결되어 있음을 느낄 것입니다. 단지 사람들의 생각은 제각기 달라서, 우리는 생각 속에서 다른 사람들과 분리되어 있습니다. 그러나 생각을 멈추면 사람들을 나누고 있는 장벽들이 무너져 내립니다. 둘의 침묵은 결코 둘이 아닙니다. 하나입니다.

사랑과 침묵, 지복, 환희, 신성 등 삶의 귀중한 가치를 깨달을 때 우리는 무한한 하나 됨을 깨닫습니다. 그 속에서는 우리 모두가 하나의 실재에서 나온 다양한 존재들입니다. 한 가수가 부르는 다양한 노래들입니다. 한 화가가 그리는 다양한 그림들입니다. 화가는 한 명입니다.

자신이 타인과 분리되어 있다고 생각하는 것, 이것이 우리들의 첫 번째 무의식이지요. 모든 사람은 섬으로 나뉘어 있는 존재가 아니라 광활한 대륙의 부분들입니다. 표면적으로는 다양하게 나타나 있지만, 실제로 우리가 분리되어 있는 것은 아닙니다. 다양성은 삶을 풍요롭게 만드는 데 이바지합니다.

우리가 하나임을 깨달을 때, 우리는 사랑으로 넘칠 것입니다. 생명에 대한 경외심으로 충만할 것입니다. 이런 사람이 지혜롭고 덕이 있는 사람입니다. 이때 우리는 기독교와 불교 등 종파를 뛰어넘어 참다운 종교인이 될 것입니다.

순수하고 진실한 종교인이 될 것입니다. 종교religion라는 말은 아름답지요. 이는 무지로 갈라진 사람들을 묶어줄 뿐 아니라 사람들의 의식을 깨워 분리되어 있지 않음을 깨닫게 해 준다는 어근에서 나왔습니다.

그렇게 의식이 하나로 깨어날 때 우리는 나무조차도 해칠 수 없습니다. 그때 우리의 사랑은 억지로 행하는 사랑이 아니라, 있는 그대로 저절로 흘러넘치는 사랑이 될 것입니다. 계율이 된 사랑은 가짜 사랑이며, 억지로 배운 비폭력은 가짜 비폭력입니다. 이들이 인위적인 노력 없이 흘러넘칠 때 더없이 진실된 것이 됩니다.

덕이 높은 사람은 외로워하지 않는다는 것은, 그런 사람은 홀로 있기를 좋아하기 때문에 홀로 있으면서도 외로움을 느끼지 않는 사실을 특별히 강조한 것으로 이해됩니다. 그런데 그는 왜 군중과 어울리지 않고 홀로 있기를 좋아하는지요? 그리고 홀로 있음과 외로움은 어떻게 다른지요?

군중은 양떼에 불과합니다. 하지만 사자는 홀로 움직입니다. 까비르의 말이 있지요. '사자와 성자는 떼거리로 몰려다니지 않나니, 그들은 자기 자신만으로도 충분하도다.' 겁에 질려 있고 홀로 있는 것을 두려워하는 양만이 떼거리 속에서 살아갑니다.

양들은 서로 간에 조그만 공간도 남겨 두지 않습니다. 서로 밀착해서 몸을 비빕니다. 그래서 따뜻하고 편안하게 느껴집니다. 그것은 어떤 보호막을 형성해 줍니다. 모든 양들은 저마다 이렇게 생각합니다. '나는 혼자가 아니다. 수천 마리의 다른 양들이 나와 함께 있다.'

홀로 사는 것에는 그것만의 고유한 기쁨이 있습니다. 에베레스트처럼 홀로 우뚝 서보십시오. 거기에 최고의 경지가 있습니다. 그러나 사람들은 자신과 똑같은 복사품들 사이에 있기를 원합니다. 거기에서 편안함을 느낍니다. '양떼가 되라. 결코 사자가 되려고 하지 말라.' 이것이 수천 년 동안 인류가 살아온 방식입니다.

홀로 있음은 우리의 사원이다. 홀로 있음이 엄청난 아름다움과 축복, 침묵과 평화, 존재의 편안함이라는 것을 보지 못하고 우리는 외로움으로 오해합니다. 외로움은 홀로 있음을 오해한 것입니다.

홀로 있는 것을 외로움으로 오해하기 시작하면 모든 것이 잘못된 맥락으로 바뀌어버립니다. 홀로 존재하는 것은 아름다움이고 숭고함이고 긍정적인 것이며, 외로움은 빈곤함이고 어둠이고 절망이며 부정적인 것입니다.

외로움은 단절입니다. 나이가 들수록 단절감은 더해 갑니다. 사람들은 홀로 있는 것이 두려워 어떤 어리석은 일이라도 하게 됩니다. 혼자 카드놀이를 하는 사람도 있는 모양입니다. 사람들은 한 사람이 양쪽 편을 맡아서 할 수 있는 게임을 고안해 내기까지 합니다.

보통 사람은 외로움을 잊으려 노력하지만, 명상하는 사람은 홀로 있는 것에 점점 더 익숙해집니다. 그는 홀로 있기 위해 세상을 떠나 동굴이나 숲, 산 속으로 들어갑니다. 자신이 누구인지 알기를 원하기 때문입니다. 군중 속에서는 어려운 일이거든요. 이런저런 방해가 너무 많습니다.

홀로 있을 줄 아는 사람은 인간에게 허락된 가장 큰 기쁨을 아는 사람입니다. 외로움을 느끼는 것은 병이나, 기꺼이 홀로 있는 것은 완벽하게 건강하다는 증거입니다. 인생의 의미를 찾기 위해 내딛는 첫 걸음은 홀로 존재하는 것 속으로 향해야 합니다. 홀로 있음은 우리의 사원입니다. 그곳에는 신이 살고 있으며, 이 세상에 존재하는 최고의 사원이 있습니다.

홀로 있는 것을 즐길 줄 아는 사람은 외롭지 않습니다. 외롭다는 것은 다른 사람을 필요로 한다는 의미입니다. 홀로 있음은 자기 존재에 완전히 뿌리를 내려 중심을 잡고 있다는 의미입니다. 그는 그 자신만으로 충분합니다. 그는 존재가 건네주는 선물을 가능한 한 충실히 받아 즐기려 합니다.

홀로 있음과 자유는 동전의 양면과 같지요. 우리가 홀로 존재한다면, 누가 우리를 간섭하고 구속할 것입니까? 다른 누구도 존재하지 않는다면, 누가 타인이 될 것입니까? 그렇기 때문에 자유를 찾는 사람들은 모두 고독을 추구합니다.

그러나 우리는 홀로 있는 개인으로서가 아니라 사회적 존재로 양육됩니다. 모든 훈련과 교육, 문화는 아이들을 사회에 적합한 일원으로 만들기 위한 것이며, 다른 사람들과 잘 어울리도록 하기 위한 것입니다. 심리학자들은 그런 상태를 적응이라고 부릅니다. 어떤 사람이 혼자 있으면 그는 적응을 하지 못한다는 말을 듣습니다.

사회는 많은 사람들이 얽혀 있는 조직망으로 존재합니다. 그 속에서 우리가 누릴 수 있는 자유는 얼마 되지 않습니다. 또한 그 작은 자유에 대한 대가는 큽니다. 사회 규범을 잘 따르고 다른 사람들에게 복종하면, 세상은 아주 작은 자유를 허용합니다.

노예가 되어야 자유를 조금 줍니다. 그러나 그것은 주어진 것이기에 언제든지 빼앗길 수 있지요. 빼앗기지 않으려면 아주 비싼 값을 치러야 합니다. 사람들 사이에서 적응해야 하기 때문에 정해진 경계선을 벗어날 수 없습니다.

고독은 아름다운 경험이다. 고독이 거의 감옥처럼 보이고 거기서 탈출하기를 원하는 것은 자신을 사랑하지 않기 때문입니다. 우리는 고독이 두려워 아무 방향으로나 달려가고 끊임없이 무엇인가를 해야 합니다. 아무것도 하지 않고 홀로 있지 못합니다. 그러나 고독은 가장 아름다운 경험입니다. 고독은 우리가 지니고 있는 가장 빛나는 보물입니다.

그러나 우리는 그 보물을 탐험한 적이 없습니다. 아무도 '그대 자신을 사랑하라'고 말하지 않습니다. 사람들은 부모 형제자매 아내 남편 아이들을 사랑하라고 합니다. 여기에 나 자신은 빠져 있습니다. 예수는 '너 자신을 사랑하듯이 너의 이웃을 사랑하라'고 말합니다. 그러나 누가 자기 자신을 사랑한단 말입니까?

홀로 있을 때 외롭고 거기에서 부족함을 느낀다면, 우리는 아직도 우리 자신과 더불어 있는 길을 얻지 못했습니다. 우리는 아직도 자신과의 관계를 창조하지 못했습니다. 우리는 아직도 자신을 사랑하는 데 충실하지 않은 것입니다.

진정한 삶은 자신의 존재를 발견해 나갈 때 시작됩니다. 매 순간 우리 자신에 대하여 새롭게 발견하면서 새로운 기쁨을 얻게 됩니다. 자신의 존재를 발견하게 되면 우리 앞에 새로운 신비의 문이 열리게 됩니다. 새로운 사랑이 우리의 내면에서 성장하기 시작합니다.

단 한 번도 느껴본 적이 없는 새로운 자비가 자라나기 시작합니다. 아름다움과 선에 대한 새로운 감각이 키워집니다. 이때 작은 풀잎사귀 하나조차 굉장한 의미를 가지고 다가옵니다. 작은 잎사귀 하나라도 다 그 존재의 이유가 있습니다. 잎사귀 하나가 사라지면 존재계는 그만큼 불완전해집니다.

그러므로 자신의 존재를 발견한 사람은 자연과 친구가 됩니다. 나무의 친구가 되고, 동물들과 친구가 됩니다. 산과 강 그리고 바다와 친구가 됩니다. 존재계 전체와 친구가 됩니다. 그때 비로소 삶이 풍요로워지고 친밀감과 사랑으로 가득해집니다.

오직 홀로 있음 속에서 우리는 배울 수 있습니다. 우리가 주저하지 않고 홀로 있을 준비가 되어 있다면, 도망가지도 물러나지도 않고 그저 홀로 있음이라는 사실을 있는 그대로 받아들인다면, 그것은 하나의 커다란 기회가 됩니다. 그때 우리는 마치 그 속에 많은 잠재력을 가진 하나의 씨앗과 같습니다.

이는 외로움과는 전혀 다릅니다. 외로움이라는 것은 홀로 있음에서 도망가면서 그것을 받아들일 준비가 되어 있지 않을 때 찾아오는 것입니다. 홀로 있다는 사실을 받아들이지 않을 때, 우리는 외로움을 느낍니다. 그러면 어떤 군중을 혹은 그 속에서 자신을 잊어버릴 수 있는 어떤 수단을 찾을 것입니다.

붓다나 예수는 홀로입니다. 그들이 가족을 떠났거나 세상을 버렸기 때문이 아닙니다. 그들은 부정적으로 어떤 것을 포기한 것이 아닙니다. 그들의 행위는 긍정적이었습니다. 그것은 홀로 있음을 향한 하나의 움직임이었지요. 그들은 떠나고 있지 않았습니다. 전체적으로 홀로 있음을 찾고 있었던 것입니다. 배움과 깨달음이 이루어질 상황을 만들기 위하여.

깊이 깨달아 특히 덕이 높게 된 사람은 절대로 자신의 안일만 생각하지 않고, 어떻게든 자신과 관련된 사람을 이웃처럼 친근하게 받아들이며 사랑할 수 있다고 합니다. 어떻게 이런 일이 가능한지요?

진정한 사랑은 깨달은 사람의 내면이 기쁨으로 충만한 상태입니다. 그 안에서 춤이 일어나고, 그의 중심에서부터 무엇인가 고동치고 빛을 발하기 시작합니다. 그러면 그 주변에 미묘한 진동이 일어나고, 그 진동이 퍼져나가 모든 사람들에게 전달됩니다. 바위와 나무, 새들에게까지 그 진동이 전달됩니다.

이런 사랑은 관계가 아니라 존재의 상태를 의미합니다. 관계는 사랑의 극히 일부, 한 측면에 지나지 않습니다. 그런데 사람들은 이 사랑이라는 개념을 관계 속에 나타나는 현상인 것처럼 오해합니다. 마치 관계가 사랑의 전부인 양 착각하지요. 관계가 필요한 이유는 홀로 존재할 능력이 없기 때문입니다.

우리는 아직 명상할 능력이 없습니다. 진실로 사랑하기를 원한다면 명상이 선행되어야 할 것입니다. 절대적으로 혼자 존재할 수 있는 능력을 키워야 합니다. 홀로 있되 무한한 기쁨으로 충만한 상태가 되어야 합니다. 그래야만 진실한 사랑이 가능합니다.

이때 우리는 사랑을 통해 무엇인가를 요구하지 않습니다. 아무 조건 없이 나누어 줍니다. 상대방에게 의존하지 않습니다. 사랑을 통해 무엇인가 나누어 주고, 이 나눔은 아름답게 빛납니다.

그러나 세상에서 흔히 일어나는 일은 이와 다릅니다. 우리 안에는 사랑이 없습니다. 우리의 연인에게도 사랑이 없습니다. 그런 상태에서 서로에게 사랑을 요구하고 있을 뿐입니다. 마치 두 명의 거지가 마주 서서 서로에게 구걸하는 꼴이라고나 할까요.

이러니 연인 사이에 다툼이 일어나는 것은 당연하지요. 아주 사소한 일들 때문에, 별로 중요하지도 않은 어리석은 일들 때문에 말다툼이 그치지 않습니다.

아름다운 관계와 교류 다툼이 일어나는 이유는 이렇습니다. 남편은 자기가 당연히 받아야 하는 것을 받지 못한다고 생각하고, 아내

역시 똑같은 생각을 가지고 있습니다. 아내는 속았다고 생각하고 남편 역시 속았다고 생각합니다.

거기에 무슨 사랑이 있겠습니까? 모든 이가 받으려고만 할 뿐 주려고는 하지 않습니다. 모든 이가 받는 데 혈안이 되어 있지만 실상 아무도 받지 못합니다. 모두가 공허감과 상실감에 시달립니다.

이런 현상이 벌어지는 이유는 기본 토대가 없기 때문입니다. 우리는 기반을 다지지도 않고 무작정 집을 지으려 합니다. 그렇게 지은 집은 언제라도 무너져 내릴 것입니다. 돌이켜 보십시오. 우리가 지으려 했던 사랑의 집은 얼마나 여러 차례 무너져 내렸습니까? 그럼에도 우리는 계속해서 똑같은 어리석음을 반복하고 있습니다.

실패한 사랑으로부터 교훈을 얻은 사람은 더 주의 깊고 명상적인 사랑을 하게 됩니다. 여기에서 명상이란 혼자서도 기쁨으로 넘치는 능력을 뜻합니다. 명상은 우리 안의 정신적 능력을 발현시킵니다. 우리 안에 갇혀 있던 황홀한 빛을 밖으로 드러냅니다.

이때 우리는 혼자 있어도 행복으로 충만하고, 존재의 중심부로부터 환희가 솟아오르기 때문에 어떠한 외적 관계도 필요하지 않습니다. 우리는 여전히 사람들과 교류하겠지만, 이것은 일반적인 관계 이상의 것입니다.

교류와 관계는 큰 차이가 있습니다. 관계는 사물처럼 굳어 있는 것입니다. 우리는 거기에 집착합니다. 그러나 교류는 흐름이고 움직임이며 진행 중인 하나의 과정입니다. 어떤 사람을 만났을 때 덕이 높은 사람은 사랑을 나누어 줍니다. 그 안에 사랑이 차 있기 때문이지요.

더 많이 줄수록 그는 더 충만해집니다. 이것이 사랑의 마술입니다. 주면 줄수록 더 많이 갖게 되는, 세상의 일반적인 경제 논리와는 정반대되는 법칙입니다. 이것을 터득한 사람은 더 많은 사랑과 기쁨을 누리고 싶을수록 더 많이 나누어 줍니다. 그리고 자신의 사랑을 받아 준 사람들에게 고마움을 느낍니다.

이것은 정형화된 관계라기보다는 강물처럼 끊임없이 흘러가는 현상입니다. 강은 나무 옆을 지나면서 인사를 건넵니다. 나무에게 물과 양분을 나누어 주고 계속 흘러갑니다. 강은 나무에게 매달리지 않습니다.

나무 또한 강을 붙잡으려 하지 않습니다. 나무는 강물 위에 꽃잎을 떨어뜨려 고마움을 표시합니다. 바람이 불어와 나무를 춤추게 합니다. 그러면 나무는 그 바람에 향기를 보태어 줍니다.

이것이 진정한 교류입니다. 인류가 계속 성숙하여 진정한 의미에서 성인이 된다면, 이런 방식의 사랑이 피어날 것입니다. 서로 나누어 주고, 자유롭게 움직이고, 소유와 지배 욕구가 사라질 것입니다. 그렇지 않다면 우리가 말하는 사랑은 게임에 불과합니다.

> 덕이 높은 사람은 낯선 사람에게도 이웃을 챙기듯 친절하다는 것은 오늘날 우리의 상황에서는 꿈같은 일입니다. 예를 하나 들어주시면 이를 좀 더 구체적으로 이해하는 데 도움이 될 듯 합니다.

지금은 깨달음을 통해 진실로 덕이 높은 사람을 찾아보기 어렵습니다. 그러나 옛날에는 적잖은 수도자들에게서 이런 현상을 볼 수 있었습니다. 한 가난한 고행승의 이야기가 떠오릅니다.

어느 날 밤, 한밤중에 비가 억수처럼 쏟아지고 있는 한 작은 오두막집에 갑자기 문 두드리는 소리가 났습니다. 그곳에는 고행승과 그의 아내가 깊이 잠들어 있었습니다. 갑자기 누군가가 비를 피할 곳을 찾고 있었던 것입니다.

인간의 인간다움 고행승은 아내를 깨우면서 말했습니다. "밖에 누가 온 모양이오. 나그네인지, 알지 못하는 친구가 찾아 온 모양이오." 그는 '알지 못하는 친구'라고 말했습니다. 우리는 알고 있는 사람과도 친구가 되지 못합니다. 그의 태도는 사랑의 태도였습니다. 고행승은 이어서 말했습니다. "알지 못하는 친구가 문 밖에서 기다리고 있소. 문을 열어 주오."

아내가 말했습니다. "자리가 없어요. 우리 둘이 있기에도 방이 비좁아요. 어떻게 한 사람이 더 들어올 수 있겠어요?" 고행승이 대답했습니다. "여보, 이 집은 부자의 궁전이 아니오. 이 집은 이 이상 작아 질 수는 없소. 부자의 궁전은 손님이 한 명만 와도 더 작아 보이겠지만 이 집은 가난한 자의 오두막이오." 아내가 물었습니다. "여기에 왜 가난한 자와 부자의 문제가 나오나요? 분명한 사실은 이 집은 아주 작은 오두막이라는 거예요."

고행승이 대답했습니다. "만일 당신의 가슴 속에 충분한 여유가 있다면, 이 오두막집을 궁전으로 느낄 것이오, 그러나 당신 마음이 좁으면 궁전이라도 작게 보일 것이오. 어서 문을 열어 주오. 우리 집에 온 사람을 어찌 거절할 수 있겠소? 지금까지 우리는 누워 있었소. 세 명이 누울 수는 없을지 모르나, 적어도 세 명이 앉을 수는 있소. 우리가 앉으면 또 한 사람을 위한 자리는 있소."

아내는 문을 열지 않을 수가 없었습니다. 한 남자가 흠뻑 젖은 상태로 들어왔습니다. 그들은 함께 앉아서 잡담을 나누기 시작했습니다. 잠시 후 두 사람이 더 와서 문을 두드렸습니다. 고행승은 "또 누군가 온 것 같소."라고 말하며 문에 가까이 앉아 있던 손님에게 문을 열어 주도록 부탁했습니다. 그 남자가 말했습니다. "문을 열라고요? 자리가 없지 않습니까?"

조금 전 이 오두막에서 비 피할 장소를 찾았던 그 남자는, 자기에게 장소를 내어준 것은 자기에 대한 고행승의 사랑에 의해서라기보다, 그 오두막에 사랑이 있었기 때문이라는 사실을 잊고 있었습니다.

그리고 지금 새로운 사람들이 찾아 왔습니다. 사랑은 새로 온 사람들을 받아들여야 합니다. 그러나 그 남자는 이렇게 말했습니다. "문을 열 필요가 없습니다. 이렇게 쪼그리고 앉아 겪고 있는 불편을 당신은 몰라서 하시는 말씀입니까?"

고행승은 말했지요. "친구여, 내가 그대에게 자리를 마련해 주었지요? 여기에 사랑이 있었으므로 그대는 받아들여졌던 것이오. 사랑은 아직 여기에 있소. 그대에게서 끝나고 만 것이 아니오. 문을 열도록 합시다.

지금 우리는 서로 떨어져 앉아 있어요. 그러니 바짝 붙어 앉도록 합시다. 더군다나 밤에는 추우니 붙어 앉으면 따뜻하여 기분이 좋을 것이오." 문이 열리고 새로 온 두 사람이 들어왔습니다. 그들은 모두 함께 앉았고 서로 알게 되었지요.

그런데 얼마 후 당나귀 한 마리가 와서 문을 밀어 댔습니다. 당나귀는 빗물에 젖어 있었고 밤을 지낼 곳을 찾고 있었습니다. 고행승은 문 바로 옆에 앉아 있던 사람에게 문을 열어 주도록 부탁했습니다. "새 친구가 온 모양이오." 하고 고행승이 말했습니다. 그 남자는 슬쩍 바깥을 보면서 말했습니다. "이것은 친구도 아니고 친구 같은 것도 아닙니다. 당나귀일 뿐이오. 문을 열 필요가 없습니다."

고행승이 말했습니다. "아마 당신은 부잣집의 문에서는 인간이 동물처럼 취급된다는 것을 모르는 것 같소. 그러나 이곳은 가난한 고행승의 오두막집이고, 우리는 동물조차도 인간으로 대접하는 데 익숙해 있소. 문을 열어 주시오." 그러자, 그 남자들은 일제히 신음하듯 말했습니다.

"하지만 자리가?" 고행승이 말했습니다. "자리는 얼마든지 있습니다. 앉는 대신에 우리 모두 일어서도록 합시다. 당황하지는 마십시오. 필요하다면 내가 밖으로 나가 자리를 넓혀 드리겠소." 사랑이 이만한 일을 하지 못하겠습니까? 사랑으로 가득 찬 마음을 가질 때라야 비로소 인간에게 인간다움이 생겨납니다.

홀로 떨어져서 이기적으로 처신하지 않고 항상 남을 이웃처럼 대하는 인자함 혹은 덕성스러움이란 모든 종교에서 강조하는 핵심 덕목 중 하나일 것입니다.
그러나 우리는 이에 대해서 머리로 생각만 할 뿐 전혀 실천은 하지 못하고 있습니다. 우리에게 무슨 문제가 있어서 그런 것입니까?

종교는 삶의 방식이고 존재 방식이지 생각하기 위한 것이 아닙니다. 예수가 '하느님은 아버지이시다'라고 말한 것은 존재 자체가 낯선 땅이 아니라 바로 자신의 집이라는 사실을 뜻한 것입니다. 그러니까 우리는 그것에 의지하고 기대어 쉴 수는 있어도 두려워할 필요는 없다는 것입니다.

이 점을 깊이 이해하고 넘어가야 합니다. 현대인들은 지나치게 두려워하고 있기 때문입니다. 전에는 지금처럼 심한 적이 없었습니다. 인류 역사상 사람들이 지금처럼 두려움에 빠진 적이 없었습니다.

모든 것은 모든 것과 연결되어 있다. 수많은 사람들이 여러 문제로 괴로워하고 있으며, 거의 언제나 그 모든 문제의 밑바닥에는 두려움이 깔려 있습니다. 다른 것은 문제가 아닙니다. 두려움이 제일 큰 문제이지요. 왜 현대인들은 그토록 심한 두려움에 사로잡혀 있습니까? 전에는 그런 적이 없었습니다.

뭔가 파국적인 상황이 닥친 것은 아닐까요? 신이 의식 속에서 사라지면 우리는 두려움에 빠질 수밖에 없으니까요. 신이 없이는 이 세상 자체가 낯선 땅이 되기 때문입니다. 그때 우리는 편안한 집에 있는 것이 아니며, 따라서 모든 것이 적이 됩니다.

신이 없을 때 모든 존재는 적이 될 수밖에 없다는 것은, 실제로 적이 된다는 말이 아니라 그렇게 느껴진다는 것입니다. 우리한테는 모든 존재가 적으로 느껴지고 삶은 살아남기 위한 투쟁과 경쟁으로 느껴집니다. 들끓는 질투와 경쟁심이 우리 주위에 감돌고 있습니다. 신이 없을 때 집안과 같은 분위기는 사라지고 사랑도 사라집니다.

신이란 일종의 상징적인 단어, 마음가짐을 나타내는 단어일 뿐입니다. 즉 '나는 집에 있다'고 하는 마음가짐 말입니다. 신이 아버지일 때, 그때 전 존재는 우리의 집입니다. 그때 우리는 마음 편히 살아갈 수 있고 두려워할 대상이 아무것도 없습니다. 모든 것이 우리 아버지의 섭리 안에 있기 때문입니다.

종교란 개인적인 것이지요. 종교가 하는 모든 노력은 모든 생명체를 자신의 가족으로 여기게 하려는 데 있습니다. 아무리 멀리 떨어져 있는 나무라 해도 반드시 우리와 관계를 맺고 있습니다. 바위도 마찬가지이고 바다도 마찬가지지요. 모든 것은 모든 것과 연결되어 있습니다. 우리는 전부 관계를 맺고 있는 한 가정 속에서 숨 쉬고 있는 것입니다. 삶은 언제나 상호의존적입니다.

시인들은 직관적으로 그것을 느끼지요. 시인 서정주는 '국화 옆에서'란 시에서 "한 송이의 국화꽃을 피우기 위해/ 봄부터 소쩍새는/ 그렇게 울었나보다./ 한 송이의 국화꽃을 피우기 위해/ 천둥은 먹구름 속에서/ 또 그렇게 울었나보다./ 그립고 아쉬움에 가슴 조이던/ 먼 먼 젊음의 뒤안길에서/ 인제는 돌아와 거울 앞에 선/ 내 누님 같이 생긴 꽃이여./ 노란 네 꽃잎이 피려고/ 간밤엔 무서리가 저리 내리고/ 내게는 잠도 오지 않았나보다." 라고 읊었습니다.

시인들은 이것을 이렇게 느낄 뿐입니다. 하지만 신비가들은 그것을 체험합니다. 우리는 그 가정의 구성원들입니다. 존재 자체가 우리를 통해 새로운 차원으로, 더 높은 의식의 봉우리로 올라가려고 노력하고 있습니다. 우리를 통해 하느님은 새로운 존재, 새로운 환희의 절정, 새로운 의식 차원으로 나아가려고 노력하고 있습니다.

그때 우리는 그 가족의 일원으로 받아들여지는 것입니다. 받아들여지는 것뿐만 아니라 하느님은 우리를 통해 뭔가를 시도하고 있습니다. 우리를 통해 역사가 창조되고 있고 존재 자체가 창조되고 있습니다. 그러니까 우리는 저마다 매우 중요한 존재입니다. 우리가 없다면 하느님은 무척 아쉬움을 느낄 것입니다.

아들이 없다면 아버지는 더 이상 아버지가 아닙니다. 아들이 없으면 아버지는 아쉬움을 느끼는 정도가 아니라 더 이상 아버지가 아닌 것이지요. 아들은 아버지한테는 완전히 필요충분조건인 것입니다. 바로 우리가 필요충분조건입니다.

하지만 우리가 일단 신을 잊는 순간 혹은 신에게서 멀어지는 순간, 현대인들이 그렇듯이 우리는 돌연 객지에 와 있게 됩니다. 더 이상 마음 편히 있을 수가 없게 됩니다. 어딜 가나 낯선 사람이고 주위에 있는 사람들은 이웃이 아니라 모두들 적입니다. 그래서 말로는 인류를 사랑한다고 하면서도 이웃에 사는 사람조차 사랑하지 못하는 것입니다.

종교적 관점에서의 말씀은 지극히 옳은 줄 알면서도 그 차원이 너무 높아 다소 추상적인 얘기처럼 들립니다. 앞의 문제와 관련해서 과연 우리 인생에서 무엇이 문제인지 좀 더 구체적으로 생각해보고 싶습니다.

아이들은 누구나 할 것 없이 모두 아름답고 사랑스럽지요. 태어날 때 이미 사랑을 가지고 태어나기 때문입니다. 아이의 아름다움은 몸과는 아무 관련이 없습니다. 내면에서 배어나오는 것입니다.

아이의 내면에서 밝게 타오르는 사랑의 등불은 온몸을 통해 솟아나와 사방으로 그 빛을 퍼뜨립니다. 아이는 무엇을 보든지 사랑으로 봅니다. 하지만 불행하게도 자라면서 그 사랑을 잃어버리기 시작합니다. 우리가 아이들을 그렇게 만드는 것이지요.

우리는 아이에게 어떻게 사랑하고 사랑을 지키고 돌볼 수 있는지를 가르쳐 주지 않습니다. 그저 사랑은 위험하다고, 가까이 해서는 안 될 것이라고만 강조합니다. 어떤 것이든, 무조건 믿지 말고 일단 의심해 보라고 가르칩니다. 무조건 믿어버리면 다른 사람들한테 이용당하기 쉬우니 조심하고 또 조심하라고 타이릅니다.

세상을 살아가기 위해서는 사실을 있는 그대로 말하는 것은 바보 짓이니까 때론 거짓말을 하고 속이고 배반을 해도 괜찮다고 말합니다. 그리고 아이에게 세상에는 도둑놈들뿐이라고 가르칩니다. 참 이상하지요. 세상에는 도둑놈뿐이라는 사실은 결코 잊지 않으면서, 도처에 신이 현존하고 있다는 사실은 완전히 망각하고 있습니다.

사랑이 없으면 모두 적으로 보인다. 사랑은 신뢰요 받아들임입니다. 의심은 항상 방심하지 않고 경계하는 것을 의미합니다. 자신의 것을 빼앗기고 싶지 않아서 방어하는 것을 말합니다. 공격이 최선의 방어라고도 합니다. 그래서 자신을 제대로 방어하기 위해서는 먼저 공격하는 것이 최선의 방책이라는 것입니다. 우리는 아이를 바짝 군기가 든 군인처럼 기릅니다. 이것이 바로 이 시대 우리들의 모습입니다.

이런 식으로 아이가 사회에 적응하기 시작하면, 우리는 아이가 철이 든다고 말합니다. 아이는 이때쯤이면 사랑을 완전히 잃어버리고 맙니다. 이제 그의 주위에는 온통 경쟁 상대와 적들뿐입니다. 주위 사람을 친근한 이웃으로 볼 수 있는 눈을 상실하고 맙니다. 그래서 설혹 다른 사람에게 속지 않고 살아갈 수 있게 되었을지는 모르지만 그 아이는 다른 사람을 속이면서 살기 시작합니다.

까비르는 말합니다. "속이려 들지 말고 언제든지 속을 준비를 하라. 속는다고 해서 잃는 것은 아무것도 없다. 하지만 남을 속이면 모든 것을 잃어버린다." 그가 말한 모든 것은 무엇을 말하는 것입니까? 자꾸 속이려 들면 사랑의 원천이 줄어듭니다. 자신이 속이려는 사람을 어떻게 사랑할 수 있습니까? 타인을 경계하고 두려워하게 되면 사랑이라는 꽃은 피어날 수 없습니다.

아이는 자라면서 돈으로, 집으로, 온갖 것들로 자신을 보호하는 데 온 신경을 쓰기 시작합니다. 아이는 타인의 공격으로부터 자신의 안전을 지키기 위해 수단 방법을 가리지 않게 됩니다. 자신을 보호하는 데만 온 신경을 쓰다 보면 자신의 모든 문들을, 사랑의 문들을 닫아버리고 있는 사실을 잊기 쉽습니다.

이제 자신의 방어에는 자신감을 가질 수도 있겠지만 거기에서 얼은 방어와 안전은 무덤 바로 그것입니다. 무덤은 마지막 남은 문마저 닫아버린 곳입니다. 우리는 이렇게 죽어가고 있습니다.

자신을 방어하면 할수록 그만큼 더 죽음 가까이 다가갑니다. 너무 많은 방어와 안전 조치를 취하기 때문에 삶은 무기력해집니다. 생생하게 살아있고 싶습니까? 그렇다면 무방비 상태로 살아야 합니다. 그러면 물론 불안함을 느끼게 될 것입니다.

돌은 안전하지만 꽃은 위험 속에서 삽니다. 돌은 죽어 있지만 꽃은 생명력이 넘쳐흐릅니다. 폭풍이 몰아치면 꽃은 그 잎을 떨구겠지만 돌은 꿈쩍도 하지 않습니다. 꽃들은 개구쟁이들이 와서 그 꽃을 따기도 하겠지만, 돌은 거기에 그대로 놓여 있을 것입니다. 땅거미가 내려앉으면 꽃은 시들겠지만 돌은 황혼의 아름다움에 대한 아무런 반응도 없이 그 자리에 있을 것입니다.

이처럼 돌이 안전하다고 돌멩이가 되고 싶습니까? 우리가 선택한 것은 바로 돌멩이의 상황에 다름 아닙니다. 사랑은 꽃입니다. 사랑은 우리의 문이 열려있음을 의미하며, 우리가 드넓은 하늘 아래 서 있음을 의미합니다.

이런 상황에 처하면 위험 또한 커지겠지만, 이것이 바로 삶의 정수입니다. 무방비 상태에 놓여있을 때 일어나는 일은 두 가지입니다. 하나는 적의를 가진 상대가 우리를 공격하는 것이요, 다른 하나는 이웃이 찾아와 우리를 껴안는 것입니다.

적으로부터 자신을 보호한다는 것은 곧 이웃으로부터 자신을 보호하는 것과 매한가집니다. 주위에 방어벽을 쌓는 것은 곧 스스로 무덤을 파는 짓입니다. 이런 상황에서는 항상 불안할 수밖에 없지요. 그러나 사실은 불안해할 그 무엇도 없습니다. 가슴이 열리지 않고 사랑할 수 없기 때문에 불안감에 시달리는 것입니다.

본질적으로 가치 있는 삶을 지향하는 사람은 결코 외로이 버려지지 않고 반드시 도움을 줄 이웃이 나타난다는 믿음이 전해오고 있습니다. 이것이 본문의 전통적인 이해 방식 같기도 한데, 이에 대하여 좀 더 자세히 알고 싶습니다.

이는 본문에 대한 소극적인 이해 방식입니다. 우리는 적극적이든 소극적이든 어느 쪽으로도 이에 접근해볼 수 있을 것입니다. 그만큼 이 구절은 여러 가지 음식을 담을 수 있는 그릇처럼 생각됩니다. 이를 이해하는 데는 간단히 어법을 설명하는 것이 도움이 될 것 같습니다.

덕불고德不孤에서 불고不孤를 '외롭지 않다, 고립되어 있지 않다'고 형용사의 부정구로 보면 이어지는 필유린必有隣은 소극적으로 '반드시 (덕이 높은 이를) 도울 이웃이 있다'는 뜻이 됩니다.

그리고 불고不孤를 덕이 높은 사람이 다른 사람들을 이해하는 관점에서 '고립되어 있는 것으로 생각하지 않는다'는 의미의 동사의 부정구로 보면, 필유린必有隣은 적극적으로 '(덕이 있는 사람들은) 반드시 역경에 처한 사람들을 이웃처럼 보살핌이 있다'는 뜻이 됩니다.

소극적인 의미로 보면 '하늘은 스스로 돕는 자를 돕는다.'는 서양 격언과도 일맥상통하는 바가 있습니다. 덕이 넘쳐흐르는 사람은 스스로 돕는 자의 범주에 속하고도 남음이 있다 할 것이며, 하늘이 돕는 방식은 언제나 간접적으로 고마운 이웃을 통해 섭리를 베풀기 때문입니다.

신은 언제나 우리와 함께 본질적으로 가치 있는 삶을 지향하는 사람이란 어떤 사람이겠습니까? 한 평생 우리는 돈을 벌 수도 있고 혹은 권세를 누릴 수도 있습니다. 그렇게 하는 데는 많은 지성이 필요치 않습니다. 그것은 약간 영리하고 능란하기만 하면 됩니다.

이것들은 결코 가치 있는 삶이 아닙니다. 삶을 가치 있고 위대하게 만드는 유일한 길은 진리를 알고 신을 알며 진리 바로 그것이 되는 것, 신 바로 그것이 되는 것입니다. 이 길은 매우 고독한 길처럼 보입니다.

그러나 진리의 길에서 신은 언제나 우리와 함께 있습니다. 우리는 결코 홀로 있지 않습니다. 우리는 언제든지 기도할 수 있습니다. 그러나 부정적인 길에서 기도는 가능하지 않습니다. 기도가 허락되지 않습니다. 거기에서 기도는 장애물입니다. 기도는 어느 한 편으로는 도움이 될 수 있을지 모르나, 다른 한 편으로는 장애가 될 수도 있습니다.

일념으로 구도에 정진하는 사람에게 신이 어떻게 이웃을 통해서 도움을 주는지, 석가의 예를 통해 살펴봅시다. 수행자 다섯 명이 진리를 전수하고 있는 학식 높은 힌두교 도사의 문을 두드렸습니다. 그러나 그의 가르침은 일행 가운데서 고오타마를 만족시켜 주지 못했습니다.

고오타마는 다른 수행자들과 한 무리를 이루어 산 속에 들어가 굶는 고행을 하는 데 다른 동료들을 능가했습니다. 그는 하루에 오직 콩 한 알만 먹었습니다. 몹시 야위어 배에 손을 얹으면 등뼈가 만져질 정도였습니다. 그렇게 6년을 견디다가 마침내 그는 쓰러졌고 지나가던 마을 여인이 죽 한 그릇을 먹여 그를 살려 냈습니다.

그는 육체의 보존 없이는 진리를 탐구해 나갈 수 없다는 결론에 도달했고, 그래서 무리를 떠나 다른 길로 들어섰습니다. 동료 수행자들은 그를 낙오자라고 여겼지만, 고오타마는 기필코 깨달음을 얻으리라는 결심으로 지혜의 보리수 아래 앉았습니다.

이때 몸을 쓰지 못하면 머리도 깨달음을 얻을 수 없다는 생각이 스쳤습니다. 심한 자기 부정은 그가 찾으려고 했던 진리의 길이 아니었던 것입니다. 죽을 갖다 먹여 가까스로 그를 살린 마을 여인이 고오타마에게 물었습니다. "그대는 지금까지 무엇을 하고 있었는가?" "나는 진리를 얻기 위해 6년 동안 고행을 하고 있었소."

"그대는 어리석다." "왜 그런 말을 하오?" "그대의 몸은 그대의 영혼을 담고 있는 그릇이 아닌가? 그 그릇이 깨어진다면 깨달음을 얻을 수조차 없지 않은가?" "그렇소." "육체에 매여 있을 때 깨달음을 얻을 수 없는 것은 정한 이치이다. 그러나 육체를 학대하는 것은 마찬가지로 육체에 얽매여 있다는 것에 다름 아니다." "그렇소."

"육체를 넘어서려고도, 그 육체를 학대하려고도 하지 않아야 되지 않겠는가? 배가 고프면 밥을 먹고, 피로하면 잠을 자야 하지 않겠는가? 그렇지 않을 때, 그 반대의 경우와 마찬가지로 영혼은 육체에 매여 버리는 것이 아니겠는가?" "그렇소." "그럼 이 죽을 마저 다 먹어야 하지 않겠는가?"

고오타마는 말문이 탁 막혔습니다. 과연 굶주림과 고행만으로 깊은 통찰을 낳지는 못했습니다. 육체라는 것은, 그것이 영혼을 물질화하는 해악이 있기도 하지만 깨달음을 얻기 위해서는 우선 보존되어야 하는 것입니다. 그러므로 진리의 깨달음을 얻는 데 필요한 몸을 유지시키기 위해서 밥을 먹는다는 인식이 철저해야 할 것입니다.

세상에는 덕성스러운 사람보다 인색한 사람이 훨씬 더 많습니다. 이런 사람들은 남을 이웃처럼 따뜻하게 대할 수 없는데, 이들을 거울삼아 우리의 삶을 돌아보고 싶습니다.

인색한 사람은 어느 누구에게도 너무 가까운 접근을 용납하지 않으려고 항상 긴장해서 경계합니다. 그는 모든 사람을 멀리 합니다. 미소는 거리감을 무너뜨리기 때문에 위험합니다. 만일 우리가 길가의 거지에게 미소를 짓는다면 거리감이 없어집니다.

그는 더 이상 거지가 아니고, 이웃이 됩니다. 그러면 그가 배고파할 때 우리는 무엇인가 해줘야 합니다. 그러니 아예 미소를 짓지 않고 그냥 지나치는 것이 좋을 것입니다. 그것이 안전하고 경제적입니다.

그것은 무엇을 나눠야 하느냐 하는 문제가 아닙니다. 그것은 무엇을 가지고 있든지 그냥 나눈다는 단순한 문제입니다. 비록 우리가 다른 것을 하나도 가지도 있지 않더라도, 우리에게는 따뜻한 몸이 있으니 누구하고 가까이 앉아 그에게 따스함을 주는 것만으로도 훌륭합니다.

우리는 미소를 지을 수가 있고, 노래를 부를 수가 있으며, 웃을 수가 있고, 다른 사람을 웃길 수가 있습니다. 두 사람이 함께 웃을 때는 그들의 존재가 그 순간에 하나가 됩니다. 두 사람이 함께 미소를 지을 수 있을 때, 즉시 모든 거리감이 사라지면서 그들은 서로 연결됩니다.

너그러워지려면 꼭 부자여야 한다고 생각할 필요가 없습니다. 오히려 그 반대로, 부유해지려면 너그러워져야 합니다. 우리는 너무 많은 선물들을 삶과 함께 가져오고 죽음과 더불어 가지고 갑니다. 우리는 이 세상에 있는 동안 무엇이든지 함께 나눌 수 있습니다.

그리고 나눔을 통해서 존재가 얼마나 우리를 풍요롭게 하는지 의식하게 됩니다. 더 많이 나누면 나눌수록 우리의 존재는 더욱 많이 흐르기 시작합니다. 그리고 더 많이 흐르면 흐를수록 보다 새로운 샘물들이 강을 다시 채웁니다. 그리고 그 물결 속에 우리는 신선한 상태로 남습니다.

의심은 누구도 이웃처럼 대할 수 없게 한다. 세상은 반대로 샘물을 이웃과 함께 이용하는 데 인색하여 묵은 샘물을 마실 수밖에 없는 무지한 사람들로 가득 차 있습니다. 다음에 누구도 결코 이웃처럼 대할 수 없는 극단적인 경우를 히틀러의 삶을 통해 살펴보겠습니다.

우리는 히틀러가 한 가지 단순한 이유 때문에, 여자 친구가 자기 방에서 자는 것을 결코 허락하지 않았다는 사실을 알면 놀랄 것입니다. 어떻게 신뢰할 수가 있단 말입니까? 그 여자는 한밤중에 그를 쏠지도 모르며, 그의 잔에 독을 탈지도 모릅니다. 그렇지 않으리란 보장이 어디 있습니까?

그녀는 그를 사랑하는 체하고 있는지도 모릅니다. 위장된 음모일 수도 있습니다. 그것이 그에 대한 음모인지 진정한 사랑인지 알아낼 길이 없습니다. 그는 안전한 쪽을 택하기 위해 자신과 접촉이 있었던 여자가 자신의 방에서 자는 것을 결코 허용하지 않았던 것입니다.

그는 결코 누구도 자신과 친해지도록 허용하지 않았습니다. 그의 측근들 가운데 어느 누구와도 항상 거리를 두었습니다. 그의 어깨 위에 친근함의 표시로 친구처럼 손을 얹을 수 있었던 사람은 단 한 사람도 없었다고 합니다.

너무 가까운 것은 위험합니다. 해를 입힐지도 모릅니다. 그 사람은 자신에게서 무언가를 알아내서 그것을 자신에게 해롭게 사용할지도 모릅니다. 그 사람과 거리를 두는 편이 더 낫습니다. 모든 사람은 야망이 있지요. 모든 사람은 그의 자리를 차지하고 싶어합니다.

비록 겉으로는 서로 아주 친해 보여도 깊은 곳에서 그들은 서로 적이며 경쟁자들입니다. 그들은 그를 죽일 수도 있습니다. 그는 친구가 하나도 없었습니다. 그러니 이런 여자 친구와의 사랑이 무슨 사랑이란 말입니까? 그는 자신의 방 안에 있는 여자도 신뢰할 수 없었던 것입니다.

그의 여자들 가운데 하나는 여러 해 동안 그와 사랑하는 사이였습니다. 그리고 그녀를 의심할 만한 어떤 이유도 없었습니다. 그러나 의심은 어떠한 이유도 필요로 하지 않습니다. 어느 날 그녀는 같은 시내에 사는, 병 중에 있는 자기 어머니를 보러 가고 싶어 했습니다. 그런데 히틀러는 '노'라고 말했습니다. '예스'는 그가 어떤 것에 대해서도 아주 발음하기 어려운 단어였습니다.

'노'라고 해서는 안 되었지요. 그녀는 단지 병든 그녀의 노모를 보러 가려는 것이었으니까요. 어머니를 보러 간다 해도 그가 사무실에서 돌아오기 전에 그녀는 돌아와 있을 것이었으니까요. 그러나 '예스'는 그의 단어가 아니었습니다. 그는 명령하는 법과 거절하는 법만을 알고 있었습니다.

그는 사무실로 나갔습니다. 그 여자는 그 사이 어떻게 하면 해낼 수 있겠다고 생각했습니다. 잠깐 어머니를 보고 오면 아직 그는 돌아와 있지 않을 것이라고. 정말 그녀는 어머니에게 갔다가 그가 돌아오기 전에 돌아왔습니다. 그러나 그가 돌아와서 집의 경비원에게 캐물은 것은, '그녀가 나갔다 왔느냐?' 하는 것이었습니다.

그리고 히틀러는 권총을 가지고 들어가서 그냥 그녀를 쏘았습니다. 그는 묻지도 않았습니다. 변명할 기회조차 주지 않았습니다. 그것으로 충분했습니다. 그리고 그것은 다른 모든 사람들에게 하나의 증거가 되어야만 했습니다. 그의 명령을 따르지 않는 것은 죽음을 의미한다는. 히틀러는 사랑을 갈망했으나 마음은 권력을 갈망했지요.

누구도 그 두 가지 모두를 성취할 수는 없는 것입니다.

이것이 문제입니다. 아이는 사랑을 갈망하는 가슴을 가지고 태어납니다. 동시에 조건화될 수 있는 두뇌를 가지고 태어납니다. 그리고 사회는 가슴에 반대하도록 그것을 조건화시킬 수 있습니다. 가슴은 항상 사회에 반대하며 반역을 꿈꿀 것이기 때문입니다. 그것은 항상 자신의 방식을 따를 것입니다.

그것은 군인으로 만들어질 수 없습니다. 시인이 될 수는 있습니다. 가수가 될 수도 있습니다. 그러나 그것은 모범 시민이 될 수 없고, 신사가 될 수도 없습니다. 그것은 자신의 개인적 본성으로 인해 고통을 당할 것입니다. 그것은 자신의 자유로 인해 죽을 것입니다. 가슴은 어떤 가식적 존재도 될 수 없습니다. 이것이 가슴의 상태인 것입니다.

7

인생을 즐긴다는 것은
지금 하는 것을 사랑하는 것이다

子曰 知之者 不如好之者 好之者 不如樂之者
자왈 지지자 불여호지자 호지자 불여낙지자

공자가 말하였다. "아는 것은 좋아하는 것만 못하고, 좋아하는 것은 즐기는 것만 못하다."

주해 ─────────────────────────────

知 알다 | **之** 대명사로서 어떤 사물을 속으로 생각하면서 은연중 가리키다. 각 구절에서 각각 동사로 기능하는 知,好,樂의 목적어로 쓰이다. | **者** ~하는 사람, ~하는 것 | **不如**~ ~만 같지 못하다, ~보다 나쁘다 | **好** 좋아하다 | **樂** 즐기다

이를 좀 더 구체적으로 이해하기 위한 한 방법으로 남녀 간에 서로 상대방에 대해서 머리로 아는 것과 한때의 호기심으로 좋아하는 것과 진정으로 그 관계를 즐기며 누리는 경우를 생각해 보도록 하지요.

만약 우리가 이론적으로 여성이 무엇인지, 남성이 무엇인지 알고 있다면 그 지식을 경계해야 할 것입니다. 그것은 참으로 아는 것이 아닙니다. 그것은 단지 주위 모은 의견에 지나지 않습니다. 지식이 많은 사람들은 자신만의 가공의 세계 속에서 살아갑니다. 그들은 현실과 분리되어 있습니다. 그러나 삶을 기쁨으로, 지복으로 만들어 줄 수 있는 것은 바로 현실입니다.

사랑이라는 단어는 사랑이 아닙니다. 사랑이라는 단어에 대해 계속 생각만 하는 이 불쌍한 사람들은 커다란 기회를 놓치고 있습니다. 사랑의 신비가 무엇인지 알 수도 있었습니다. 그러나 단어가 진실을 숨기고 있습니다. 단어가 그들의 눈을 가리고 있습니다. 지식인들의 눈은 학설이나 논리로 뒤덮여서 투명하지 않습니다. 지혜란 투명함입니다. 사상이나 이론으로 물들지 않은, 온갖 먼지로 흐려지지 않은 해맑은 시선입니다.

사람들은 여러 여자와 혹은 여러 남자와 관계를 갖는 것을 좋아합니다. 그것은 그 나름의 의미가 없는 것도 아닙니다. 다양한 형태의 개성들을 경험하면 삶이 더 풍요로워지기 때문입니다. 그러나 한 여자나 한 남자를 지속적으로 사랑하는 것은 다른 의미를 갖습니다. 여러 이성들과 교제하는 것이 풍부한 경험이 될지는 모르지만, 깊지는 않기 때문입니다. 그것은 언제나 피상적입니다.

깊이에는 오랜 교류와 접촉이 필요합니다. 따라서 정착하여 한 여자나 한 남자를 사랑할 때, 마음의 모든 방황은 멈추고 더 이상 다른 누구를 갈망하지 않습니다. 그때 한 사람과 지복의 삶을 즐길 수 있고, 그럼으로써 마침내 사랑이 꽃피어날 수 있습니다.

여러 여자나 남자들과 우정을 맺고 사랑을 나누는 동안 우리는 다양한 성적 경험에 대해서 좋아하게 될지 모릅니다. 그러나 우리는 진정한 사랑이 무엇인지는 깨닫지 못할 것입니다. 사랑은 무르익는 것이 필요하기 때문입니다. 쉽게 만났다 헤어지는 경험은 깊이 있는 것이 될 수 없습니다.

한 사람과 살면서 바깥으로도 안으로도 다른 사람을 찾아 떠돌아다니는 것을 멈추고, 아무도 나에게 갈망을 일으킬 수 없으며, 오직 그 한 사람만이 나의 모든 것이 되었을 때, 깊이가 나타나기 시작합니다. 그때 우리는 서로의 속으로 녹아 들어가 하나가 되기 시작합니다. 그때 더할 수 없는 사랑의 정상이 우리 앞에 나타나면서 두 사람은 진정한 사랑을 즐기게 될 것입니다.

아는 것이 좋아하는 것만 못하고, 좋아하는 것이 즐기는 것만 못하다는 것을 여러 경우를 통해 좀 더 구체적으로 설명해 주시겠습니까?

이와 관련해서는 삶의 여러 차원과 여러 측면에서 생각해볼 수 있을 것입니다. 먼저 낮은 데서부터 시작해서 점차 높은 데로 나아가는 것이 좋을 듯합니다.

물이 좋아서 수영을 하려면 우리는 먼저 수영장에서 수영하는 법을 배웁니다. 자연히 두려움이 앞서고 많은 노력을 필요로 합니다. 그래서 수영하는 법을 알게 되면 서서히 물에 대한 두려움에서 벗어나고 나도 수영을 할 수 있다는 신기한 생각에서 틈만 나면 물에 들어가 수영하기를 좋아하고 흥분을 맛보게 됩니다.

그러나 아직은 너무 멀리 깊은 데까지 나아가서는 안 됩니다. 많은 경험을 통해 수영하는 법을 완전히 익혔을 때, 비로소 우리는 두려워하지 않고 바다로 들어갈 수 있습니다. 그때 우리는 수영한다는 의식 없이 물과 혼연일체가 되어 수영의 진미를 즐길 수 있습니다.

나무와 더불어 나무와 관련해서 말하면, 나무의 이름을 아는 것보다 나무를 좋아하는 것이, 그리고 한 걸음 더 나아가 나무와 더불어 살면서 그 풍성함을 즐기는 것이 좋습니다.

만일 어떤 식물학도가 나무에 관한 해박한 지식을 가지고 계속 연구에 매진하고 있더라도, 정작 집에는 나무 한 그루 심을 정원이 없고 나무 화분 하나 기를 마음의 여유조차 없다면, 그는 나무로부터 어떤 혜택도 받고 있지 못한 것입니다.

비록 나무에 관한 지식은 별로 많지 못해도 평소 나무를 좋아하고, 집 가까이에 나무를 심어 서늘한 그늘과 신선한 바람 속에서 산다면, 도시의 찌든 삶에 지친 사람에게는 이것이 훨씬 가치 있는 일이 될 것입니다.

한 걸음 더 나아가 깨달은이들이 나무와 깊이 교감하면서 나무처럼 말없이 성장하는 삶을 누리는 것은 참으로 가치 있는 일일 것입니다. 라즈니쉬가 어린애였을 때 어머니 심부름을 가는 도중에 길가 나무의 유혹에 빠져 몇 시간씩 쉬다 온 적이 있었습니다. 이를 그는 다음과 같이 회고합니다.

'집을 나서자 멀지 않은 곳에 보리수가 있었다. 고타마 붓다가 그 밑에서 깨달은 그 나무 말이다. 그리고 그것은 내게 너무나 큰 유혹이었다. 그 아래는 언제나 커다란 침묵과 시원함이 있었고 나를 방해할 사람은 아무도 없었다. 그래서 나는 그 밑에 잠시 앉아보지 않고 그냥 지나갈 수가 없었다. 그리고 그 평화의 순간들이 때로는 온종일 이어졌다.'

자유의 즐거움 자유의 가치를 모르는 사람은 없겠지요. 그러나 대부분의 사람들은 부와 명예, 지위 등 세속적인 것에 얽매여 자유롭게 살지 못합니다. 지혜로운 사람은 세속적으로 출세하기보다 지성적으로 자유롭게 살기를 좋아하고, 나아가 오직 깨달은 사람만이 평생 아무것에도 구애받지 않고 자유를 즐기며 행복하게 살 수 있습니다.

라즈니쉬는 자신이 누리는 자유에 대하여 이렇게 말합니다. "나는 아무런 목적도 없다. 나는 단지 나 자신을 즐기고 있을 뿐이다. 나는 말하기를 좋아하기 때문에 말을 하는 것뿐이다. 따라서 나는 어떠한 사상가도 가질 수 없는 자유를 가지고 있다. 왜냐하면 사상가들은 일관성을 지녀야 하기 때문이다.

나는 그런 것에는 전혀 관심이 없다. 내가 무엇이든 말한 그 순간 그것은 끝난 것이다. 나는 뒤돌아보지 않는다. 나는 어떤 나의 책도 읽어보지 않았다. 나는 제목조차 기억하지 못한다. 만약 누가 '당신은 저 책에서 이렇게 말하지 않았습니까?'라고 묻는다면 나는 말한다. '정말인가? 누군가 다른 사람이 말한 것이겠지. 그 사람은 오래 전에 죽었네.'

그래서 내가 하는 모든 말에는 목적이 없다. 장미꽃만큼이나 목적이 없다. 하늘을 나는 새처럼, 아침 햇빛 속의 이슬처럼 목적이 없다. 무슨 목적이 필요한가? 나는 어떤 면에서도 목적이 없다. 그것은 순수한 자유의 즐거움이다."

오직 평범한 자들만이 사회의 비난을 걱정합니다. 그래서 인격을 지닌 사람들은 타협합니다. 그들의 인격은 사회성을 보증하기 위한 노력일 뿐입니다. 그들은 선언합니다. "나는 위험하지 않다. 나는 게임의 법칙을 따를 것이다. 나는 시키는 대로 하겠다."

진정한 인간은 오직 한 가지, 내가 나의 삶을 살고 있는지 아닌지, 내가 내 관점에 따라 살고 있는지 아닌지에 대해서만 걱정합니다. 그것이 진실한 삶입니다. 가장 중요한 책임은 국가나 직장, 다른 누구에 대한 것도 아닙니다. 진정한 책임은 나 자신에 관한 것입니다.

그것은 내가 나만의 빛을 따라 삶을 사는 것이며, 어떤 타협 없이 빛이 이끄는 곳으로 움직이는 것입니다. 소크라테스도 예수도 이런 삶을 살았습니다. 그들은 기성 사회 제도의 틀에 맞추지 않고 철저히 자유로웠습니다. 그들은 하늘을 나는 새와 같습니다.

지금 우리의 마음은 정녕 우리의 마음이 아닙니다. 그러므로 우리 본래의 마음을 찾아야 합니다. 다른 사람이 시키는 대로 하는 사람은 정신적인 노예입니다. 노예 생활을 하라고 삶이 있는 것이 아닙니다. 자유를 맘껏 즐기라고 삶은 여기에 있는 것입니다. 진리가 있지요. 하지만 지금 이 마음을 가지고서는 우리는 진리를 알 수 없습니다.

우리 마음은 수백 년 동안 반복된 거짓들로 가득하기 때문입니다. 우리의 마음을 한쪽으로 제쳐놓고 새로 태어난 아이와 같은 눈으로 존재를 바라볼 때 비로소 진리를 찾을 수 있습니다. 타인이 내면의 성장을 방해하지 못하도록 계속 깨어있을 때 존재와 하나 될 수 있는 가능성이 싹트게 됩니다.

기도하는 마음 기도할 줄 아는 것보다 기도하기를 좋아하는 것이 낫고, 이보다는 늘 즐겁게 기도하며 축복 속에서 사는 것이 낫습니다. 사람들은 기도 안내서나 교리 강좌를 통해서 기도하는 법을 배웁니다. 기도에는 일정한 형식이 있고 이 중에는 반드시 포함되어야 할 요소도 있습니다.

그러나 기도의 요건을 아무리 잘 알고 있더라도 좀처럼 기도하고 싶은 마음이 일어나지 않는다면, 비록 기도의 형식은 잘 모르면서도 마음속에서 우러나는 대로 기도하면서 신성을 느끼는 것만 못합니다.

기도가 중요한 것이 아니라 기도하는 마음이 중요합니다. 기도와 기도하는 마음은 큰 차이가 있지요. 어떤 사람은 아침 기도를 드립니다. 그것은 일종의 의식입니다. 또 어떤 사람은 자리에서 금방 일어나 정원을 걸으면서도 기도하는 마음으로 있습니다.

그런 사람은 심지어 구두끈을 매고 풀 때조차 기도하는 마음의 상태에 있습니다. 구두를 벗어 신발장에 넣을 때도 신의 상을 다루듯 합니다. 이 사람은 기도하는 마음으로 있습니다. 길가에 핀 꽃을 보고 그는 우연히 신을 마주친 것처럼 가던 길을 멈추고 문득 그 자리에 섭니다. 이 사람은 기도하는 마음으로 있습니다.

그는 결코 기도하지 않지만 기도하는 상태에 있습니다. 기도는 의식의 한 상태가 아닙니다. 기도하는 마음이 그 상태입니다. 기도로 가득 찬 가슴은 전적으로 다릅니다. 그 가슴은 명상 안에 있습니다. 기도로 가득 차 있는 것과 명상적으로 있는 것은 같습니다.

기도하는 자는 신앙심이 깊지 않습니다. 어떻게 기도로 가득 차 있는 사람이 기도할 수 있겠습니까? 그는 기도 속에서 삽니다. 그는 기도 이외에는 아무것도 하지 않습니다. 기도하는 사람은 동시에 많은 다른 일들을 합니다. 가게를 운영하고, 다른 사람들과 다투고, 시기하고 화내고 미워하고 정치를 하고 그리고 수많은 일들을 합니다. 그것들 중 하나가 기도입니다. 기도는 그의 많은 활동들 중 하나의 조그만 아이템입니다.

카비르는 기도로 가득 차 있는 사람입니다. 그는 천을 짜서 팔았습니다. 그는 깨달음의 가장 높은 경지에 이르러 신을 발견한 뒤에도 여전히 베를 짜고 옷을 팔았습니다. 어떤 수도승이 그에게 높은 성자의 경지를 얻은 후에도 왜 그렇게 하느냐고 물었습니다. 카비르는 말했습니다. "그것은 나의 기도입니다. 내가 걸을 때 그것은 명상입니다. 내가 먹을 때 그것은 명상입니다. 내가 천을 짤 때 그것은 명상입니다."

그는 "오 수도승이여, 자연스러운 깨달음이 가장 높은 것입니다. 내가 하는 모든 것은 명상이요, 기도요, 경배입니다."라고 말했습니다. 카비르가 옷을 팔러 시장으로 갈 때 그는 춤을 추면서 갑니다. 그는 손님을 라마로, 그의 신으로 부르며, 그들에게 그는 신을 위해 특별히 이 천 조각을 짰으며, 그것을 기도로써 짜 맞추었다고 말합니다. 그에게는 파는 사람과 사는 사람 둘 다 신입니다.

이것이 기도로 넘치는 상태, 기도의 삶을 마음껏 즐기는 상태입니다. 어느 누구도 카비르가 기도하는 것을 보지 못합니다. 다른 사람들은 기도하기 위해 사원이나 모스크로 가지만 그는 결코 그런 곳에 가지 않습니다.

그는 그의 한 아름다운 시에서 이렇게 말합니다. '오 사제여, 당신이 신에게 소리치며 기도하다니 당신의 신은 귀가 멀었습니까? 나는 나의 기도를 말로 하지 않지만 그분은 그것을 듣습니다. 나는 단어 하나조차 내뱉지 않지만 그분은 그것을 이해합니다. 그런데 당신은 왜 그렇게 큰 소리로 기도를 합니까?'

카비르는 기도와 경배를 의식의 행위로 변화시킨 사람들에게 농담을 던지면서 비웃고 있습니다. 그는 정말로 기도로 충만해 있기 때문입니다. 그렇지 않다면 그는 그들에게 농담할 수 없을 것입니다.

아는 것이 좋아하는 것이나 즐기는 것보다 못하다는 것은, 아는 것은 별 가치가 없다는 뜻으로 이해할 수 있을까요?

반드시 그렇지는 않습니다. 오해하지 마십시오. 앎에는 여러 종류가 있으며, 높은 차원의 앎이나 숭고한 앎은 웬만한 좋아함이나 즐김보다 월등히 뛰어날 수도 있습니다. 한 예로 기도에 대해서 생각해 보기로 합시다. 진정한 기도가 무엇인지 아는 것은 결코 세상 사람들이 타성적으로 행하고 있는 기도 행위보다 못하다고 할 수 없습니다.

진정한 기도는 의식이나 형식이 아니며, 따라서 모스크나 사원 혹은 교회와도 아무 상관없습니다. 진정한 기도는 언어와도 아무 상관이 없습니다. 기도는 말로 하는 것이 아닙니다. 침묵 속에서 감사하는 것, 신에게 조용히 머리 숙여 절하는 것입니다.

그러므로 언제 어디서든지 우리가 대지에, 나무에, 하늘에 절을 하고 싶을 때마다 허리를 굽히십시오. 깊이 머리 숙이십시오. 그 절이 우리 안의 수많은 '나'들이 서서히 사라질 수 있도록 도와줄 것입니다. 기도는 에고를 파괴하는 가장 훌륭한 방법 중의 하나입니다.

그리하여 에고가 사라질 때 신이 남습니다. 검은 구름 속에 신을 숨겨 놓은 것은 바로 에고들입니다. 구름이 걷힐 때, 머리 위에서 태양이 그 모든 영광, 그 모든 아름다움, 그 모든 위엄, 그 모든 현란함을 아낌없이 드러내며 빛납니다.

진정한 기도 삶은 신으로부터 받은 선물입니다. 우리가 땀 흘려 번 것이 아닙니다. 사실 우리는 그것을 받을 자격조차 없을지 모릅니다. 그러나 우리는 너무나 배은망덕한 존재여서 '고맙습니다'라는 간단한 인사조차 하지 않습니다.

우리는 성장할 수 있는, 깨달을 수 있는, 사랑할 수 있는, 웃을 수 있는, 이 세상의 아름다움을 감상할 수 있는, 존재의 음악을 즐길 수 있는 기회를 갖게 된 것을 감사하게 생각하지 않습니다. 우리는 전혀 고마워하지 않습니다. 오히려 우리는 끊임없이 불평을 해댑니다.

우리의 모든 기도는 불평과 불만으로 가득 차 있습니다. 우리는 감사하기 때문에 기도하는 것이 아닙니다. 우리는 계속 더 많은 것을 요구하기 위해 기도합니다. "이것으로는 충분하지 않습니다." 계속 이렇게 말하고 있습니다. 사실 그것은 충분해질 수가 없습니다. 가난한 사람도 요구하고, 부자도 요구하고, 황제도 요구하고 있기 때문입니다. 모든 사람이 요구하고 있습니다.

모든 사람이 더 많은 것을 요구하고 있습니다. 우리가 받은 것이 무엇이든지 그것으로는 충분하지 않다는 것이지요. '나는 더 많이 받을 자격이 있는데, 신은 내게 공정하지 못하다.'는 생각은 반종교적입니다. 이런 차원에서 사원이나 모스크나 교회에서 계속되고 있는 모든 기도들은 반종교적입니다. 진정한 기도는 오직 감사의 기도뿐입니다. '감사합니다!'라는 단 한 마디, 이것으로 충분합니다.

이것이 진정한 기도입니다. 진정한 기도가 무엇인지 진정으로 이해한다면 이는 결코 아는 것으로 끝나지 않고 좋아하고 즐기는 일로 이어질 것입니다. 우리가 경계해야 할 것은 귀 동냥으로 들어 피상적으로만 알 뿐 행동으로 옮기지 못하는 것입니다.

좋아하는 것과 즐기는 것은 어떻게 다르고 서로 어떤 관계입니까?

이 두 가지의 구분은 본질적이고 고정적이기보다는 실용적이고 유동적이라 할 수 있습니다. 그래서 경우에 따라 다양한 방식으로 구분됩니다. 다음 몇 가지 예를 통해 실제로 그 구분과 쓰임을 살펴보지요.

한 어린 소녀가 친구로부터 저녁 식사에 초대 받았습니다. 친구의 엄마는 시금치를 싫어하는 아이들이 많다는 것을 알고서 소녀에게도 시금치를 싫어하는지 물었습니다. 소녀가 대답했습니다. "아니에요. 저는 시금치를 좋아해요." 그러나 시금치가 나왔을 때 소녀는 시금치에 손도 대지 않았습니다.

친구의 엄마가 물었지요. "너는 시금치를 좋아한다고 하지 않았니?" 소녀가 말했습니다. "그랬죠. 하지만 먹을 만큼 좋아하지는 않아요." 소녀는 시금치를 꼭 먹어야 할 상황이면 안 먹지는 않지만 일상 시금치를 즐겨 먹을 만큼 그렇게 많이 좋아하지는 않는다는 것입니다.

이성 간의 관계에서도 이런 구분은 있을 수 있습니다. 이성에 대한 사랑은 단순히 감상적이지만은 않습니다. 사랑은 감상보다 더 깊고 높은 차원입니다. 어느 날 이성과 사랑에 빠지고 다음날이면 식어버리는 것은 사랑이 아닙니다. 감정의 유희일 뿐이지요. 많은 남자들이 여자를 좋아합니다. 사랑하기보다 좋아한다고 하는 것이 옳을 것입니다. 단지 좋아하는 것입니다.

마치 아이스크림을 좋아하듯이. 좋아함은 일시적이고 오래 지속될 수 없습니다. 아이스크림을 다 먹고 더 이상 생각이 없는데 누가 또 아이스크림을 주면, "이제 그만, 더 이상 못 먹겠어."라고 말하는 것과 같습니다. 좋아하는 것은 사랑이 아닙니다. 우리는 결코 좋아하는 것을 사랑으로 오해해서는 안 됩니다. 그렇지 않으면 우리의 일생은 부목처럼 떠돌게 될 것입니다. 결코 친밀감이 자라지 못할 것입니다.

구도적 여행에서도 이런 구분은 성립됩니다. 예수, 석가, 소크라테스 등 위대한 스승들을 찾아다니면서 우리는 이 사람들을 좋아한다고 생각합니다. 그러나 좋아하는 것만으로는 충분하지 않습니다. 우리는 그들을 충분히 사랑하지 않습니다. 그렇지 않다면 우리는 그들의 가르침을 즐겨 수용하면서 소화했을 것이고, 진작 큰 변화가 일어났을 것입니다.

명심하십시오. 오랜 시간을 헛되이 낭비한 것은 우리의 책임입니다. 우리는 이곳저곳 기웃거리다가 빈손으로 떠날 수밖에 없습니다. 이 모든 책임은 우리에게 있습니다. 우리가 용기를 낸다면 그들은 줄 수 있는 모든 것을 기꺼이 줄 준비가 되어 있습니다. 그러나 그저 일개 방문객으로 찾아간 사람들은 아무것도 받지 못할 것입니다. 설령 무엇인가 주어진다 해도 우리는 무엇을 받았는지조차 알지 못할 것입니다.

태양에서 달로, 바깥에서 안으로 평화를 좋아하는 것과 평화를 즐기는 것 또한 전연 다른 문제입니다. 누구나 평화로운 세상이 되는 것을 좋아하지만, 좋아하는 것만으로는 평화로운 세상을 즐길 수 없습니다.

사람들은 계속 평화를 외치지만 실제로는 끊임없이 전쟁을 준비하고 있습니다. 선하고 아름다운 것들을 욕망하기가 보다 쉽다는 단순한 이유 때문에 그들은 그러한 모순 속에 삽니다. 그러나 그것을 실현하는 것은 전적으로 다른 일이지요. 꿈을 꾸는 것과 그 꿈을 실현하는 것은 별개의 것입니다.

진정으로 평화를 즐길 수 있는 사람은 내적인 변형을 겪어야 합니다. 오직 그때만이 꿈이 실현됩니다. 명상은 우리의 공격적인 에너지를 평화로운 에너지로 변형시키는 연금술입니다. 인간은 정제되지 않은 에너지를 가지고 있습니다. 그것은 정제되어야 합니다.

그때 비로소 불행과 어둠과 절망을 만들어 내던 에너지가 엄청난 지복과 축복을 만들어 내기 시작합니다. 그것은 둘 다 같은 에너지지요. 그것은 명상의 미묘한 과정을 통과하면서 순화될 필요가 있습니다.

태양과 달은 똑같이 빛을 가지고 있습니다. 사실 달은 스스로 빛을 내지 못합니다. 달은 태양 빛을 반사합니다. 그러나 둘 사이에는 엄청난 차이가 있지요. 햇볕은 거칠고 공격적이고 뜨겁고 격렬하고 난폭합니다. 똑같은 빛이 달에 의해 반사되면, 갑자기 차가워지고 차분해지고 평화로워지고 고요해집니다.

명상은 달과 같습니다. 그것은 정욕의 에너지를 사랑으로 변화시킵니다. 분노를 연민으로, 공격성을 수용성으로 변화시킵니다. 달빛은 매우 의미심장한 것을 표현합니다. 우리도 똑같은 과정을 거쳐야지요. 태양에서 달로, 바깥에서 안으로 이동해야 합니다. 그때 기적이 일어나기 시작합니다.

나만의 길을 가는 것이 삶을 즐기는 것이다. 인도에 온 알렉산더는 디오게네스를 만났지요. 그는 강가에 누워 한가로이 일광욕을 즐기고 있었습니다. 알렉산더에게는 그 모습이 매우 인상적이었습니다. 이 벌거벗은 남자를 둘러싸고 있는 평온, 침묵 그리고 그의 아름다움, 당당함, 고상함, 소박함, 자연스러움, 이 모든 것이 알렉산더를 사로잡았습니다.

순간 알렉산더는 강한 질투를 느꼈습니다. 그는 이 세상 누구보다도 많은 것을 소유하고 있었기 때문에 누구에게 질투를 느껴본 적이 없었습니다. 그러나 디오게네스는 지금까지 그가 꿈에도 생각하지 못했던 그 무엇을 가지고 있었습니다. 알렉산더는 말했습니다. "만일 내가 세상에 다시 태어나게 된다면 신에게 알렉산더가 아니라 디오게네스로 태어나게 해달라고 기도할 생각이오."

디오게네스는 큰 소리로 웃으며 말했습니다. "그토록 오랫동안 기다릴 필요가 어디 있습니까? 폐하는 지금이라도 디오게네스가 될 수 있습니다. 누가 폐하를 막는단 말입니까? 당장 저처럼 이렇게 일광욕을 즐기실 수 있습니다." 알렉산더는 갑자기 부끄러움을 느꼈습니다. "그렇소. 나도 그렇게 하고 싶소. 나도 그것을 좋아하오. 온 세계를 정복한 후에는 나도 당신처럼 편안히 휴식을 취하며 즐길 것이오."

여기서 좋아하는 것은 어떤 것을 사랑하기는 하지만 아직 그것을 얻지 못한 상태이며, 즐기는 것은 자신이 사랑하는 것을 지금 여기서 마음껏 누리는 것입니다. 때때로 지금의 우리와 정반대되는 것을 좋아하게 되는 일이 일어납니다.

우리는 지금의 자신과 정반대되는 것을 좋아합니다. 이것이 우리에게 환상을 심어 주기 때문입니다. 이것은 우리에게 '나도 저런 삶을 살고 싶다'는 생각을 심어 줍니다. 성인이 매력적으로 보이는 이유가 바로 이것입니다.

그래서 우리는 고전을 좋아합니다. 그러나 고전을 좋아하는 데 그쳐서는 안 됩니다. 그것은 아무 도움이 안 됩니다. 우리는 성경책을 좋아하지만 예수가 되지 못합니다. 혹은 반야심경을 좋아하고 날마다 몇 번씩이고 독송합니다. 그러나 이 경전 자체가 되지 못합니다. 책을 좋아하는 것은 도움이 안 됩니다. 오직 그가 되는 것만이 도움을 줍니다. 그렇다고 정확히 그 자체가 되라는 말은 아닙니다.

　세상에 똑같은 성인들이 존재하는 것은 좋지 않습니다. 단조롭고 지루하지요. 우리는 각자 저만의 방식대로 단 한 명의 현인이 되어야 합니다. 결코 다른 사람을 모방하지는 말 것입니다. 그렇게 되면 자기 삶을 즐길 수 없게 될 것입니다. 그들을 모방하는 대신 그들의 분위기와 맛을 배우고, 함께 어울려 즐기며 기뻐해야 합니다. 그러면서 나만의 길을 가는 것, 이것이 진정으로 삶을 즐기는 것입니다.

　어떻게 사는 것이 진정 인생을 즐기는 것일지, 문득 알 수 없어 지곤 합니다.

　빈센트 반 고흐의 삶은 진실로 인생을 즐기는 것이 어떤 것인지 극명하게 보여주지요. 이는 어떤 편견이나 오해 없이 이해되어야 할 것입니다. 그는 참으로 열심히 신명나게 그림을 그렸습니다. 굶주리면서, 집도 없이, 옷도 없이, 약도 없이, 병들어서까지 계속해서 그림을 그렸지요.

　그러나 단 한 장의 그림도 팔리지 않았고 아무데서도 인정받지 못했습니다. 그런데 이상한 일은, 이러한 악조건들 속에서도 그는 참으로 행복해 했다는 것입니다. 자신이 그리고 싶었던 것을 그릴 수 있었기 때문입니다. 인정을 받건 인정을 받지 못하건, 그의 일은 본질적으로 가치 있는 것이었습니다.

　서른세 살이 될 무렵, 그는 자살을 했지요. 어떤 현실적인 비참함이나 고뇌 때문이 아니라, 단순히 그가 자신의 마지막 그림을 그렸기 때문이었습니다. 그 그림을 두고 그는 거의 1년 동안을 작업에 몰두하고 있었습니다. 일몰의 광경이었습니다.

수십 번이나 시도했지만, 그것은 그의 기대에 못 미쳤고, 그러면 그는 그것을 없애 버리곤 했습니다. 마침내 그는 자신이 갈망하던 방식으로 일몰의 광경을 그릴 수 있게 되었습니다. 그림이 완성되자 그는 미련 없이 곧바로 생을 마감했습니다. 그는 자살을 하면서 동생에게 다음과 같은 편지를 썼습니다.

'나는 절망감에서 자살을 하는 것이 아니다. 나는 이제 살아야 할 이유가 없기 때문에 죽는 것이다. 나의 일은 끝났다. 나로서 생계를 유지할 방법들을 찾는 것은 어려웠다. 그러나 나에겐 할 일이 있었고, 내 안의 어떤 잠재력이 실현되어야 할 필요가 있었기 때문에 그것은 괜찮았다. 그것은 실현되었다. 따라서 이제 더 이상 거지처럼 사는 것은 무의미한 일이 되었다.

나는 최대한으로 나의 잠재력을 꽃피웠다. 나는 실현되었다. 따라서 이제 더 이상 살면서 생계유지를 위한 방법들을 찾는다는 것은 어리석은 것처럼 보인다. 무엇을 위해서? 그러므로 이것은 내게 있어 자살이 아니다. 단지 내가 자기 실현에, 완전한 끝에 이르러서, 기쁘게 이 세상을 떠나겠다는 것이다. 즐겁게 나는 살았고, 기쁘게 나는 이 세상을 떠날 것이다.'

이제 한 세기가 지난 지금, 그의 그림들은 한 점에 수백만 달러가 나갑니다. 현재는 오직 2백여 점의 그림만을 볼 수 있다고 합니다. 그는 틀림없이 수천 점은 그렸을 것이나 많은 그림들이 소실되었지요. 아무도 주목하지 않았었으니까요. 이제는 반 고흐의 그림 한 점을 갖는다는 것은 남다른 미적 감각이 있다는 것을 의미합니다. 그의 그림들로 인해 우리가 인정을 받는 것입니다.

반 고흐 당대에는 누구도 그의 작품을 전혀 인정해 주지 않았습니다. 그러나 그는 전혀 신경 쓰지 않았습니다. 이런 태도가 마땅히 사물을 바라보는 방식이 되어야 하지 않을까 생각합니다. 우리로서는 언감생심 흉내도 내지 못할 순진무구한 자세가 아닙니까.

자라투스트라는 '대부분의 사람은 너무 늦게 죽는다.'고 말합니다. 이 말은 사람들이 아무런 즐거움도 없이 무의미하게 살아간다는 뜻입니다. 그들의 삶은 무미건조한 일의 혹은 고통의 연속일 뿐 아무것도 꽃피지 않습니다. 그들은 마치 죽는 법을 잊은 것 같습니다.

그들의 삶에는 아무 희열도 없습니다. 그럼에도 불구하고 그들은 계속 살아갑니다. 육체를 포기할 용기가 없어 불필요하게 살아갑니다. 마치 지구 위에 놓인 무거운 짐처럼 말입니다. 그들은 기생충처럼 살아갑니다. 비생산적일 뿐만 아니라 파괴적이기까지 하지요. 그러면서 활력에 넘쳐 살아가는 사람을 비난하곤 합니다.

삶에 흠뻑 취할 수 있어야 진정한 행복이란 내면에 가지고 있는 잠재력을 꽃피울 때 느끼는 것입니다. 실은 모든 사람이 다 이런 능력을 가지고 태어납니다. 그럼에도 우리는 이런 능력을 한 번도 제대로 발휘한 적이 없습니다.

우리는 반신반의한 채 삶을 전체적으로 사랑하지 않습니다. 그러면서 '나도 삶을 사랑하고 즐기려 하지만 ….'하고 변명하곤 합니다. 그 말이 진실이라면 우리는 흠뻑 삶에 취해 있어야 할 것입니다.

우리가 어떤 일을 사랑한다면, 온전히 그 일에 몰두할 것입니다. 인정받기를 구하지 않은 채 말이지요. 인정받는다면 마음 편히 받아들이고, 인정받지 못한다 해도 그것에 신경 쓰지 않습니다.

삶의 실현은 일 그 자체에 있습니다. 만약 모든 사람이 자신의 일을 사랑하는 이러한 단순한 기술을 배운다면, 그것이 무엇이든 간에, 어떠한 인정도 구하지 않고 그것을 즐긴다면, 우리는 보다 아름답고 축하할 수 있는 세상에서 살게 될 것입니다.

그러나 실상은 세상이 우리를 비참한 양상 속으로 빠뜨리고 말았다는 것입니다. 우리가 하고 있는 일은 우리가 그것을 사랑하기 때문이거나, 우리가 그것을 완벽하게 할 수 있기 때문이 아니라, 세상이 그것을 인정해 주기 때문에, 보상이 있기 때문에, 우리에게 금메달을, 노벨상을 주기 때문에 하는 것입니다.

인생을 즐긴다는 것은 지금 우리가 하고 있는 것을 사랑하는 것입니다. 자신이 하는 일을 사랑과 명상으로 할 때, 청소조차도 창조적인 활동을 할 때처럼 즐겁게 할 수 있습니다. 그때 우리는 내심 노래를 부르고 춤을 추면서 할 수 있습니다. 그렇게 사랑하는 마음으로 바닥을 청소하는 것은 보이지 않는 그림을 그리는 것입니다.

창조란 자신이 하는 모든 일을 사랑하는 것입니다. 자신이 하는 것을 즐기고 찬미하는 것입니다. 아무도 우리가 바닥 청소하는 걸 알아주지 않을 수 있습니다. 사실 이런 일은 아무도 대단하게 여기지 않습니다. 역사도 우리의 바닥 청소에 아무런 관심을 보여주지 않으며, 신문 기사로 날 일도 아닙니다. 하지만 그런 것들은 모두 중요하지 않습니다. 우리가 그 일을 즐기고 있다면 그것이 본질적인 가치입니다.

창조란 그림이나 시, 춤, 노래 등 특별한 창작 활동만을 가리키지 않습니다. 사실 창조는 특정 창작 활동과는 아무런 관계가 없습니다. 어떤 것도 창조적인 것이 될 수 있습니다. 활동에 창조성을 불어넣는 것은 다름 아닌 우리 자신입니다. 그러므로 활동 자체는 창조적이지도 비창조적이지도 않습니다.

우리는 비창조적으로 그림을 그릴 수도 있고, 비창조적으로 노래를 부를 수도 있습니다. 반면에 창조적으로 청소를 할 수 있을 뿐 아니라 창조적으로 요리를 할 수도 있습니다. 창조는 하나의 속성입니다. 우리가 활동에 불어넣는 속성입니다. 창조는 대상을 보는 자세이며 태도입니다.

지금 내가 하는 것을 사랑하는 것 이익을 따지지 않고 기쁨과 사랑으로 하는 활동이 곧 창조적인 활동입니다. 어떤 일을 할 때 중요하게 생각해야 할 것은 자신이 그것을 즐기고 있느냐 아니냐 하는 것입니다.

아이들은 모두 창조적입니다. 그러나 우리는 아이들의 창조성을 서서히 파괴하면서 그릇된 길로 인도하지요. 아이들은 어느 새 경제적이고 야심적인 사람으로 변해갑니다. 야심이 생기면 창조는 사라집니다. 그는 그림을 그리면서 미래를 생각합니다. '어떻게 하면 돈을 벌고 명성을 얻을 수 있을까?' 그러나 진정으로 창조적인 사람은 항상 현재에 존재합니다.

대부분의 사람들은 삶을 경제 지향적인 시각으로 봅니다. 하지만 돈이라는 것은 가장 비창조적인 것입니다. 돈을 지향하는 사람은 파괴적일 수밖에 없습니다. 돈이라는 것은 교묘한 착취와 강탈에서 오는 것이기 때문이지요. 소수의 사람들이 버는 많은 돈은 사실 알고 보면 다른 사람에게 가야 할 것이 그들에게 가는 것입니다.

그러므로 진실로 창조적인 사람은 돈을 많이 버는 것을 경계합니다. 그래서 창조적으로 살면 문제가 생길 수도 있습니다. 가난한 삶을 살아야 할 수도 있으니까요. 하지만 그들의 내면은 더없이 풍요로워질 것입니다. 그들의 내면이 더없이 충만하고 기쁨과 찬미로 넘쳐흐를 것입니다. 그리고 축복이 점점 더 많이 내려올 것입니다. 그들의 삶은 지복의 삶이 될 것입니다.

기뻐진다면 좋은 일 그들은 사회적으로 유명해지지 않을 수도 있고 돈이 없을 수도 있고 출세하지 못할 수도 있습니다. 하지만 세상의 성공이란 곧 내면적인 실패를 의미합니다. 우리가 자신의 참 자아를 잃어버렸다면 온 세상을 다 가졌다 해도 그게 무슨 소용이겠습니까? 진정으로 창조적인 사람은 세상을 소유하는 게 아니라 자신의 존재를 소유합니다.

진정으로 창조적인 사람이 되고 싶은 이는 자신의 행위를 즐깁니다. 그리고 자신이 하는 행위 하나하나 속에서 본질적인 가치를 발견합니다. 그는 춤추고 싶기 때문에 춤을 춥니다. 춤이 기쁘기 때문에 춤을 춥니다. 누가 그의 춤을 인정하면 고맙지만, 아무도 알아주지 않아도 아무런 문제가 되지 않습니다. 그는 다만 춤을 추고 다만 기뻐할 뿐입니다. 이미 그의 내면은 충족되어 있는 것입니다.

세속적인 삶에서 초연해지면 우리는 더 건강하고 행복해집니다. 삶이 기쁨으로 가득 찹니다. 어떤 일을 하든 그 일 자체를 즐긴다면 우리의 삶은 더욱 활기찰 것입니다. 어떤 일로 인해 건강하고 행복하고 기뻐진다면, 그것은 좋은 일이라고 판단하면 됩니다. 기쁨이 판단의 기준이지요. 기쁨 속에서 성숙해 간다면 제대로 가고 있는 것입니다.

아름다운 정원을 향해 한 걸음씩 나아가는 것과 같습니다. 가까이 다가갈수록 공기는 더 신선해지고 향기는 더 짙어집니다. 여기서 유념해야 할 것은 초연함은 무관심과는 다르다는 것입니다. 무관심은 위조지폐와 같은 것이어서 겉으로만 초연해 보일 뿐 그 속에서는 아무것도 성장할 수 없습니다. 반대로 위축되고 죽어갑니다.

삶을 즐기는 사람은 미래에는 관심이 없습니다. 이 순간만 해도 벅차거든요. 철철 넘치고 있으니까요. 그는 그 안에서 즐기고 있습니다. 이것이 그의 삶의 방식입니다. 그는 기쁘게 순간을 살고 있습니다. 그것으로 충분합니다. 우리의 모든 에너지는 과거에 혹은 미래에 막혀 있습니다. 과거와 미래로부터 모든 에너지를 거두어들일 때, 엄청난 폭발이 일어납니다. 그리고 그것은 시작일 뿐, 매일 매 순간 더욱 강렬하고 열정적이 됩니다.

우리는 불완전하고 이 세상도 불완전합니다. 그러나 이것이 인생을 즐기는 데 하등 장애가 될 수 없습니다. 만약 세계가 완벽하다면 곧 세계는 죽을 것입니다. 성장은 오직 불완전할 때만 가능합니다. 완벽함이란 완벽한 정지를 의미합니다. 이 불완전함을 사랑하는 것, 이 불완전함 속에서 즐기는 것, 이것이 모든 깨달은 이들의 메시지입니다.

완벽주의는 신경증적인 사고입니다. 실수하지 않는 것은 교황에게는 알맞지만 지성인들에게는 맞지 않습니다. 지성적인 사람이라면 삶은 무수한 시험과 실수를 통한 탐험이라는 것을 이해할 것입니다. 그것이 바로 삶의 기쁨, 삶의 정수입니다.

완벽함이란 마음의 희망 사항일 뿐이고, 에고의 장난입니다. 삶은 불완전한 채로 아름답습니다. 이것을 이해하면 지금 당장 삶을 즐길 수 있습니다. 즐거운 순간이 많아질수록 삶을 즐기는 능력이 늘어납니다.

행복은 완전함을 필요로 하지 않습니다. 행복은 오직 자연스럽게 즐기는 습관, 즐기는 능력을 필요로 할 뿐이지요. 이런 능력은 즐김을 통해서만 얻어집니다. 즐기면 즐길수록 더 많은 것을 즐기게 됩니다. 이런 능력은 끊이지 않고 늘어갑니다. 끊임없이 날아올라 정상을 향해 줄달음칩니다.

우리는 이미 행복해질 수 있는 많은 것을 가지고 있으면서도, 가난하게 산 옛사람들보다 행복하지 않습니다. 행복은 소유에서 오는 것이 아니고, 내적 만족에서 옵니다. 내적인 만족이란 스스로 에너지로 넘쳐날 때 느끼는 것입니다. 어린애들은 에너지로 넘칩니다. 아이들은 별로 가진 것이 없으면서도 늘 행복하지요. 진정한 행복은 외부에서 오는 것이 아니라 내부에서 솟아오르는 것입니다.

모든 원시 부족 사회는 낮에는 열심히 일하고 밤에는 모든 사람들이 열린 하늘 아래 함께 시간 가는 줄 모르고 춤을 추었습니다. 춤추는 동안 그들은 가족 관계를 잊고 남자와 여자들이 서로 자유롭게 섞입니다. 삶의 모든 것이 춤과 축제를 의미하는 양 미친 듯이 춤춥니다. 그리고 완전히 녹초가 되어서야 잠자러 갑니다. 그리고는 문명 사회의 문화인들이 부러움을 느낄 정도의 아주 깊은 잠 속으로 들어갑니다.

바로 이러한 이유로 가난한 사람들이 즐기는 삶의 기쁨과 마음의 평화는, 원하기만 하면 모든 것을 가질 수 있는 부유한 사람들에게는 없는 것입니다. 부유한 사람들은 확실히 삶의 기본적인 진리들을 놓치고 있습니다. 불행하게도 그들은 정도를 벗어난 삶을 살고 있습니다.

오늘날은 많은 사람들이 비정상적으로 삶을 즐기고 있습니다. 이와 관련해서도 한 말씀 해 주시겠습니까?

문명이 인간의 감수성을 둔화시켜 버렸기 때문에 이제 사람들은 약을 필요로 하는 지경이 되었습니다. 사람들은 약에 의지해서라도 필사적으로 감수성을 되찾으려 합니다. 물론 약은 해롭습니다. 그러나 감수성 없이 산다는 것은 전혀 사는 것이 아닙니다. 그것은 삭막

하고 죽은 삶입니다.

예민하다면 우리는 약을 먹지 않을 것입니다. 예민한 사람은 오히려 약이 자신의 감수성을 감소시키리라는 것을 알기 때문입니다. 무딘 사람은 감수성이 더 풍부해진다고 느끼게 되지만, 예민한 사람은 오히려 더 무디어진다고 느낍니다. 그것은 상대적이며 우리에게 달린 것입니다. 만일 약에 의해서 기분이 좋아진다면 그것은 우리가 아주 무디다는 것을 말해 줄뿐입니다.

화학작용에 의해서 감각을 느낀다는 것은 그것이 사람을 예민하게 일깨워 주는 것이 아니기 때문에 전혀 의미가 없습니다. 우리는 점점 더 많은 양의 약이 필요하게 될 것이고, 근본적인 문제는 여전히 해결되지 않습니다. 근본적인 문제는 어떻게 우리의 감수성과 감각들을 다시 살아나도록 만드느냐, 어떻게 다시 우리의 몸과 마음을 생기 있게 만드느냐 하는 것입니다.

행복은 바로 지금 여기에 약이 하는 일은 즉각적으로 에너지를 좌뇌에서 우뇌로 이동시켜주는 것입니다. 마약이 하는 일은 그것뿐입니다. 사실 마약을 하는 사람이 죄인이 아니라 사회가, 정치인과 교육자들이 죄인입니다. 이들은 인간의 마음을 극단으로 몰고 갔습니다. 때문에 이제는 반란이 필요합니다.

지금 우리의 삶 속에서는 시가 사라졌고 아름다움이 사라졌으며 사랑 또한 사라졌습니다. 이제 돈과 권력과 힘이 우리가 받드는 사랑이 되었습니다. 사랑 없이, 시 없이, 기쁨 없이 어떻게 산단 말입니까? 그렇게는 오래 살 수 없습니다. 마약을 하는 것은 일종의 반란이지요. 마약이 주는 기쁨을 안 사람이 마약을 끊는 것은 대단히 어렵습니다. 마약보다 나은 방법을 찾아야 마약을 버릴 수 있을 것입니다.

명상이 그보다 나은 방법입니다. 명상도 마약과 같은 일을 합니다. 인간의 마음을 좌뇌에서 우뇌로 이동시켜줍니다. 마음이 좌뇌에서 우뇌로 이동할 때 비로소 창조력이 나옵니다. 명상이 널리 퍼져서 사람들의 삶 속에 자리 잡으면 마약은 사라질 것입니다.

좌뇌와 우뇌의 존재를 알고 양쪽을 모두 활용할 수 있는 방법을 배워야 합니다. 사업을 하거나 돈 계산을 하는 사람처럼 좌뇌가 중요한 사람이 얼마든지 있습니다. 또 우뇌를 사용해야 할 사람도 많습니다.

어디까지나 우뇌가 목적이며 좌뇌는 수단입니다. 우뇌가 주인이고 좌뇌는 우뇌를 따라야 합니다. 왜 돈을 법니까? 삶을 즐기고 생명을 찬미하기 위해서 돈을 법니다. 사랑하기 위해서 저축합니다. 놀기 위해서 일을 합니다. 유희가 삶의 목적입니다. 우리는 휴식을 취하기 위해서 일을 합니다. 휴식이 목적이지 일이 목적이 아닙니다.

언젠가 육체가 감수성을 회복하면 우리는 육체를 통해서 크나큰 환희를 맛볼 것입니다. 그때 하찮은 것들도 우리를 아주 즐겁게 해줍니다. 가령, 소나기를 그대로 맞으면서도 즐거워서 신에게, 쏟아지는 소나기에게 감사를 느낄 것입니다.

사소한 일들, 음식을 먹는다거나 친구의 손을 잡고 하늘을 바라본다거나 나무들을 볼 때, 강가에서 헤엄을 치고 모래밭에 누워서 햇볕을 받을 때 모든 것이 너무 즐겁습니다. 삶 전체가 새로운 환희의 빛을 띱니다. 만일 우리의 육체가 그처럼 부활한다면 이제 춤추고 노래할 수 있게 될 것입니다.

현재 우리는 이런 삶을 살고 있지 못합니다. 오직 소유를 위하여, 더 많은 돈 더 큰 권세를 위하여 옳지 못한 일들을 행하면서 삶을 즐기고 있다는 꿈을 꾸고 있습니다. 실제로 우리는 고통에 시달리고 있습니다. 우리는 불행하지요. 행복은 희망 사항일 뿐입니다. 희망은 즐거움이 아닙니다. 희망이란 위안을 받으려는 마음의 속임수입니다. '오늘은 고통스럽지만 내일은 행복할 거야.' 우리는 이런 꿈을 꿉니다. 희망을 가지고 꿈을 투영합니다.

그러나 진실로 삶을 즐기는 사람은 바로 지금 여기에 존재합니다. 그는 결코 내일을 생각하지 않습니다. 미래를 꿈꾸지 않습니다. 진실로 행복한 사람은 과거와 미래를 생각하지 않습니다. 모든 에너지가 지금 여기에서 진동하고 있습니다.

진정한 종교는 지금 이 순간 강렬하고 열정적으로 살아가는 법을 가르칩니다. 열정적인 삶을 살면서도 거기에 집착하지 않는 법을 가르치고 있습니다. 무엇에 집착하는 것은 그것을 마음껏 누리지 못했기 때문입니다.

많은 사람들이 '나는 삶을 즐기고 있다'고 생각하지만 그렇지 않습니다. 우리는 삶을 제대로 즐기고 있지 못합니다. 그저 삶을 즐긴다고 믿을 뿐이지요. 행복에 겨운 것처럼 위장하면서 남과 나를 모두 기만하고 있습니다. 우리는 행복하지 않습니다. 만일 진실로 행복하다면 이미 깨달은 것입니다. 그땐 어떤 종교도 필요 없습니다.

종교는 아직 행복하지 못한 사람들, 여전히 불행과 어둠의 늪에 빠져 있는 사람들, 고통과 번민에 시달리는 사람들을 위한 도움의 수단입니다. 우리는 번뇌가 너무 심하기 때문에 어떤 안식처가 필요합니다. 고통이 너무 큰 나머지 꿈을 필요로 합니다. 그래야 미래에 대한 희망을 가질 수 있기 때문입니다.

우리가 꿈꾸는 천국과 행복은 항상 어딘가 다른 곳에 있습니다. 그것은 결코 우리와 함께 있지 않습니다. 그러나 행복은 언제나 지금 여기에 있습니다. 지금 여기를 제외한 다른 시간과 공간은 없습니다.

우리는 하루하루를 그냥 숨 가쁘게 살 뿐이지 삶을 즐기는 것은 엄두도 내지 못합니다. 어떻게 하면 진정으로 즐겁게 살 수 있을까요?

지혜로운 이의 눈으로 보면, 세상은 아름답고, 삶은 신명납니다. 관점에 따라서 세상은 천국이 될 수도 있고 지옥이 될 수도 있지요. 어린이는 세상을 즐거운 마음으로 살고, 어른들은 근심과 걱정으로 속을 썩입니다. 우리도 과거의 괴로운 기억과 미래의 걱정에서 벗어나, 오직 현재에 충실할 때 즐겁고 신명나게 살 수 있습니다.

지혜로운 사람은 평범한 삶 속에서도 굉장한 기쁨과 법열을 느끼며 살아갑니다. 그는 삶을 평범하다고 생각하지 않습니다. 여행객들이 현지인보다 세상을 새롭게 보면서 평범한 것들도 즐기는 것처럼 말입니다. 그는 비범한 감수성으로 살아갑니다.

삶은 신이 준 선물입니다. 삶은 존경과 사랑과 고마움을 표해야 마땅합니다. 이 땅 위의 모든 나무들과 새들과 사람들과 강들과 산들과 별들과 이 광대무변한 하늘, 이 축복받은 존재 속에서 심각해진다는 것은 정말 이상하고 병적인 현상입니다.

세속에서는 심각하게 사는 사람들이 존경과 찬사를 받습니다. 그들은 자신들의 즐거움을 억누릅니다. 스스로를 통제하는 사람은 삶을 즐길 수 없습니다. 통제는 두려움에서 나옵니다. 주위 사람들이 자기를 비난하고 혹은 벌할 수도 있으며 심지어는 파괴할 수도 있다는 두려움에서 통제가 비롯됩니다.

심리학자들은 불행의 원인을 찾아냈습니다. 사람들이 자기 능력의 십 퍼센트 정도만 활용하며 살아가기 때문이라는 것입니다. 호흡도 10퍼센트만 하고, 사랑도 10퍼센트만 하며, 즐거움도 10퍼센트만 누럽니다. 그리고 나머지 90퍼센트는 억누릅니다.

얼마나 낭비가 많습니까? 100퍼센트로 살아야 합니다. 그래야 넘쳐흐를 수 있지요. 많은 사람들이 스스로를 억압하면서 최소한의 에너지로 그럭저럭 살아갑니다. 이런 삶에서는 연기만 날 뿐 아름다운 불꽃은 일어나지 않습니다.

즐거워하는 것이 왜 경박한가? 사람들이 자신의 즐거움을 억압하게 된 내력은 상상 이상으로 그 뿌리가 깊습니다. 사람들은 어려서부터 즐겁게 지내지 못하도록 배웁니다. 즐거워하는 것은 유치하고 경박하다는 이유에서지요.

기쁨이 허용되어 있지 않았습니다. 기쁨에 반대하도록 길들여졌습니다. 어릴 적부터 우리는 행복해질 때 무엇인가 잘못되어 있다고 배워 왔습니다. 우리가 너무 행복해하면 주위에서 걱정했습니다. 우리는 무언가 잘못된 상태에 있는 것으로 여겼습니다.

아이가 행복해할 때 부모들은 그 이유를 찾기 시작합니다. 아마도 그 아이가 어떤 짓궂은 장난을 했거나 다른 못된 일을 했을 것이라고 생각합니다. 아이들은 처음부터 마음껏 즐거워할 수 있도록 허용되지 않습니다. 즐거워하는 것은 원시적이고 교양이 없는 것이라고 여겨졌습니다.

아이들이 집 주위를 뛰어다니면서 소리치며 즐거워하면 반드시 어른이 나와서 이렇게 말하곤 합니다. "조용히 해라. 나는 지금 신문을 읽고 있단 말이다." 마치 신문이 대단한 것인 양 무섭게 아이를 나무랍니다. 소리치며 뛰노는 아이는 신문보다 더 아름다운 광경입니다.

아이는 이해할 수 없습니다. '왜 내가 그만두어야 하지? 왜 자기가 신문을 그만 읽으면 안 되나? 내가 즐겁게 뛰어노는 것이 무엇이 잘못되었단 말인가?' 크고 작은 즐거움이 억압되면 아이는 심각해집니다. 이제 아이는 구석에 우울하게 앉아 있습니다.

에너지는 움직임을 필요로 합니다. 아이는 에너지 자체입니다. 그는 에너지 속에서 즐거워하고 있습니다. 그는 춤을 추며 소리 지르고 싶어 합니다. 에너지로 가득 차있기 때문에 그는 넘쳐흐르고 싶어 합니다. 그러나 어른들은 그가 하는 것은 무엇이나 잘못되었다고 합니다. 엄마나 아빠 또는 형과 이웃들은 항상 조용히 하라고 말합니다. 모든 사람들이 아이의 넘쳐나는 에너지에 반대하는 듯이 보입니다.

사람들은 어린이의 넘치는 에너지를 귀찮은 것으로 생각합니다. 바로 그것이 그 아이들에게는 기쁨인데 말입니다. 아이는 많은 것을 요구하지 않습니다. 단지 즐겁게 에너지를 발산할 약간의 자유만 요구할 뿐입니다. 그러나 그것이 허용되지 않고 있습니다.

"자, 이제는 잘 시간이란다." 자고 싶지도 않은데 그는 시간이 되었다고 억지로 침대로 끌려갑니다. 어린이는 그 자신에게 억지로 강요해야 합니다. 그런데 어떻게 억지로 잘 수 있습니까? 잠이라는 것은 강제로 청해서 오는 것이 아닙니다. 어떻게 억지로 잠을 청할 수 있습니까?

아이는 침대 속에서 이리저리 뒤척입니다. 그는 슬퍼하고 불행해합니다. 아이는 어떻게 억지로 잠을 자야 하는지 모릅니다. 그러나 시간이 되었습니다. 억지로 잠을 자야 합니다. 그렇지 않으면 규칙을 어기는 것이 됩니다.

아침에 잠을 더 자고 싶을 때도 억지로 일어나야 합니다. 또 무엇을 먹고 싶을 때 부모들은 허락하지 않습니다. 그리고 어떤 것을 먹고 싶지 않을 때는 강제로 그것을 먹어야 합니다. 이런 일이 계속됩니다.

아이는 차츰 이해하게 됩니다. 그에게 즐거운 일이나 그를 행복하게 하는 것은 무엇이든지 잘못된 것이고, 그를 슬프게 하고 심각하게 만드는 것은 좋은 것이라 언제든지 받아들여진다고 말입니다.

진정으로 즐겁게 살고 싶다면, 우리에게 강요되는 모든 것을 버릴 수 있어야 합니다. 이것만이 이 세상에서 행복하게 살 수 있는 유일한 길입니다. 우리가 행복해질 때가 옳은 상태이며, 불행해질 때가 잘못된 상태인 것입니다.

그러므로 우리가 불행하게 느끼고 있다면 무엇인가 잘못을 저지르고 있는 것입니다. 만일 이 순간을 즐기지 못하고 망설이면서 두려워하고 죄책감을 느낀다면, 그것은 부모의 그림자가 어느 구석에선가 감시하고 있다는 것을 의미합니다.

우리가 망설인다는 것은 거기에 억압하는 마음이 있다는 것을 의미합니다. 우리는 망설임을 버려야 합니다. 망설임은 의식적으로 버려질 수 있습니다. 망설임은 우리의 본성이 아닙니다. 단지 우리에게 강요되어 온 하나의 관념일 뿐입니다. 이제 그것은 오랜 습관이 되어 버렸습니다. 이런 습관 때문에 우리가 삶을 즐길 수 없다면, 도대체 삶은 무엇을 위해 있는 것입니까?

깨달은 사람은 쾌락주의자이다. 많은 사람들이 아무 것도 즐기지 못하면서 하루하루 지루하게 연명하고 있습니다. 사랑, 삶, 음식, 아름다운 광경, 석양, 아침, 아름다운 옷, 기분 좋은 목욕 등 작으면서도 평범한 일들을 즐기지 못합니다. 그 어느 것도 즐기지 못하면서 휴식하지도 못합니다. 그리고 편안한 잠도 즐기지 못합니다.

그러나 깨달은 사람들은 그들이 무엇을 말했든지 모두가 다 쾌락주의자입니다. 붓다, 예수, 크리슈나, 이들 모두가 쾌락주의자이지요. 그들은 우리가 간직하고 있는 모든 조건에서 자유롭기 때문입니다.

만일 우리가 이 사슬에서 벗어날 수만 있다면 어느 누구를 저주하거나 비난할 필요가 없습니다. 그것은 또 하나의 어리석음이 될 것입니다. 우리는 슬플 때 화가 납니다. 그러나 화를 내는 것은 슬퍼하는 것만큼 나쁜 일입니다.

단지 전체를 보고 그 상황으로부터 빠져 나오는 것이 중요합니다. 오직 하나의 희망이 있을 뿐입니다. 우리 존재 안에 갇혀 있는 빛을 풀어주는 것입니다. 이것은 언제나 가능합니다. 뱀이 낡은 껍질에서 빠져 나오듯이 말입니다. 바로 그 순간부터 우리는 행복해집니다. 오직 태도의 변화만이 필요합니다.

인간의 의식은 가장 진화된 현상입니다. 그러나 우리는 놓치고 있습니다. 보다 덜 진화된 상태의 것들이 더 많이 즐기고 있습니다. 새는 사람보다 덜 진화된 존재지만 자유롭게 즐기며 날아다닙니다. 또 나무는 거의 진화되지 않았으나 더 많이 즐기고 더 많이 꽃피웁니다.

우리 둘레에는 도처에서 더 많은 성취가 일어나고 있습니다. 어떻게 이런 모순된 일이 일어나고 있습니까? 우리의 마음 때문입니다. 우리의 마음은 생각이 너무 많아 완벽주의를 지향하고 지나치게 안전을 도모합니다.

우리는 꽃을 방 안에 두고서 보호하고 있다고 생각할지 모릅니다. 그러나 우리는 그 꽃을 죽이고 있습니다. 물론 그 의도는 나쁘지 않지요. 바깥에는 비바람이 불고 태양이 작열하여 그 가냘픈 봉오리가 상할까 염려한 때문이니까요. 그리하여 우리는 그것을 우리의 침실에 숨기고 모든 문과 창을 닫아 둔다면, 그것은 꽃으로 피어날 수 있으리라 생각한 것입니다. 그러나 그 꽃은 죽고 말 것입니다.

꽃은 오직 햇볕을 받을 때 피어날 수 있고, 바람 속에서 춤 출 때 피어날 수 있고, 빗줄기를 즐길 때 피어날 수 있고, 별들과 속삭일 때 피어날 수 있습니다. 꽃은 전체에 속해 있습니다. 꽃은 오직 전체 속으로 깊이 뿌리를 내릴 때 가장 향기롭게 활짝 피어납니다.

위험과 모험 속에서 삶은 꽃핀다. 인간은 봉오리로 남아 있습니다. 그의 지복은 지나치게 안전을 염려하고 위험과 모험을 두려워하는 단순한 이유로 인해 아직 피지 못한 봉오리로 남아 있습니다. 그는 늘 어떤 경계 속에 자신을 가두고 방어벽 속에 폐쇄시킵니다.

이것이 바로 인간만이 삶을 즐기지 못하는 이유입니다. 안정되어 있지 않을 때 진정한 삶이 될 수 있고, 위험이 있을 때 진정으로 살아 있을 수 있습니다. 진정한 삶을 위한 다른 방법은 없습니다.

그러나 안전이라는 미명하에 우리는 꽃필 수 있는 모든 기회를 잃어버립니다. 만일 모든 위험을 받아들이고 그 속으로 들어가 그것을 즐기고 그것을 하나의 모험으로 만든다면, 그때 삶은 지복이 됩니다. 두려움 때문에 우리는 너무 많은 것을 잃습니다.

두려움 때문에 우리는 사랑을 할 수 없습니다. 사랑한다 해도 열정이 없습니다. 그저 그렇고 그런 식입니다. 늘 어느 정도로 정해져 있고 그 이상을 넘지 못합니다. 우리가 두려워하는 지점까지만 도달하기에, 늘 거기에서 고착되고 맙니다.

깨어 있되 너무 조심하지는 말 것입니다. 그 차이는 상당히 미묘합니다. 깨어있음은 두려움에 뿌리를 박고 있지 않습니다. 조심함은 두려움에 뿌리를 내리고 있습니다. 잘못하지 않으려고 조심하지만, 그래서는 크게 성공하지 못합니다. 바로 그 두려움 때문에 우리는 새로운 삶을 탐색하지 못하고, 새로운 방향, 새 영역을 만들어내지 못하는 것입니다. 우리는 늘 똑같은 길을 반복해서 밟고 다닙니다.

심각한 사람일수록 마음은 너무 많은 생각에 빠지기 쉽습니다. 인생을 즐기기 위해서는 생각의 소용돌이에 휩쓸려서는 안 됩니다. 그렇지 않으면 맴돌고 맴돌아 결국에는 흐름을 잃을 것입니다. 그때 바다에 이를 수 없습니다. 마음을 통해서 보기 때문에 삶이 수수께끼가 됩니다. 우리가 마음을 내려놓고 무심히 바라본다면 삶은 하나의 신비입니다.

8

도가 높은 사람들은 자연과 친구가 된다

子曰 知者樂水 仁者樂山 知者動 仁者靜 知者樂
자 왈 지 자 요 수 인 자 요 산 지 자 동 인 자 정 지 자 낙

仁者壽
인 자 수

공자가 말하였다. "지혜로운 사람은 물을 좋아하고, 어진 사람
은 산을 좋아한다. 지혜로운 사람은 동적이며 어진 사람은 정
적이다. 지혜로운 사람은 즐겁게 살고 어진 사람은 천수를 누
린다."

주해 ──────────────────────────────

知者 지혜로운 사람, 여기서 知는 智로 이해되며, 知는 '앎'을, 智는 '슬기'
를 의미하다. **仁者** 성품이 어진 사람 **樂** 좋아하다, 樂은 '즐겁다'는 뜻일
때는 음이 [락]이고, '풍류'의 뜻일 때는 음이 [악]이며, '좋아하다'는 뜻일
때는 음이 [요]이다. **動** 움직이다, 활동적이다 **靜** 고요하다, 정적靜的이다
壽 오래 살다, 천수를 누리다

선가禪家에서는 이렇게 말합니다. "구도의 길로 들어서기 전에는 강은 강이고 산은 산이다. 길로 나아가면 나아갈수록 혼란스러워진다. 강은 더 이상 강이 아니고 산은 더 이상 산이 아니다. 모든 것이 뒤죽박죽이 된다. 그러나 길의 막바지에 도달할 때 강은 다시 강이 되고 산은 다시 산이 된다."

이렇게 되어야 합니다. 도가 높은 스승들이 혹은 물을 좋아하고 혹은 산을 좋아하는 것은 이 마지막 단계와 관련됩니다. 이들은 사물을 볼 때 그 자연적인 특성을 있는 그대로 받아들입니다. 물은 에메랄드 빛이고 산은 푸릅니다. 무엇이 문제입니까? 꽃은 꽃이고 가시는 가시입니다.

사물은 있는 그대로 존재합니다. 여기에 무슨 문제가 있습니까? 문제는 우리가 그들을 평가하기 때문에 생기는 것이지요. 우리는 '물이 에메랄드 빛이 아니었다면 좋았을 것을!'하고 말합니다. 여기서 문제가 발생합니다. 또 '산이 푸른색이 아니었다면 좋았을 것을'하고 말합니다. 이제 우리는 문제에 봉착합니다.

'물은 에메랄드 빛이고 산은 푸르다.' 이 사실을 받아들이고 이와 함께 살아야 합니다. 거기에 이론은 끌어들이지 말아야 합니다. 그러나 우리의 마음은 끊임없이 이론을 끌어들입니다. 어떤 것도 받아들이도록 허용하지 않습니다. 마음은 계속해서 '그것은 마땅히 이렇게 되어야 하고 다르게 되어서는 안 된다.'고 생각합니다.

마음은 온갖 망상을 불러들입니다. 사물은 있는 그대로 존재합니다. 이 사실을 이해하고 받아들이면 달리 아무것도 할 것이 없습니다. 본연의 집으로 돌아와 사물을 관찰하면서 즐길 뿐입니다. 그때 자연은 너무나 아름답습니다. 사방에 황홀한 풍경이 끝없이 펼쳐져 있습니다.

본질적인 지혜란 자연과 하나가 되어 사는 것입니다. 동물은 자연과 더불어 무의식적으로 삽니다. 자연과 하나가 되어 그냥 기계적으로 살며 자연을 이탈하여 살 수 없습니다. 하지만 인간은 자연과 더불어 깨인 의식으로 살아야 합니다. 인간에게는 의식이 있기 때문입니다.

대자연과 만날 때 우리는 보다 건강해집니다. 산에 오를 때는 생기가 넘치지만 단순히 기계와 함께 지낼 때는 생기가 없어집니다. 무성한 숲속 나무들과 함께 있을 때 우리는 생기가 넘칩니다. 푸른 물결 넘실거리는 넓은 바다 앞에 섰을 때도 생기가 넘치는 것을 느낍니다. 그리고 그때 행복을 느낍니다.

자연과의 만남에 사람이 개입해서 평가하고 판단할 때 에고가 들어옵니다. 그래서 우리는 산과 물을 좋아하지 못합니다. 뿐만 아니라 세상의 여러 다른 일과 관련해서도 자신의 생각을 투영하면서 계속 문제를 일으킵니다.

어린아이는 한 곳에 앉아 있지 못하고 이리저리 뛰어다닙니다. 그것은 당연한 것입니다. 그는 어린아이니까요. 어린이를 노인처럼 조용하게 행동하도록 길들이려고 한다면, 바로 그것이 문제가 됩니다. 어린아이가 어린이다움을 모르게 되지요. 어린아이를 어른처럼 만들려고 골치를 앓으면 어린아이까지 고통스럽게 만듭니다. 아이의 아이다움을 수용하고 존중해야 합니다.

개들이 짖어도 우리는 평온 속에 잠길 수 있습니다. 개들이 평온을 방해하고 있다고 생각하는 것은 어리석습니다. 그 개들은 우리들에게 조금도 관심이 없습니다. 우리가 정적 속에 잠겨 있다는 것조차 모릅니다. 그들은 개입니다. 멍멍 짖어대는 것이 그들의 본성입니다. 그들도 즐기도록 놓아두는 것이 좋습니다.

모든 사물을 있는 그대로 받아들일 수 있는 사람은 아무 문제도 일으키지 않으며, 자연과 친구가 될 수 있습니다. 나무와 친구가 되고, 동물들과 친구가 됩니다. 산과 강 그리고 바다와 친구가 됩니다. 존재계 전체와 친구가 됩니다. 그럼으로써 삶은 더욱 풍요로워지고 신비스럽게 됩니다. 삶이 친밀감과 사랑 그리고 신비로 가득해집니다.

삶은 작은 연못이 아닙니다. 삶은 대양같이 광활합니다. 삶은 나와 내 남편 혹은 내 아내, 내 아이들에 한정된 것이 아닙니다. 존재계 전체가 한 가족이 됩니다. 만일 가슴이 전체에 대한 사랑으로 가득 차지 않고 나의 좁은 주변의 사람들과만 얽혀있다면, 삶은 그만큼 작아질 것입니다.

인간은 자의식에 사로잡혀 있습니다. 그래서 길을 잃어버렸습니다. 그것이 인간의 원죄이지요. 기독교의 원죄 이야기는 훌륭합니다. 지식 나무의 열매를 따 먹었기 때문에 인간이 타락하게 되었다고 합니다. 지식 나무의 열매를 먹으면서 자의식이 생겼다는 것이지요. 지식이 많을수록 에고는 강해집니다. 지식인이 되면 신뢰와 사랑, 유희, 경이 등은 모두 사라집니다.

우리는 지식이 풍부한 사람이 되라고 배웁니다. 순수한 사람이 되라고, 존재의 경이에 눈뜬 사람이 되라고는 배우지 않습니다. 우리는 꽃 이름들을 배우지, 꽃과 더불어 춤추는 법을 배우지 않습니다. 산 이름들을 배우지 산과 소통하고 별과 소통하며 나무와 소통하는 법을 배우지 않습니다.

존재계와 파장과 호흡을 맞추는 법을 배우지 않습니다. 존재계와 조화를 이루지 못하고 어떻게 행복할 수 있습니까? 존재계와 조화를 이루지 못하면 인간은 고통과 불행 속에서 살아야 합니다.

지혜로운 사람이 물을 좋아한다는 것은 물의 속성을 통해서 지혜를 터득하기를 좋아한다는 말일 것입니다. 물을 통해서 배울 수 있는 것은 무엇입니까?

물은 자연에서 배울 수 있는 가장 중요한 물체 가운데 하나로, 여러 각도에서 많은 교훈을 주지요. 여기서는 그 중에서 문맥에 따라 동적인 관점에서 물이 우리의 지혜를 살찌게 하는 측면에 대해서 생각해 보고자 합니다. 헤라클레이토스는 물과 관련하여 누구보다 중요한 통찰을 하고 있습니다.

'우리는 같은 강물 속에 들어가지만 같은 강물 속에 들어가는 것이 아니다.' 그의 유명한 역설입니다. 외면으로는 모든 것이 항상 똑같은 것으로 남는 것 같지만, 모든 것은 항상 변화하고 흘러갑니다. 그래서 우리는 같은 강물 속에 들어가는 것 같지만, 실은 두 번 다시 같은 강물 속에 들어갈 수 없다는 것입니다.

붓다는 이를 불꽃으로 상징하기를 좋아합니다. 불꽃의 상징은 강의 상징보다 더 미묘하고, 그만큼 설득력도 더 있습니다. 불꽃은 똑같이 보이지만 그렇지 않습니다. 매 순간마다 사라집니다. 오래 된 것이 사라지면 새로운 것이 나타납니다. 저녁에 촛불을 켜고 다음날 아침에 그것을 불어 끈다고 할 때, 그 불이 전날 저녁의 불과 똑같다고 할 수 없습니다.

촛불은 밤 내내 타고 또 타면서 허공으로 사라져 버렸습니다. 그리고 새로운 불꽃이 계속해서 타오릅니다. 그러나 사라진 불꽃과 새로 나오는 불꽃 사이의 차이가 너무 미세해서 우리는 그것을 보지 못합니다. 모든 것이 그렇게 변화합니다. 실재의 본성은 변화입니다. 영원이라는 것은 환상일 뿐이지요.

오직 한번 단 한번만의 한 순간 사람들이 이것을 이해할 때, 에고를 떨쳐 버리는 가장 중요한 계기가 될 것입니다. 모든 것이 변하는데 무엇 때문에 집착합니까? 아무리 매달린다고 해도 그 변화하는 움직임은 멈추게 할 수 없습니다. 강을 멈추게 할 수 없습니다. 강은 계속 흐릅니다. 주위에 지옥 같은 상황이 만들어지는 것은 그러한 흐름을 멈추게 하려고 하기 때문입니다. 아무것도 멈춰질 수 없습니다.

존재계는 지속적인 흐름이요 영원한 움직임입니다. 매 순간 앞으로 나아가거나 뒤로 나아가는 것만 있을 뿐이지요. 정지해서 서 있을 수 있다는 생각을 버려야 합니다. 우주 만물 가운데 정지해 있는 존재는 아무것도 없습니다. 문지방에 서서 뒤를 돌아보고 있으면 자연의 흐름은 우리를 퇴보시킵니다.

내가 오늘 아침 당신을 사랑한다 하지만 바로 내일 아침에 어떤 일이 일어날지 누가 알겠습니까? 당신은 그 사랑을 고정시키고 싶어합니다. 마치 오늘 아침과 같이 내일도 사랑이 지속되기를 바랍니다. 그렇게 매달리고 고정시키려 할 때 당신은 죽어 있습니다. 내일 아침은 아무도 모릅니다. 그것은 알려지지 않은 것이며 기대될 수 없는 것입니다.

오직 영원한 것만 기대할 수 있습니다. 그러나 아무것도 영원한 것이 없다고 할 때 기대가 사라집니다. 모든 것이 변하므로 기대할 것이 아무것도 없다고 할 때, 어떻게 좌절할 수 있습니까? 좌절은 기대한 경우에만 생깁니다. 기대하지 않는다면 좌절 또한 없게 됩니다. 기대하는 것은 사물들이 영원하다고 생각하기 때문입니다.

각각의 순간은 다른 어느 것과도 비교할 수 없는 유일한 것입니다. 각각의 순간은 과거에도 없었던 순간이고 미래에도 없을 오직 한번,

단 한번만의 순간입니다. 얼마나 아름답습니까? 그것은 결코 반복이 아닙니다. 완전히 새로운 것입니다. 집착과 소유욕을 가지고 어떤 영원한 것을 찾으려고 할 때, 이 새로움을 놓치게 됩니다.

이 세상에는 왜 그렇게 많은 좌절이 있습니까? 모든 사람들이 영원한 것을 기대하고 있기 때문입니다. 영원은 사물의 본성이 아닙니다. 어느 것도 영원하게 할 수 없습니다. 영원이라는 개념을 버려야 합니다. 하나의 흐름이 되어야 합니다. 견고한 바위가 되지 말고 연약한 꽃과 같이 되어야 합니다.

사랑에 빠진다고 할 때 그것이 존재하는 동안에 찬양할 뿐, 사랑이 항상 존재하기를 기대해서는 안 됩니다. 사랑을 고정시켜 놓고 즐기려 할 때가 되면 그 사랑은 이미 사라져 버린 뒤입니다. 이미 가버린 것은 다시 돌려놓을 수 없습니다. 강은 계속해서 앞을 향해 흐르고 우리는 매 순간 새로운 땅에 던져지고 있습니다.

그런데 마음은 항상 이미 지나가 버린 땅을 생각합니다. 이것이 인간이 안고 있는 고민입니다. 마음은 이제 더 이상 존재하지도 않는 것을 미래에 투사하려 합니다. 그러나 강은 매 순간 미지의 새로운 땅으로 가고 있습니다. 이 얼마나 아름다운 일입니까? 그러나 마음이 원하는 대로 된다면 삶 전체가 추하게 되고 말 것입니다.

존재의 본성은 변화다. 헤라클레이토스나 붓다, 노자에게는 존재의 본성이 곧 변화입니다. 바로 그 변화라는 것이 모든 것을 아름답게 합니다. 어떤 젊은 여인이 있다고 할 때 우리들은 그 여인이 항상 똑같이 젊게 남아 있기를 바랍니다. 그러나 실제로 그런 일이 일어난다면 곧 싫증을 느끼게 될 것입니다.

어리석게도 사람들은 조만간 어떤 호르몬을 몸속에 주사하여 사람을 똑같은 상태에 머물도록 하는 생물학적 속임수를 발견해 낼 수 있을 듯합니다. 스무 살 먹은 처녀는 계속해서 스무 살의 젊음을 유지하게 될 것입니다. 그러나 이런 여인을 사랑할 수 있을까요? 그런 처녀는 플라스틱으로 된 처녀와 같을 것입니다.

항상 똑같이 남아 있겠지만 아무런 변화도 없게 됩니다. 봄도 없고 여름도 없고 가을도 없고 겨울도 없습니다. 그 여인은 죽은 것이나 마찬가지입니다. 계절은 아름답습니다. 계절을 통해서 우리는 매번 새로워집니다. 이것이 아름다움입니다.

늙은 여인이 추하다고 누가 말합니까? 늙은 여인이 추할 때는, 그녀가 억지로 젊게 보이려고 할 때이지요. 연륜을 감추려고 화장을 하면서 얼굴을 꾸미려고 할 때, 그 모습은 정말로 추해지지요.

가장 아름다운 얼굴은 나이가 묻어나는 꾸밈없는 얼굴입니다. 비록 여러 계절을 지나오면서 주름살이 지긴 했지만, 그 얼굴에는 많은 경험과 성숙의 아름다움이 있습니다. 삶을 자연스럽게 그리고 전체적으로 산 사람은 늙어서도 아름답습니다.

봉우리와 골짜기 모든 것은 그 순간에 아름다우며 각각에 맞는 순간이 있습니다. 지혜로운 사람은 그 각각의 알맞은 순간에서 벗어나지 않는 자입니다. 젊을 때는 젊게 행동하고 늙어서는 늙은 사람으로서 처신하면서, 본성을 따라 자연스럽게 흘러갑니다. 그는 항상 준비를 갖추고 있으면서 모든 것을 그대로 흘러가게 합니다.

어떤 여인을, 어떤 남자를 사랑할 때, 언젠가는 헤어져야 할 순간이 옵니다. 헤어져야 하는 순간이 참다운 인간사를 나타냅니다. 많은 사람들은 연인을 보내려고 하지 않고, 저항하며 화를 내고 난폭해집니다. 그러나 진정으로 그 사람을 사랑했다면, 이별은 아름다운 현상이 됩니다. 진정으로 사랑한 사람은 헤어질 순간이 왔을 때 가슴 전체로 '안녕'이라고 말할 수 있습니다.

사랑은 우리로 하여금 꽃을 피우게 해야 합니다. 그러나 이 세상 도처에서 사랑은 상처만 줄 뿐입니다. 어떤 사람을 진정으로 사랑한다면 아름답게 헤어질 일입니다. 그리고 감사할 일입니다. 그 사랑에 슬픔도 있었지만 또한 환희도 있었습니다. 고통도 있었지만 행복도 있었습니다.

슬픔과 환희, 고통과 행복을 같이 경험했다면 그 고통은 행복하게 만들기 위해서 존재했다는 것을 알게 됩니다. 환희는 고통 없이 존재할 수 없기 때문입니다. 그때 행복에 찬 순간만이 아니라 고통스러운 순간에도 감사하면서 삶에서 통틀어 감사를 느끼게 될 것입니다.

지혜로운 사람은 고통이 잘못된 것이라고 말하지 않습니다. 고통이 잘못된 것이라고 말하는 사람은 성장하지 않은 사람입니다. 아마도 그는 이렇게 말할 것입니다. "오직 환희의 순간만이 온다면 좋겠다. 나는 고통을 좋아하지 않는다." 이는 유치한 생각입니다. 불가능한 것을 요구하기 때문입니다.

골짜기 없는 봉우리만을 바라는 것과 같습니다. 그것은 사물의 본성이 아닙니다. 봉우리는 골짜기와 함께 존재해야만 합니다. 봉우리가 더 높아질 때 골짜기는 더욱 더 깊어집니다. 이것을 이해하는 자는 골짜기와 봉우리 양자와 함께 행복해집니다.

삶에는 리듬이 있습니다. 만날 때가 있으면 헤어지는 때도 있어야 하고, 더불어 있을 때가 있으면 홀로 있을 때도 있어야 합니다. 자유롭게 만났다가 다시 자유롭게 떨어지는 리듬이 필요합니다.

병이 있기에 건강은 좋은 것입니다. 그래서 어떤 때는 앓아눕는 것도 좋은 것이지요. 앓는 데는 잘못된 것이 아무것도 없습니다. 건강한 사람은 가끔 앓게 되어 있습니다. 그러나 우리는 건강한 사람은 절대로 앓지 말아야 한다고 생각합니다. 어리석은 생각입니다.

오직 죽은 사람만이 앓지 않습니다. 건강한 사람은 때로 앓기도 해야 합니다. 건강은 질병을 통해 다시 신선하고 새롭게 됩니다. 신선함은 항상 대립되는 것을 통해서 얻어집니다. 무엇이든 고정된 것은 좋은 것이 아닙니다. 모든 것은 항상 다른 것으로 변화하면서 흘러야 합니다. 그것이 살아 있는 것입니다.

예로부터 위대한 스승들은 산으로 들어가서 구도에 정진하였으니 아마도 이들보다 진정으로 산을 좋아한 사람은 없을 듯합니다. 이런 예를 통해 산과 어울려 사는 삶의 가치를 음미해보고 싶습니다.

대부분의 사람들은 군중 속에 있기를 원합니다. 그래서 자신의 주변에 온갖 관계의 그물을 쳐 놓지요. 그러나 이것은 단지 외로움을 잊기 위한 것에 불과하며, 스스로를 기만하는 행위입니다. 아무리 많은 관계의 그물을 엮는다 해도 외로움은 자꾸만 고개를 쳐듭니다. 모든 관계는 너무나 얄팍하고 깨지기 쉽습니다. 군중 속에 있을 때조차도 문득 자기 자신이 이방인처럼 느껴질 때가 있습니다.

자라투스트라를 비롯한 신비주의자들이 산으로 들어간 것은 홀로 있음을 추구하기 위한 것이었습니다. 홀로 있음은 타인을 필요로 하지 않고 자신만으로 충분하다는 느낌입니다. 그것은 자신의 존재에 대한 긍정적인 사유입니다. 외로움은 마음의 질병입니다. 홀로 있음은 그 질병에 대한 치료이지요. 홀로 있음을 아는 이들은 영원히 외로움을 초월합니다.

그들은 홀로 있건 사람들과 함께 있건 상관없이 자기 자신 안에 중심을 갖고 있습니다. 그들은 홀로 있음이 우리의 본성이라는 것을 깨달은 것입니다. 우리는 홀로 태어났으며, 홀로 세상을 떠날 것입니다. 탄생과 죽음이라는 두 홀로 있음 사이에서 우리는 여전히 혼자입니다.

홀로 있음의 충만과 축복 그러나 우리는 홀로 있음의 아름다움을 이해하지 못합니다. 그래서 외로움이라는 오류에 빠집니다. 자신의 홀로 있음을 발견하기 위해서는 군중으로부터 벗어나야 합니다. 서서히 세상을 잊을수록 우리의 깨어 있음은 자기 자신에 초점을 맞추게 됩니다. 그러면 우리는 홀로 있는 것의 아름다움과 축복 그리고 그 엄청난 자유와 지혜를 알게 됩니다.

산에 있는 동안 자라투스트라는 뱀과 독수리를 데리고 다니곤 했습니다. 동양에서 뱀은 지혜를 상징하지요. 가장 위대한 지혜는 뱀이 허물을 벗듯이, 뒤돌아보거나 집착함이 없이 과거로부터 미끄러져 나오는 것입니다. 지혜로운 자는 항상 낡은 것에서 새로운 것으로 움직입니다.

지혜는 과거의 웅덩이가 아닙니다. 지혜는 끊임없이 흘러가며 새로워지는 강물 같은 삶에 대한 경험입니다. 지혜는 항상 신선하고 새롭고 현존하는 것을 반사하는 투명한 거울과 같습니다. 그리고 독수리는 자유의 상징입니다. 독수리는 두려움 없이 태양을 가로질러 끝없는 하늘 저 멀리로 날아갑니다.

마음의 세계에서 벗어날수록 실존의 세계로 들어간다. 이들 신비주의자들이 도피자로 여겨지는 것은 이상한 일입니다. 실은 이들만이 도피자가 아닙니다. 그 외에 모든 사람이 도피자인 것입니다. 홀로 있음은 욕망과 생각, 마음에서 벗어나 자신을 계속해서 현재에 갖다 놓는 것입니다. 마음의 세계에서 벗어날수록 계속 실존의 세계로 들어갑니다.

서서히 하늘이 열리고 그들은 하늘을 있는 그대로 보게 됩니다. 그들은 바람과 비와 태양을 존재의 상태 그대로 즉흥적으로 느낍니다. 그들은 명상의 상태에 들어서 삶을 만지기 시작합니다. 그때 삶은 공허한 단어가 아니라 손으로 만질 수 있는 실체입니다. 그때 사랑은 공허한 단어가 아니라 넘쳐흐르는 에너지입니다. 지복은 더 이상 욕망이나 희망이 아닙니다. 그들은 지복을 느끼고 지복을 누립니다.

이들은 행동을 많이 하는 사람이 아닙니다. 꼭 필요한 최소한의 행동만이 그들에게서 이루어집니다. 그들은 행위에 사로잡혀 있지 않습니다. 필요한 것만 일어나며 불필요한 것은 깨끗이 제거됩니다. 그들은 아무것도 행함이 없이 평안해지고, 긴장을 풀 수 있기 때문입니다.

그러나 그들은 결코 무관심하지는 않습니다. 그들은 아무것도 배제하지 않으며 모든 것을 향해 열려 있습니다. 꾀꼬리가 노래하면 그 소리에 취하고 쏟아지는 햇살의 따스함을 온 몸으로 받아들입니다. 한 줄기 미풍에도 민감하게 감흥을 느낍니다.

만약 우리가 무관심 속에서 꽃을 본다면 그 꽃은 아름다울 수가 없습니다. 무관심을 통해서는 모든 것이 평범하게 됩니다. 무관심이란 부정적인 것이며 자살 행위이고 무관심한 자는 도피주의자입니다.

그들은 무관심하지 않지만 그렇다고 어떤 일에 집중하는 것도 아닙니다. 집중을 통하여 우리는 도피할 수 있습니다. 우리는 수많은 다른 어떤 것들을 희생시키는 대가로 어느 한 가지에 전념할 수 있습니다. 그러나 명상 속에서는 어느 것에도 초점을 맞추지 않고 깨어 있어야 합니다. 집중에는 대상이 있지만 명상에는 대상이 없습니다.

의식이 광활하게 열려 있는 상태에서 마음은 작용하지 못합니다. 마음은 의식이 협소할 때만 일할 수 있기 때문입니다. 우리가 "저 꾀꼬리의 노랫소리가 아름답구나."하고 말하는 순간 그 노랫소리를 제외한 모든 것이 배제됩니다. 명상은 넓디넓은 하늘 아래 서서 모든 것에 대해 열려 있는 상태입니다.

보통 사람은 외로움을 잊으려 노력하지만, 명상하는 사람들은 홀로 있는 것에 점점 더 익숙해집니다. 그들은 홀로 있기 위해 세상을 떠나 산 속으로 들어갑니다. 자신이 누구인지 알기를 원하기 때문입니다. 군중 속에서는 어려운 일입니다. 방해가 너무 많지요.

홀로 있는 것을 아는 사람들은 인간에게 허락된 가장 큰 기쁨을 압니다. 외로움은 병입니다. 홀로 있는 것은 완벽하게 건강하다는 증거입니다. 인생의 의미를 찾기 위해 내딛는 첫 발걸음은 홀로 존재하는 것 속으로 향해야 합니다.

홀로 있음과 자유는 동전의 양면과 같습니다. 우리가 홀로 존재한다면, 누가 우리를 구속할 것입니까? 어느 누구도 존재하지 않는다면, 누가 타인이 될 것입니까? 그렇기 때문에 자유를 찾는 사람들은 고독을 추구합니다.

그러나 아이들은 홀로 있는 개인으로서가 아니라 사회적 존재로 양육됩니다. 모든 훈련과 교육, 문화는 아이들을 사회에 적합한 일원으로 만들기 위한 것이며, 다른 사람들과 잘 어울리도록 하기 위한 것입니다. 심리학자들은 그런 상태를 적응이라고 부릅니다. 어떤 사람이 혼자 있으면 잘 적응하지 못한다는 말을 듣습니다.

사회는 많은 사람들이 얽혀 있는 조직망으로 존재합니다. 그 속에서 우리가 누릴 수 있는 자유는 얼마 되지 않지요. 또한 그 작은 자유에 대한 대가는 참으로 큽니다. 사회 규범을 잘 따르고, 다른 사람들에게 순종하면, 세상은 아주 작은 자유를 허용합니다.

충직한 노예가 되어야 자유를 조금 주지요. 그러나 그것은 주어진 자유이기에 언제든지 빼앗길 수 있습니다. 게다가 아주 비싼 값을 치러야 합니다. 사람들 사이에서 적응해야 하기 때문에 정해진 경계선을 벗어날 수 없습니다.

우리 보통 사람들은 산과 강을 통해 깊이 느끼고 배우지 못하는 것은 무슨 까닭입니까?

산이나 강 등 자연에는 언어가 없습니다. 그러므로 언어에 의존하면 자연과 교류할 수 없게 됩니다. 자연은 신비입니다. 자연은 해석될 수 없습니다. 그것을 해석하려고 하면 결국 실패하고 말지요. 자연은 경험할 수 있는 것이지 이론적으로 이해되는 것이 아닙니다. 철학이라고 하기보다는 시에 더욱 가깝지요. 자연은 하나의 신호이며 문입니다. 나타내 보이기는 하지만 말을 하지 않습니다.

마음을 통해서는 자연과 소통할 수 없는 이유가 바로 그것입니다. 자연에 대해서 아무리 생각을 거듭한다고 하여도 결코 자연을 좋아함에 이르지는 못합니다. 생각하는 일 바로 그것이 자연을 좋아하는데 이르는 길을 가로막는 장애물이기 때문입니다. 보고 느끼고 만져보고 하면서 자연과 더욱 더 가까워져야 합니다. 그러나 결코 생각을 통해 알려고 해서는 안 됩니다.

생각이 끼어드는 순간 우리는 자연과 합일되는 길에서 벗어나게 됩니다. 그리고 개인적인 세계 속에서 살게 됩니다. 생각은 곧 자기 자신만의 개인적인 세계입니다. 생각은 우리에게 속한 것입니다. 우리가 생각할 때 우리는 우리 자신 속에 갇히게 됩니다. 아무런 생각도 없게 될 때 우리는 자신 안에만 갇혀 있지 않고 열리게 됩니다. 그때 자연이 우리 속으로 흘러 들어오고, 우리가 자연 속으로 흘러 들어갑니다.

듣는 법부터 배워야 그러나 우리의 마음은 해석하려고만 합니다. 어떤 것을 제대로 보기도 전에 이미 그것을 해석합니다. 누가 무엇을 말하기도 전에 벌써부터 그의 말을 생각하고 있습니다. 그가 무슨 말을 하더라도 듣지 못하는 이유가 바로 그것입니다.

우리는 먼저 듣는 법부터 배워야 합니다. 들을 수 있다는 것은 아무 생각도 하지 않으면서 열려 있으며 잘 받아들일 수 있음을 의미합니다. 생각은 단정적인 행위입니다. 들을 수 있다 함은 곧 수동성입니다. 하나의 골짜기가 되어 받아들인다는 뜻입니다. 그때 우리는 하나의 자궁이 되어 모든 것을 받아들입니다.

우리가 들을 수 있을 때 자연은 말을 합니다. 그러나 그것은 언어로써 표현되지 않습니다. 자연은 말을 사용하지 않습니다. 나무가 있습니다. 나무는 아무 말도 하지 않습니다. 그렇지만 나무가 정말 아무 말도 하지 않는다고 할 수 있습니까? 그렇지 않습니다. 나무는 많은 것을 말하고 있습니다. 언어를 사용하고 있지 않을 뿐이지요. 거기에는 말 없는 메시지가 있습니다.

말 없는 메시지를 듣기 위해서는 우리 또한 말 없는 단계에 이르러야 합니다. 같은 것만이 같은 것을 들을 수 있고 같은 것만이 같은 것과 관계를 맺을 수 있기 때문입니다. 그냥 나무 옆에 앉아 있는 사람이 되지 말고 나무와 소통하며, 강물에서 놀 때 단순히 즐기는 사람으로 남아있지 말고 강과 일체가 되면, 수많은 신호가 우리에게 주어집니다.

이것은 커뮤니케이션이 아니라 하나의 커뮤니온communion이지요. 그때 자연은 수많은 이야기를 합니다. 언어를 통해서가 아닙니다. 자연은 수많은 신호를 통해 이야기합니다. 그것을 이해하기 위해서 사전을 이용할 수도 없고 철학자에게 물어볼 수도 없습니다. 그것이 무슨 말을 하고 있는지 생각하기 시작하는 순간 우리는 이미 바른 길에서 벗어나 있습니다. 커뮤니온은 영적인 교섭이기 때문입니다.

슬기로운 사람과 어진 사람의 대조적인 자질로서의 동적인 특성과 정적인 특성에 관하여 말씀해 주시겠습니까?

사람들은 두 가지 유형 즉 에너지가 낮은 유형과 에너지가 높은 유형이 있습니다. 이때 에너지가 높은 유형은 좋고 에너지가 낮은 유형은 나쁜 것이 아닙니다. 두 유형이 공존하는 것도 이런 까닭이지요.

에너지가 낮은 사람들은 아주 천천히 움직입니다. 그들은 도약하거나 폭발하지 않습니다. 그들은 나무처럼 천천히 자랍니다. 성장하는 데 시간이 많이 걸리지만 보다 안정적이고 확실하기 때문에 좀처럼 퇴보하는 일이 없습니다. 일단 어떤 지점에 닿으면 그곳에서 추락하는 법이 거의 없습니다.

에너지가 높은 사람들은 민첩하게 움직입니다. 훌쩍 뛰어넘고 도약하는 유형입니다. 이들과 함께 있으면 일이 아주 빨리 진행됩니다. 이것은 장점이면서 동시에 단점입니다. 목적한 바를 너무 쉽게 성취하는 반면 그것을 쉽게 잃어버릴 수도 있기 때문이지요.

그것은 그들이 성장한 것이 아니라 도약한 탓입니다. 성장은 아주 천천히, 시간과 주기에 맞게 천천히 여물어 가는 것입니다. 성장하는 이는 매사를 조급한 마음으로 재빨리 해치우고 싶어하지 않습니다. 기다리고 인내할 수 있기 때문입니다.

에너지가 낮은 사람들은 세속적인 경쟁에서 어려움을 겪기 쉽습니다. 하지만 영적인 성장과 관련해서는 에너지가 높은 사람들보다 훨씬 더 뿌리 깊게 성장합니다. 이런 사람들 가운데서 특히 깊은 수양을 통해서 높이 성장한 사람이 어진 스승입니다.

그리고 에너지가 높은 사람들 가운데서 풍부한 경험을 통해서 깨어 있는 의식을 가지고 적극적으로 사는 사람이 지혜로운 스승입니다.

삶과 더불어 흘러가는 삶 지혜로운 이의 동적 특성과 어진 이의 정적 특성에 대해서 조금 더 구체적으로 생각해보지요. 지혜로운 사람은 늘 삶과 더불어 흘러갑니다. 만일 삶에 반하는 목표를 세우고 삶과 싸운다면 당연히 패배할 수밖에 없을 것입니다.

삶과 분리되는 것은 나무가 땅과 분리되는 것과 같습니다. 나무는 땅에 뿌리를 내리고 땅과 하나가 되어야 합니다. 이처럼 인간도 삶이라는 대륙과 연결되어야 하고 그 안에 뿌리를 내려야 합니다. 우리의 존재가 뿌리 뽑히면 우리는 과거 속에서 살게 됩니다. 그래서 우리는 그토록 과거에 집착합니다.

우리는 친구는 친구로 남아야 하고, 적은 적으로 남아야 한다고 믿습니다. 삶을 조각들로 나누어 그 조각들을 몇 가지로 고정된 카테고리 속에 둡니다. 그러나 삶은 강처럼 유동적입니다. 늘 움직입니다. 아침에는 눈앞에 있던 물결이 저녁 무렵이면 수백 마일 떨어져 있을 것입니다.

삶의 길에서 누군가는 우리와 몇 발자국을 함께 걷다가 나중에는 떠나갑니다. 모든 관계들은 순간적입니다. 얼마나 오랫동안 우리를 지지하거나 반대할 것인지 말할 수 없습니다. 아주 짧은 순간에 친구가 적으로 바뀌고 적이 친구가 됩니다. 그러므로 지혜로운 이는 강물처럼 살면서 친구도 적도 만들지 않습니다. 그들은 삶이 가져오는 것은 무엇이건 받아들입니다.

누군가가 친구로 오면 친구로 받아들이고, 누군가가 적으로 오면 역시 적으로 받아들입니다. 아무것도 선택하지 않고 아무것도 거부하지 않습니다. 지혜로운 이에게는 어느 누구도 친구가 아니며, 어느 누구도 적이 아닙니다. 시간이 그것을 결정하며, 상황이 친구와 적을 만듭니다. 그래서 그는 어느 누구에게도 불평하지 않습니다.

그는 고정적인 개념을 만들지 않으며, 항상 유동적으로 남아 있습니다. 오늘은 좋은 것이 내일은 나쁜 것일 수 있습니다. 삶은 변화하고 있기 때문입니다. 그래서 우리가 유동적일수록 더욱더 활기차고 신선하고 젊어지게 됩니다. 유동성이란 어떤 선입견도 없이 순간에 즉각적으로 감응하는 것입니다.

정신적인 방랑자 진정으로 지혜로운 사람은 본질적으로 방랑자입니다. 그는 한 집에 정착해 똑같은 일을 반복하지 않고, 텐트를 가지고 다니면서 항상 새롭고 신선한 것을 추구합니다. 떠돌이처럼 그냥 방랑만 하는 것이 아니라 보다 깊은 차원의 정신적인 방랑자입니다.

풍부한 지혜를 쌓는 길은 이밖에 없습니다. 앎을 감옥으로 만들지 않고 어디에도 뿌리 내리지 않으며 언제나 자유로운 상태로 남아 있습니다. 그때 세상은 절대적으로 새로운 사실들의 광활한 바다입니다. 그래서 그의 삶은 한 번도 전혀 낡았던 적이 없습니다.

대부분의 사람들은 방랑할 만한 용기가 없습니다. 그들은 과감하게 미지의 땅을 향해 나가지 못합니다. 아마 그것이 그들이 지혜를 터득하지 못하고 어리석게 사는 근본적인 이유 중의 하나일 것입니다.

그들은 안정된 집에 묶여 있습니다. 그들이 집에 머무는 데는 이유가 있습니다. 집이 더 안락하고 편안하기 때문이지요. 그러나 그것은 영혼의 중심부에서 솟구치는 열망을 무시하는 것입니다. 영혼은 미지의 대륙을 탐험하며 누구의 발길도 닿지 않은 길을 걷고자 합니다.

이것은 물론 위험합니다. 그러나 위험하게 사는 것이 진정으로 사는 것입니다. 안전이라는 틀 안에서는 삶은 절대로 꽃피지 못합니다. 안전하게 사는 것은 고여 있는 웅덩이와 같습니다. 이때 에너지는 더 이상 흐르지 않습니다. 우리는 이런 안전한 것들에 사로잡혀 헤어나지 못합니다. 그러면서 이 세계에 싫증나고 흥미도 잃었지만 그 세계는 여전히 익숙하고 편안합니다.

미지의 대륙을 탐험하는 사람은 젊음을 잃지 않으며 생사의 갈림길에서 삶은 전율로 다가옵니다. 조금의 권태도, 과거에 대한 어떤 회한도, 미래에 대한 무슨 바람도 없습니다. 현재의 순간이 마치 불꽃처럼 선명하게 가슴 속에 박힙니다.

바람처럼 움직일 뿐 그런가 하면 어진이의 특성은 자못 대조적입니다. 그는 홀로 조용히 있으면서 존재가 무엇인지 탐색하기를 좋아합니다. 산 속으로 들어간다는 말이 아닙니다. 시장 한가운데서도 그는 자신의 내면에 조용히 있을 수 있습니다.

그것은 의식의 문제입니다. 깨어 있으면서 자신의 존재를 주시합니다. 그러면 어디에 있든지 그는 홀로 있습니다. 군중 속에 섞여 있거나 산 속에 홀로 있거나 아무런 차이가 없습니다.

때때로 내면에서 기쁨이 솟구치는 것을 느낍니다. 그 침묵의 순간에 내면에서 계속되던 재잘거림이 멈추기 때문입니다. 그토록 아름답고 평화스럽고 고요한 정적이 그를 감싼 것입니다. 어진 사람이 혼자 있을 때 진리가 그와 함께 있는 것은 이런 과정을 통해서입니다. 많은 사람들은 세상과 더불어 존재합니다. 그러나 진리는 그들과 함께 있지 않습니다.

그렇다고 그의 생활이 단순히 단조롭기만 한 것은 아닙니다. 생활이 단조로워지면 지혜가 필요하지 않게 됩니다. 그러면 둔해지지요. 그때도 일종의 평화와 고요함을 느끼기는 하지만 그것은 가짜입니다. 진정한 평화와 고요함은 매우 생생하고 감동적인 것입니다. 그것은 각성되어 있으며, 생명력과 열의로 가득 차 있습니다.

진정으로 조용한 사람은 행위로서의, 노력으로서의 활동이 없습니다. 이 말은 아무 활동도 하지 않는다는 의미가 아닙니다. 그는 자연스럽게 일어나는 대로 행할 것입니다. 그는 활동적이지 않고, 자연스럽게 일어나는 대로 행할 것입니다.

그는 바람처럼 움직일 것입니다. 일어나는 일은 일어날 것입니다. 일어나지 않는 일들을 억지로 일어나게 하려고 노력하지 않을 것입니다. 그는 어떤 것도 강제로 하지 않습니다. 이것이 바로 활동적이 아니라는 말의 의미입니다.

붓다는 활동적이었습니다. 그러나 그 활동은 인위적인 활동이 아니었습니다. 자연스럽게 일어나는 대로 행했습니다. 그는 움직였습니다. 그러나 전혀 의식적인 노력을 하지 않았습니다. 마치 존재가 그를 움직이는 것처럼 그는 하나의 통로, 수동적인 매개체가 되었습니다.

삶이 그를 통해서 움직이고 싶어하면 그는 움직였습니다. 움직이고 싶어 하지 않으면 그것으로 족했습니다. 무엇을 어떻게 해보겠다는 마음이 그에게는 전혀 없었습니다.

그러나 많은 일들이 일어났습니다. 그런 상태에서만 놀랍고 신비스러운 많은 일들이 일어납니다. 우리가 행위자가 아닐 때, 우리는 존재를 받아들일 수 있게 됩니다. 이것이 바로 예수가 한 말의 의미입니다.

'내가 아니라, 그가 내 안에서 산다. 나의 아버지가 내 안에서 산다.' 예수는 매개체였습니다. 단지 통로일 뿐입니다. 전체는 그를 통해 움직일 수 있습니다. 그는 어떠한 장애물도 만들지 않습니다. 그에게는 그만의 의지가, 그만의 마음이 없습니다.

모든 것을 지켜볼 뿐이다. 어진 사람은 행복할 때 행복에 매달리지 않으며, 불행할 때 이를 피하려고 애쓰지 않습니다. 그냥 받아들입니다. 그냥 산 위에서 대상을 바라볼 뿐입니다. 아침이 오고 저녁이 옵니다. 해가 뜨고 해가 집니다. 다시 해가 뜹니다.

이 모든 것을 산 위에서 지켜봅니다. 어떤 것도 할 필요가 없습니다. 그냥 바라보기만 합니다. 아침이 오면 아침이 왔음을 알아차립니다. 아침이 오면 다시 저녁이 찾아올 것입니다. 그리고 저녁이 되면 저녁이 왔음을 알아차립니다. 저녁이 가면 내일 다시 해가 뜰 것입니다.

아픔이 찾아오면 아픔과 떨어져 바라봅니다. 그는 아픔이 왔다가 조만간 돌아갈 것임을 압니다. 행복이 찾아온다 해도 영원히 행복할 수 없음을 압니다. 어딘가에 숨어 있는 불행이 조만간 찾아올 것입니다. 항상 지켜보는 자로 남아 있습니다.

애착이나 혐오 없이 지켜보면 중도에 머물게 됩니다. 중앙에 멈추지 않고 계속 움직이면 일어나고 있는 것을 바로 볼 수 없습니다. 움직임 자체가 시각을 흐리게 하기 때문입니다. 마음이 움직이지 않으면 사물의 실체가 보이고, 마음이 움직이면 사물의 실체가 보이지 않습니다. 마음은 카메라와 같지요.

그의 사랑 또한 표면적으로는 지극히 담담해 보입니다. 보통의 사랑은 지나치게 꾸밉니다. 그의 사랑은 꾸미지 않고 그저 존재할 따름입니다. 보통의 사랑은 너무 달콤하고 감상적이어서 마침내는 질리게 됩니다. 진정한 사랑은 영혼의 자양분이 되고 힘이 됩니다. 가진 것 모두를 함께 나누고, 나눔을 즐깁니다. 그러나 그것을 의무로 삼지는 않습니다. 그러면 모든 기쁨은 일시에 사라지고 말 것이기 때문입니다.

보통 사람들의 사랑은 너무 지나치게 걱정합니다. 늘 관심이 끊이지 않습니다. 그러나 진정으로 어진 이의 사랑은 걱정이 아니라 사려 깊은 마음입니다. 누군가를 진정으로 사랑하므로 그 사람이 정말로 필요로 하는 것이 무엇인지를 숙고합니다. 그 사람의 환상이 만들어낸 욕망을 충족시키지는 않습니다.

사랑은 이따금 무관심일 수도 있습니다. 무관심한 것이 도움이 된다면, 무관심해야 하기 때문입니다. 그의 사랑은 또한 몹시 냉정한 것이기도 합니다. 냉정할 필요가 있으면 냉정해야 하기 때문입니다. 무엇이 필요하든지 사랑은 그것을 배려합니다. 그러나 지나친 간섭을 삼가며 가짜 욕망을 채워주지는 않습니다. 이것이 현명한 사람의 사랑이 우리의 사랑과 다른 점입니다.

슬기로운 사람은 늘 즐겁다는 것은 그의 동적인 특성과 관련이 되는지요?

헤라클레이토스의 말 중에서 가장 통찰력 있는 것 중의 하나는 '태양은 날마다 새롭다'는 것입니다. 우리의 배고픔도 날마다 새롭고 사랑도 날마다 새롭습니다. 삶은 날마다 새롭습니다. '날마다'라는 말도 적당하지 않습니다. 순간순간이, 각각의 몸짓이, 각각의 움직임이, 모든 것이 새롭고 새롭지요.

그렇다면 낡은 것은 어디서 오며, 우리는 왜 지루해집니까? 모든 것이 새롭다고 할 때 우리는 같은 강에 두 번 들어갈 수 없으며 똑같은 일출 광경을 다시 볼 수도 없으며, 같은 산에 두 번 오를 수도 없습니다. 모든 것이 그처럼 새롭고 신선한데도 왜 우리는 활기가 없고 지루해합니까? 우리는 내적인 조화로 살지 못하고 낡은 마음으로 살기 때문입니다.

떠오르는 태양마다 새롭습니다. 찾아오는 아침마다 새롭습니다. 배고픔마다, 포만감마다 전부 새롭습니다. 그러나 마음은 낡았습니다. 마음은 과거입니다. 마음이란 곧 축적된 기억입니다. 마음을 통해서 볼 때 모든 것은 낡고 죽은 것으로 보입니다. 많은 것이 추하고 더러워 보입니다. 그것은 마음 때문입니다.

지혜로운 사람은 마음을 치워버리고 기억을 치워버리려고 노력합니다. 그렇게 할 때 그의 아내나 남편은 날마다 새로워집니다. 우리가 아내나 남편에게 싫증을 느끼는 것은 기나긴 세월 동안 쌓여온 기억 때문입니다. 부부가 30년 동안 같이 살았으니 서로를 잘 알고 있다고 생각하는 것도 당연합니다.

그러나 알긴 누가 압니까? 아무도 모릅니다. 모든 사람은 영원히 알려지지 않은 타인으로 남아 있습니다. 어떻게 다른 사람을 알 수 있단 말입니까? 사물은 알려질 수 있지요. 그러나 사람은 결코 알려질 수 없습니다.

비어있는 거울처럼 우리가 어떻게 다른 사람을 알 수 있단 말입니까? 사람은 자유롭습니다. 매 순간마다 변합니다. 같은 강물에 두 번 들어갈 수 없다고 할 때, 어떻게 똑같은 사람을 다시 만날 수 있겠습니까?

강물이 그처럼 변하듯이 의식의 흐름 또한 낡아질 수 없습니다. 지혜로운 사람은 마음을 치워버리고 과거의 눈으로 사물을 보지 않습니다. 그럴 때 아내는 새로워집니다. 모든 동작, 모든 표정이 새로워집니다. 그리고 그때 그의 삶에는 끊임없이 흥분과 생기가 있게 됩니다.

조용히 생각해 보십시오. 배고픔을 느낄 때 그 배고픔은 새로운 것입니다. 그때 우리는 음식을 먹습니다. 음식은 새로운 것입니다. 어느 것도 낡은 것일 수 없습니다. 존재에는 과거가 없습니다. 과거는 마음의 일부분일 뿐입니다. 존재는 항상 현재 속에서 새롭고 신선하게 움직이고 있습니다. 존재는 생동감 넘치는 힘이며 변증법적 운동이며 강물처럼 흐르는 것입니다.

이렇게 통찰할 수 있다면 결코 지루함을 느끼지 않게 될 것입니다. 싫증이라는 것은 가장 커다란 질병입니다. 지루함이 계속 쌓일 때 우리는 무거운 짐으로 짓눌립니다. 그때 삶에는 시가 모두 없어지고 나무는 꽃을 피우지 않으며 새는 노래하지 않습니다. 우리는 이미 무덤에 묻힌 것입니다.

지혜로운 사람은 항상 젊은 마음으로 삽니다. 무심히 세상을 바라볼 수 있을 때 영원히 젊음을 유지할 수 있습니다. 죽는 순간까지도 죽음이 다가오고 있음을 기뻐하면서, 위대한 모험과 무한한 세계를 향해 문이 열려 있음을 기뻐하면서 젊은 상태로 남아 있을 수 있습니다.

이제 휴식에 들어가 하나의 씨앗이 되고, 그 씨앗은 오랜 동안 쉬면서 잠을 잘 것입니다. 그런 다음 또 싹이 트고 다시 눈을 뜰 것입니다. 그러나 그때의 그는 과거의 그가 아닐 것입니다. 어느 것도 결코 똑같지 않습니다. 모든 것이 계속 변화해 갑니다. 오직 마음만이 늙고 죽어 있습니다. 아무런 마음도 없이 삶을 바라보는 것, 그것이 곧 지혜입니다.

지혜로운 사람은 거울과 같습니다. 거울 속에 비치는 것은 언제나 새롭지요. 왜냐하면 거울은 비어 있고, 무엇과도 비교할 수 없기 때문입니다. 거울은 이렇게 말하지 않습니다. '나는 이 얼굴을 전에 본 적이 있다.' 지혜로운 사람은 비어있는 거울처럼 에고가 없는 존재로 삽니다. 그러면 지겨움이 생기지 않습니다. 모든 삶이 지복과 축복과 깊은 황홀경이 됩니다.

어진 사람이 장수한다는 것은 그의 정적인 특성과 어떻게 관련이 되는지요?

어진 사람이라고 반드시 장수하는 것은 아니며, 어질지 못한 사람이라고 반드시 요절하는 것도 아닙니다. 수명은 각자 타고나지요. 그러나 어진 이는 천수를 누리고 어질지 못한 이는 천수를 다하기 어려운 것이 사실입니다. 천수를 누리고 혹은 비명에 가는 것은 각성의 정도와 삶의 방식에 따라 좌우될 것이기 때문입니다.

그래서 먼저 이 구절은 어진 사람은 장수한다기보다 천수를 누린다고 이해해야 할 것입니다. 진정으로 중요한 것은 장수하는 것이 아니라 천수를 누리는 것입니다. 장수는 단순히 양적인 것이나 천수를 누리는 것은 질적인 삶과 관련됩니다.

알렉산더의 빈 손 어질지 못한 사람이 천수를 누리기 어려운 것은 깨이지 못한 상태에서 전혀 가치가 없는 일들에 과욕을 부리느라 에너지를 소진하기 때문입니다. 이런 대표적인 인물로 알렉산더 대왕을 들 수 있을 것 같습니다.

그는 일찍이 젊은 나이에 세계를 정복할 꿈을 가졌습니다. 사실 그는 세계를 거의 정복하는 듯했습니다. 33살의 젊은 나이였지요. 그는 평생에 걸쳐 싸우고 또 싸웠습니다. 심신이 지친 가운데 전쟁과 살육이 혐오스러워지기 시작했습니다. 그래서 고국으로 돌아가 쉬고 싶었습니다. 하지만 이마저도 그는 실현하지 못했습니다. 그는 고국으로의 귀환 도중에 병사하고 말았습니다.

알렉산더는 일생 동안 더 부유하고 더 크고 더 강력한 것을 위해 투쟁했지만 처절하게 절망하고 좌절했습니다. 그 속에서 자신의 생명을 24시간도 연장하지 못했습니다. 그는 세계를 정복해서 어머니의 발 아래 바치겠노라고 약속했습니다. 세상의 어떤 아들도 어머니에게 그런 선물을 한 적이 없습니다. 그가 약속을 실현했다면 인류 역사상 전무후무한 효자가 되었을 것입니다.

하지만 자리에 누운 알렉산더는 절망했습니다. 최고의 의사들을 불렀지만 소용없었습니다. 의사들은 이렇게 말했습니다. "이제 가망이 없습니다. 하루를 넘기기 힘듭니다. 이제 임종을 해야 할 때입니다. 폐하의 병은 이제 죽음만이 치료할 수 있습니다.

폐하의 몸은 날개 꺾인 새와 같습니다. 그동안 이 나라 저 나라에서 싸우느라 모든 기력을 소진한 탓입니다. 폐하의 생명은 고갈되었습니다. 폐하의 병은 병이라기보다 에너지가 철저하게 고갈된 데서 온 것입니다."

알렉산더 대왕은 지성적인 왕이었습니다. 그는 임종의 자리에서 최고 사령관에게 이렇게 지시했습니다. "나의 마지막 소원을 들어 달라." 그것은 이상한 소원이었습니다. 그는 이렇게 부탁했습니다. "나의 관을 무덤 속에 넣을 때 나의 두 손을 관 밖으로 내놓으라."

그리고 계속해서 말했습니다. "내가 빈손으로 간다는 사실을 세상에 알리고 싶다. 나는 정말로 위대한 정복자가 되는 줄로 생각했다. 하지만 사실은 그 반대였다. 나는 주먹을 쥐고 세상에 나왔지만, 이제 죽음을 맞이하면서 주먹을 쥐고 갈 수가 없다."

주먹을 쥐고 있으려면 살아 있어야 합니다. 최소한도의 기력이 필요한 것입니다. 죽은 사람은 주먹을 쥐고 있을 수 없습니다. "알렉산더 대왕은 두 주먹을 펴고 거지가 되어 빈손으로 갔다고 세상에 전하라."

그렇게 알렉산더가 가고 난 후에도 많은 사람들이 알렉산더와 같은 일을 반복하는 것을 보면, 아무도 알렉산더의 빈손의 교훈을 배우지 못하는 것 같습니다.

전보와 같은 삶 어진 사람의 삶에서는 모든 일이 천천히 흘러갑니다. 서두름이 없습니다. 그는 영원을 통째로 갖고 있는 듯이 여유 있게 살아갑니다. 그래서 한가한 사람처럼 보입니다. 그러나 한가할 뿐이지 결코 게으른 것은 아닙니다.

그의 삶은 마치 전보와 같습니다. 전보를 칠 때 우리는 필요 없는 말을 장황하게 늘어놓지 않지요. 전보는 극히 적은 말로 많은 내용을 말합니다. 전보는 편지보다 훨씬 더 표현력이 강합니다. 어진 사람은 절대적으로 필요한 것만을 행합니다. 그리고 절대적으로 필요한 것은 극히 적기 때문에 그는 게으른 것처럼 보입니다.

이렇게 살 때 넘치는 에너지로 모든 것을 강렬하게, 전체적으로 즐기면서 살 수 있습니다. 잠재적 에너지들은 사랑과 생명의 저류 속으로 흐르면서 천수를 누릴 때까지 지속됩니다. 천수를 누리기 위해서는 무엇보다 충분한 휴식을 취하면서 에너지를 비축하고 있어야 하는 것입니다.

한가하게 그러나 강렬하게 산 사람은 알맞은 때 죽습니다. 그의 죽음은 열매이며 수확이지요. 그의 죽음은 완전한 성취입니다. 그는 휴식을 원하는 시점에 올 때까지 많은 것을 사랑하고 많은 것을 즐겼습니다. 창조적인 작업에 모든 에너지를 쏟았습니다.

그래서 삶의 잔은 가득 차고 원이 완성되었습니다. 이제 그는 지구 위에서 우물쭈물할 필요가 없습니다. 그는 자신이 가도록 운명 지어진 곳으로 가야 합니다. 알맞은 때 죽지 않는 한, 사람들은 결코 죽음의 아름다움을 맛보지 못할 것입니다.

그는 장수에 관심을 갖지 않습니다. 어떻게 수명을 연장할 수 있는가 하는 것 따위에 신경 쓰겠습니까? 장수하고자 하는 욕망은 육체에 대한 집착입니다. 오래 사는 것이 목적이 아닙니다. 짧은 삶을 산다 하더라도 전체적이고 강렬한 삶을 산다면, 그 삶은 하나의 노래가 되고 춤이 됩니다. 깊이 있는 삶이 가치 있는 삶이지요.

어떻게 매 순간을 전체적으로 살 것인가? 이것은 지속의 문제가 아닌 깊이의 문제입니다. 삶을 깊이 사는 사람들만이 삶이 무엇인지를 압니다. 지속의 관점에서 사는 삶은 수평적이고 표면적인 삶입니다. 그것은 가짜입니다. 그 안에는 진정한 것이 없지요. 모든 의미 있는 것들이 사라지고, 플라스틱과 같은 지속적인 것들만 남아 있을 뿐입니다.

붓다의 죽음 여기서 잠시 붓다의 죽음에 대해서 살펴보는 것이 도움이 될 것 같습니다. 붓다가 죽던 날 아침, 그는 제자들에게 이렇게 말했습니다. "지금보다 더 좋은 때가 없으리라. 이젠 떠날 때가 되었다."

제자들은 그가 무엇을 말하는지 이해할 수 없었습니다. 아마 스승께서 다른 고장으로 옮기시려나보다 생각했습니다. 붓다가 말했습니다. "너희들은 내 말을 이해하지 못하는구나. 내 말은 이제 육체를 떠나겠다는 뜻이다. 내가 떠나기에 어울리는 아름다운 장소를 찾아라. 나는 산 속에서 나무와 새와, 야생 동물, 명상가들과 함께 아름답게 살지 않았더냐?"

그는 주변을 둘러보았고, 사라수 두 그루가 눈에 띄었습니다. 그 나무들은 마치 쌍둥이처럼 나란히 서 있었습니다. 붓다가 말했습니다. "저기가 적당한 것 같구나. 나는 바로 저 나무들 사이에서 죽겠다." 죽음이 간단한 결정인 것처럼 말했습니다. 전체적인 삶을 산 사람에게 죽음은 이렇게 하나의 결정이 됩니다. 죽음이 그를 찾아오는 것이 아닙니다. 그가 스스로 자신의 육체를 죽음이 이용하게 하는 것입니다.

죽음이 우리를 찾아와 육체를 빼앗고, 미완성된 모든 것을 빼앗아 갈 때, 그것은 고통스런 경험이 될 것입니다. 자식들은 아직 어리고 끝마치지 못한 사업이 남아 있습니다. 그러므로 죽음의 노크 소리를 환영할 수 없습니다. 황제조차도 죽음을 환영할 수 없지요. 아직 정복할 땅이 많이 남아 있기 때문입니다. 욕심은 한계를 모릅니다. 욕심은 끝없이 더 많은 것을 요구합니다. 죽음이 적처럼 보이는 바로 그 이유입니다.

그러나 붓다와 같은 사람에게 있어서 죽음은 간단한 선택입니다. 그는 두 그루의 사라수 사이로 갔습니다. 그리곤 거기 앉아서 제자들에게 말했지요. "너희들은 이제 다시는 나를 보지 못하리라. 나의 육체는 살만큼 살았다. 이제 나의 육체는 은퇴할 때가 되었다.

나의 육체는 궁극적인 휴식을 필요로 한다. 육체를 버리기에 앞서서, 너희들이 질문하고 싶은 게 있다면 지금 말하라. 너희들은 다른 스승을 만나게 될지도 모른다. 하지만 그게 언제가 될지는 예측할 수 없다."

제자들은 울고 있었습니다. 질문을 할 때가 아니었습니다. 그들이 말했습니다. "스승님은 42년 동안이나 질문에 답하셨습니다. 스승님은 저희의 질문에 모두 대답하셨습니다. 그러니 저희들 걱정은 마시고 마음 편히 쉬십시오. 스승님은 저희에게 길을 보여 주셨고, 저희는 그 길을 따를 것입니다." 아름다운 이야기입니다.

붓다는 눈을 감고 말했습니다. "나는 첫 번째 단계에 들어선다. 나는 더 이상 육체가 아니다. 나는 두 번째 단계에 들어선다. 나는 마음이 아니다. 세 번째 단계에 들어선다. 나는 더 이상 가슴이 아니다. 그리고 네 번째 단계, 나의 의식 안에 들어섰다." 바로 그 순간, 그의 호흡과 심장이 멈추었습니다. 이것은 보통 사람들의 죽음과는 전혀 다른 죽음입니다.

붓다는 알맞은 때 죽었습니다. 그러나 알맞은 때 죽은 사람이 과연 얼마나 되겠습니까? 우리는 무덤마다 '이 사람은 애통하게 죽었다.'고 새겨진 비문들을 보는 듯합니다. '이 사람은 적당한 때 죽었다.'고 새겨진 비문은 단 한 개도 발견할 수 없을 것입니다. 진실로 알맞은 때 죽는 것은 세상에서 가장 큰 축복입니다.

9

진지하게 살되 심각해지지는 말라

子絶四 毋意 毋必 毋固 毋我
자 절 사 무 의 무 필 무 고 무 아

공자는 네 가지를 절대로 하지 않았으니, 야망이나 욕망에 대한 모든 생각을 떨쳐버렸고, 자연스러운 흐름을 거슬러 심각하게 어떤 일을 반드시 해내려고 고심하지도 않았고, 연약한 꽃과 같이 유연하고 결코 딱딱한 바위같이 경직되는 법이 없었으며, 온전히 깨어있는 마음에는 한 점 자아의 그림자도 없었다.

주해 ────────────────────────

絶 끊다, 버리다 | **毋** 없다, 無와 같다. | **意** 뜻, 생각 | **必** 반드시, 꼭 이루어지기를 기약함 | **固** 굳다, 경직됨 | **我** 나, 참나와 상반된 자아를 가리키다.

무의(毋意) 우리는 밤이나 낮이나 하루 24시간 끊임없이 생각합니다. 마음은 온갖 욕망과 꿈으로 가득 차 있습니다. 병적이랄 수 있을 만큼 심각한 상태지만, 우리는 이렇게 되도록 교육을 받아 왔습니다. 대학을 위시하여 각급 학교들은 주로 생각하는 법을 가르칩니다. 모두 마음을 켜는 방법만 가르쳐 줍니다. 마음을 끄는 법을 가르치는 데는 한 군데도 없습니다.

우리는 마음의 스위치를 끄는 법을 배워야 합니다. 생각을 줄이고 궁극적으로는 생각을 그칠 줄 알아야 합니다. 깨달은 사람은 마음이 필요할 때 마음을 사용하고, 마음이 필요 없을 때는 그것을 끄고 침묵 속으로 들어갑니다. 그러한 침묵의 공간 속에서만 존재의 빛을 깨닫게 됩니다.

무필(毋必) 우리는 일상 지나치게 생각이 많고 그 가운데는 자못 심각한 것도 섞여 있어 괴로워할 때가 많습니다. 그래서 삶을 놓치게 됩니다. 지혜로운 사람은 진지하되 심각하지는 않습니다. 진지함과 심각함은 전연 다릅니다. 심각해질 때는 수단과 목적, 방법과 성취라는 개념으로 생각하기 시작하고 그때 야망이 생깁니다.

심각한 사람은 생각하고 또 생각합니다. 심각함은 머리와 관계가 있습니다. 그들은 웃지도 못하고 놀지도 못합니다. 오직 삶을 통해서 무엇을 얻을 수 있을까 골몰하면서, 그들은 삶 자체를 수단으로 만들어버립니다. 그러나 삶 그 자체가 곧 목적인 것입니다.

진지함은 가슴으로부터 나옵니다. 진지한 사람은 심각하지 않습니다. 진지한 사람은 추구는 하되 목적을 추구하지 않습니다. 그는 어린아이처럼 추구합니다. 찾고자 하는 것을 발견하면 좋습니다. 그러나 발견하지 못한다 해도 상관없습니다.

아이는 개를 쫓아 달려가다가도 도중에 나비를 발견하면 방향을 바꾸어 나비를 쫓습니다. 그렇게 나비를 따라가다가 길가에 꽃이 피어 있으면 나비는 잊어버리고 꽃에 집중합니다. 아이는 심각하지 않습니다. 단지 진지할 뿐입니다. 아이가 어떤 것을 마음에 두면, 그는 전체적으로 그것과 함께 있습니다. 이것이 진지함입니다.

깨달은 사람은 어린아이와 같습니다. 그에게는 길이 곧 목적지입니다. 어디에 있든 그곳이 바로 목적지입니다. 그가 무엇이 되었든 그것이 바로 목표입니다. 바로 이 순간 그의 삶 전체가 그에게로 수렴됩니다. 그는 이 순간을 전체적으로 받아들이고 즐깁니다.

관심을 어떤 하나에 집중할 때 그것이 진지함입니다. 그러나 어떤 목표를 얻기 위해서 관심을 하나의 수단으로서 사용할 때 교활하게 됩니다. 그래서 어떤 목표에 도달하기 위해서 수단 방법을 가리지 않고 필사적으로 노력합니다.

무고(毋固) 이제까지 인류는 강함을 매우 찬양해 왔습니다. 목표를 달성하기 위해서는 강해야 하기 때문입니다. 특히 남자의 경우엔 더욱 그렇지요. 남성들은 공격적이고 호전적인 것들을 찬양하고 여성적인 것은 비난하지요. 그런데 문제는 아름다운 것은 모두 여성적이라는 것입니다. 만약 우리가 모든 여성적인 것을 비난한다면, 그때 아름다운 것들은 이 세상에서 사라지고 말 것입니다.

깨달은 이들은 말합니다. '바위처럼 딱딱해지지 말고 물처럼 부드러워지라.' 또 그들은 말합니다. '결국은 부드러움이 딱딱함을 이긴다. 바위는 언젠가는 없어질 것이다. 물이 계속 바위 위에 떨어지면 바위는 닳아서 모래가 될 것이다.' 물론 지금 당장은 그렇게 되는 것을 볼 수 없습니다. 그것은 시간이 걸립니다.

그 진리를 깨닫기 위해서는 좀 더 깊은 통찰력이 필요합니다. 더 긴 안목, 더 넓은 시각이 필요합니다. 그런데 우리는 아주 근시안적입니다. 눈앞에 보이는 것만을 볼 뿐입니다. 이렇게 근시안적이기 때문에 물이 아니라 바위가 선택할 가치가 있는 것처럼 보입니다. 그러나 전체적인 시각으로 현실을 보는 성인은 결코 바위처럼 경직되는 법이 없습니다.

무아(毋我) 경직된 것은 바위와 같이 죽은 것이요, 유연한 것은 꽃과 같이 살아 있는 것입니다. 너무 목표 지향적이 될 때 우리는 경직될 수밖에 없고 그때 서서히 죽어갑니다. 우리는 주위의 모든 사물에 관심을 보이고 있으며, 오직 단 하나의 사실에만 관심이 없습니다. 그것은 우리 자신의 존재입니다.

깨달은 사람들은 어떤 목표보다도 자신이 생생히 살아있기를 원하지요. 그래서 그들은 말합니다. '나는 나 자신을 축복하며, 나 자신을 노래한다.' 그러나 주의하십시오. 참나self는 자아ego가 아닙니다. 자아를 넘어선 그 어떤 것입니다.

자아는 우리의 창작물입니다. 그러나 참나는 신의 일부입니다. 참나는 우리를 분리된 개인으로 만들지 않습니다. 그것은 우리를 전체와 하나가 되게 합니다. 그리하여 축복과 기쁨과 법열이 우리와 하나가 됩니다.

사랑, 지복, 신, 진리, 자유, 이들은 같은 현상의 다른 측면들입니다. 자아가 떨어져 나가면, 우리는 이 모든 것을 포함하는 다차원의 실체 속으로 들어갑니다. 그러나 반드시 용기가 필요하고 지혜가 필요합니다. 전체와 더불어 살아갈 수 있는 지혜가 필요하고, 영원과 더불어 조화를 이루며 살아갈 수 있도록 용감해져야 합니다.

생각을 줄이고 궁극적으로는 생각을 그칠 줄 알아야 한다는 것은 무슨 뜻입니까? 우리도 그렇게 할 수 있는지, 그렇게 되자면 어떻게 해야 할지, 그 방도를 말씀해 주시겠습니까?

이 시대를 사는 사람은 누구나 다소간에 신경증으로 고생합니다. 과거의 사람들이 정신적으로 더 건강했던 것 같습니다. 그들의 마음은 과부하가 걸려 있지 않았습니다. 그러나 현대인의 마음은 수많은 것들로 과부하가 걸려 있습니다. 우리의 마음에 들어와서 마음과 동화되지 못한 것들이 신경증을 유발합니다. 이것을 음식에 비유해 생각해 봅시다.

우리가 먹은 음식 중에 몸이 소화하지 못하는 것은 독이 되지요. 사실 우리가 먹는 것은 우리가 듣고 보는 것만큼 심각하지 않을 듯합니다. 우리는 눈이나 귀 등의 감관을 통해 매 순간 수많은 정보를 받아들입니다. 휴대폰이 발달하면서 더욱더 그렇습니다. 그러나 이들을 모두 소화할 수 있는 시간적 여유가 없습니다. 이는 마치 식탁에 앉아 24시간 내내 끊임없이 음식을 먹는 것과 같습니다.

현대인의 마음은 이런 상황에 놓여 있습니다. 너무 많은 것들을 받아들이는 것이지요. 이러니 마음이 고장 나는 것은 당연합니다. 기계에는 한계가 있는 법, 마음도 미묘하고 섬세한 메커니즘입니다.

참으로 건강한 사람은 자신의 경험을 소화하는 데 50퍼센트의 시간을 할애합니다. 50퍼센트의 생각과 50퍼센트의 명상, 이것이 균형 잡힌 삶이고, 신경증을 치유하는 방법입니다.

명상이란 모든 감관의 문을 닫고 마음을 푹 쉬면서 세상으로부터 사라지는 것입니다. 신문이나 라디오, 텔레비전, 사람 들이 존재하지 않는 것처럼 세상을 잊는 것입니다. 그러면서 가장 깊은 내면에서 홀로 존재하는 것입니다.

명상의 시간에 우리는 자신이 받아들인 50퍼센트의 것들을 소화할 수 있습니다. 명상은 양날의 칼처럼 기능합니다. 한쪽에서는 들어온 것을 소화해서 자양분을 만들고, 다른 한쪽에서는 필요 없는 것들을 버리는 것입니다.

하지만 불행하게도 이제 명상은 세상에서 사라졌습니다. 옛날에는 모두들 자연스럽게 명상적으로 살았습니다. 삶이 지금처럼 복잡하지 않았기 때문에 그냥 앉아서 하염없이 별을 보거나 나무를 바라보거나 새들의 노랫소리를 듣는 시간이 많았지요. 이런 시간이 있어야 우리는 보다 건강한 존재가 됩니다.

신경증이란 마음이 너무 많은 짐을 지고 있어서, 그 짐에 눌려 신음하고 있는 것을 말합니다. 지금 우리는 너 나 없이 힘겨운 짐에 눌려 허덕이고 있습니다. 그러니 의식이 비상한다는 것은 꿈도 꿀 수 없는 형편이지요. 짐이 너무 무거워 숨 쉬는 것조차 어렵습니다. 그런데도 짐은 매 순간 늘어나기만 하고, 마음은 의당 고장 날 수밖에 없습니다.

마음은 생각을 담는 그릇 외에 아무것도 아닙니다. 마음은 사고의 진행 과정에 대한 다른 이름일 뿐입니다. 그것을 낮에는 생각이라고 부르고 밤에는 꿈이라고 부릅니다. 하지만 그것은 항상 어떤 것들로 채워져 있습니다. 그것은 결코 텅 비어질 수 없습니다. 텅 비어지는 순간 마음이 존재하지 않게 되기 때문입니다.

마음을 통과하는 생각이 어떤 것인가에 따라서 마음은 항상 순결과 오염을 반복합니다. 누구를 죽이고 싶다거나 무엇을 훔치고 싶다고 생각할 수도 있고, 누구를 돕고 싶다고 생각할 수도 있습니다. 우리가 품은 생각에 따라서 마음은 수시로 변합니다. 마음이란 선한 생각이든 악한 생각이든 생각으로 채워지는 것이기 때문입니다.

마음은 결코 이중성을 초월할 수 없습니다. 항상 찬성이나 반대 둘 중 하나일 수밖에 없습니다. 그것은 항상 나누어지는 것이며, 결코 전체로 하나가 될 수 없습니다. 그래서 마음은 항상 망설입니다. 무엇을 하든지 우리의 일부분은 우리와 다른 생각을 갖게 됩니다.

무슨 일을 하려고 할 때 마음은 항상 '그것을 하지 말라. 그것을 하면 후회하게 될 것이다.'라고 속삭입니다. 이것이 우리가 모두 불행에 빠져 있는 이유 중의 하나입니다. 무엇을 하든 그것은 문제가 아닙니다. 문제는 마음의 일부가 항상 하고자 하는 일에 반기를 드는 것입니다.

그리고는 그 일이 잘못되면 이렇게 말합니다. '봐라. 내가 하지 말라고 하지 않았는가? 내 말을 안 듣고 이 지경이 되었다.' 그 말을 들었더라도 사실 상황은 별로 달라지지 않았을 것입니다. 무심無心만이 어떤 이중성도 없습니다. 비어 있기 때문이지요. 무심은 선택하는 마음이 아닙니다. 순수한 깨어 있음입니다. 그것은 구름 한 점 없이 텅 빈 하늘과 같습니다.

머리에서 가슴까지 위대한 스승은 머리로 살지 않고 가슴으로 삽니다. 머리는 에고와 마음과 생각을 의미합니다. 머리는 수많은 생각들의 집합입니다. 그 생각들은 서로 연결되어 있을 수도 있고, 따로따로 떨어져 있을 수도 있습니다. 마음은 셀 수 없이 많은 생각들이 모인 곳입니다.

마음은 항상 분주하게 움직입니다. 사람들은 자신의 에너지의 태반을 마음에 소모해 버립니다. 그래서 사랑에 쓸 에너지가 남아 있지 않습니다. 머리로 인해 우리 에너지가 엄청나게 고갈됩니다. 그래서 에너지가 가슴에까지 가 닿을 수 없습니다.

인간은 생각하는 데 자신의 에너지를 거의 다 써버립니다. 그런데 그 생각의 대부분은 쓸데없는 것들이라는 것입니다. 생각을 멈춘다고 해서 해가 되는 것은 전혀 없습니다. 조용히 앉아 지금 내가 무엇을 생각하고 있는지 관찰해 본 적이 있습니까?

생각은 꼬리에 꼬리를 물고 쉴 새 없이 돌고 돕니다. 아주 조그마한 생각이라도, 심히 하찮은 생각이라도, 생각은 에너지를 소모한다는 것을 명심할 일입니다. 과학적 연구에 의하면 정신노동에 쓰이는 에너지가 육체노동에 쓰이는 에너지의 4배나 된다고 합니다.

가슴은 머리처럼 저돌적이거나 공격적이지 않습니다. 가슴은 그저 기다립니다. 가슴은 기다릴 줄 알기 때문에 에너지가 없으면 없는 대로 살아갑니다. 에고와 생각으로 흘러가는 에너지의 공급을 끊어 주지 않는 한, 에너지의 흐름은 가슴에 가 닿을 수 없습니다.

그래서 가슴은 사막처럼 황량해질 수밖에 없습니다. 사랑의 씨앗이 말라 가고 있습니다. 에너지의 물이 흘러 가슴에 가 닿아야만 가슴은 그 꽃을 피울 수 있습니다.

인간이 궁극적인 존재와 대화를 나누기 위해서는 순수한 가슴이 필요합니다. 가슴은, 마음이 더 이상 우리의 내면을 지배하지 않을 때 기능하기 시작합니다. 마음이 지배하는 동안은 가슴은 기능하지 못합니다. 마음은 거울에 앉은 먼지처럼 가슴에 달라붙지요. 마음은 생각이라는 먼지의 집합일 뿐입니다. 모든 생각은 먼지일 뿐 다른 아무 것도 아닙니다. 생각을 깨끗이 청소해야 합니다. 그때 비로소 가슴은 순수함을 얻게 됩니다.

생각이 들어오는 순간 우리는 신성한 존재로 가는 길에서 벗어나게 됩니다. 그리고 개인적인 세계 속에서 살게 됩니다. 생각은 곧 자기 자신만의 개인적인 세계입니다. 전적으로 나 개인에게 속한 것입니다. 그래서 우리는 자신 속에 갇히게 됩니다. 아무 생각도 없게 될 때 우리는 자신 안에만 갇혀 있지 않고 열리게 됩니다. 그때 신이 내 안으로 흘러 들어오고 내가 신 속으로 흘러 들어갑니다.

마음을 치우고 마음을 넘어야 수용성은 무심의 상태입니다. 모든 생각이 사라지고 의식 속에 아무 것도 담겨있지 않을 때, 거울이 아무 것도 비추지 않을 때, 그때 전적인 수용이 일어납니다. 수용성은 신성을 향한 문입니다. 아이는 아무것도 모르기 때문에 수용적입니다. 노인은 생각이 너무 많아서 수용적이지 못합니다. 그는 닫혀 있습니다.

그는 거듭나야 합니다. 과거는 죽고 다시 어린아이가 되어야 합니다. 물론 육체가 아니고 의식이 항상 어린아이 같아야 한다는 것입니다. 그러나 유치해서는 안 된다는 것을 명심할 일입니다. 어린아이와 같되, 성장하고 성숙해져야 하지요. 그것이 우리 삶의 모든 순간 속에 숨겨진 진리를 배우고, 매 순간 우리를 찾아와 문을 두드리는 손님을 알아보는 법입니다.

하지만 우리는 자신 속의 이야기들, 자신 속의 사념들로 둘러싸여 있어 문 두드리는 소리를 듣지 못합니다. 어린아이처럼 무심의 상태에서 움직여 보십시오. 그러면 침묵이 스스로 따라오고 위대한 각성이 일어날 것입니다. 우리는 마음 없이 태어났습니다. 마음이란 사회적 산물입니다. 마음은 결코 본질적인 것이 아닙니다.

마음은 '나'라는 존재 위에 덧씌워진 그 어떤 것입니다. 나의 존재는 마음과는 별개입니다. 존재는 생각에 선행합니다. 내면으로 깊이 들어가면 우리는 마음으로부터 자유로울 수 있습니다. 생각하지 않고 있는 그대로 존재하는 것, 바로 이것이 근원에 이르는 길입니다. 무심의 길은 본질적인 것이며, 우리를 실재에 혹은 신성에 더 근접하도록 돕습니다.

마음은 일상적이고 세속적입니다. 그것은 매일 매일의 작업에만 쓸모가 있습니다. 그것의 기능은 외부 세계에 해당되는 것입니다. 내면의 세계에서는 절대적인 무용지물입니다. 자신의 내면을 알고 싶은 사람은 마음을 넘어서야 합니다. 신성을 경험하기 위해 해야 할 일은 오직 하나, 마음을 옆으로 치우는 것입니다.

이 끊임없이 이야기하는 마음, 아무 이유도 없이 계속 돌아가는 이 소란한 마음을 멈추기 위한 전략이 바로 명상입니다. 마음은 할 일이 없는데도 쉴 줄을 모릅니다. 그렇다고 마음이 파괴되어야 한다는 뜻은 아닙니다.

일단 치워 두었다가 필요할 때만 꺼내 쓰라는 것입니다. 차를 차고에 넣어두는 것과 같습니다. 차가 필요하면 우리는 차고에서 차를 꺼내올 수 있습니다. 그때 우리는 주인이 됩니다.

그러나 대개 정반대의 상황이 벌어집니다. 차가 차고에 들어가지 않겠다고 고집을 부리는 것입니다. 차는 말합니다. '나는 멈추지 않겠어. 당신은 나와 함께 달려야 해.' 그리고는 계속 달립니다. 하루 24시간 내내 달립니다. 심지어는 잠들어 있는 동안에도 마음은 쉬지 않고 계속 달립니다.

대부분 어린 시절 처음으로 마음이 움직이기 시작하면 명상 속으로 들어갈 때가 아니면 죽기 전에는 절대로 마음은 멈추지 않습니다. 명상 속으로 들어가는 극소수의 사람만이 마음이 멈춥니다. 그리고 문득 그들은 마음의 구름 뒤에 숨어 있던 태양을 알게 됩니다. 이처럼 궁극의 빛, 궁극의 태양을 인식하는 것이 깨닫는 것입니다.

정도의 차이는 있겠으나 구도자뿐 아니라 일반인들도 마음을 비우는 일이 필요할 듯합니다. 그 방법에 대해서 좀 더 자세히 말씀해 주십시오.

마음을 비우는 일은 우리가 진정으로 평화롭게 사는 길이며, 이 길은 누구에게나 열려 있습니다. 그러나 우리 마음은 늘 너무 시끄럽습니다. 머릿속에는 온갖 잡동사니, 거대한 시장이 들어 있습니다.

우리는 하나가 아닙니다. 우리 각자의 내부에는 한 떼의 군중이 들어 있습니다. 그들은 서로 끊임없이 다투고 싸웁니다. 마음의 조각들은 제각기 가장 힘센 자가 되고 싶어 합니다. 우리의 내면에서는 끊임없는 정치적 암투가 벌어지고 있습니다.

이 끊이지 않는 암투가 멎을 때 비로소 지복이 가능합니다. 그리고 그 전쟁은 끝날 수 있습니다. 그 전쟁의 상태를 극복하는 것은 그리 어렵지 않습니다. 필요한 것은 단지 각성뿐입니다. 천천히 소음의 미묘한 층들을 지켜보십시오.

그러면 서서히 마치 머릿속에 정신병원이 들어 있기라도 한 듯 무수한 재잘거림의 소음을 인식하게 될 것입니다. 이런 악몽 속에서 우리가 살고 있습니다.

지켜보는 것을 통해서 기적이 일어납니다. 또렷이 지켜보면 무엇이든지 증발하기 시작합니다. 그리고 그것이 증발해서 사라져버리는 순간, 우리는 깊은 침묵과 함께 남겨집니다. 처음에는 단지 틈들만이 있습니다.

생각이 그칠 때 작은 틈새가 벌어집니다. 우리는 실체를 향하여 뚫린 작은 창들을 볼 수 있습니다. 그리고 천천히 그 틈새들은 더 커지고 더 자주 생겨납니다. 그 틈들이 더 오래 지속되기 시작합니다.

평화의 길, 명상 평화에는 두 가지 길이 있습니다. 하나는 외부에서 만들어 내는 것인데 그것은 가짜 평화입니다. 그것은 단지 가면일 뿐입니다. 깊은 내면에는 여전히 광기가 남아 있습니다. 우리의 의지를 통해서 획득한 것은 자아를 통해서 획득한 것입니다. 그것은 깊은 내면으로 들어갈 수 없습니다. 에고 그 자체는 아주 피상적인 현상입니다. 그것은 우리에게 아름다운 외관을 줄 수 있지만 그것이 전부입니다.

평화를 얻는 두 번째 방법은 명상입니다. 평화를 만들어 내는 것이 아니라 우리의 생각을 인식하는 것입니다. 우리의 행동, 생각, 감정을 3차원적으로 인식하는 것입니다. 첫 번째 차원은 행동이고, 두 번째 차원은 생각입니다. 그리고 세 번째 차원은 느낌입니다. 이 모든 차원을 아무런 판단도 내리지 않고 고요히 지켜보아야 합니다.

그러면 서서히 기적이 일어나기 시작합니다. 지켜보면 지켜볼수록 지켜볼 것이 점점 더 줄어듭니다. 감시가 완벽해지면 마음은 완전히 멈춥니다. 그러한 마음의 정지 속에 평화가 있습니다. 평화는 명상의 부산물로 생겨나며, 그것이 진짜입니다.

서양에서의 명상은 일종의 생각에 지나지 않습니다. 고귀한 것을 생각하는 것을 명상이라고 합니다. 신에 대해 생각할 때, 사랑에 대해 생각할 때 그것을 명상이라고 부릅니다. 동양에서는 생각은 전혀 명상이 아닙니다. 우리가 신에 대해서 생각하든지 돈에 대해서 생각하든지 차이가 없습니다. 그 대상이 무엇이든 그에 대한 생각은 모두 명상에 방해가 됩니다.

동양에서 명상은 생각이 사라진 상태, 순수한 존재의 상태를 뜻합니다. 그냥 존재하는 것, 그것은 인생에서 가장 위대한 체험입니다. 아무런 생각도 일어나지 않고 모든 흐름이 멈출 때, 마음은 사라지지만 그 어느 때보다 생생한 의식이 존재합니다. 그러면 모든 에너지가 해방됩니다. 그때 인간은 오직 에너지로 가득 찬 하나의 연못이 됩니다. 그 연못은 너무나 고요하여 물결 하나 일지 않습니다.

의식의 연못, 에너지의 연못이 완전히 고요할 때만 존재가 비춰집니다. 그때 우리는 존재를 알게 됩니다. 신이란 존재에 대한 다른 이름일 뿐입니다. 명상은 마음의 상태가 아닙니다. 청정한 상태입니다. 마음은 혼란입니다. 생각은 주변에 구름을 만들어 냅니다. 생각은 미묘한 구름입니다. 그 때문에 안개가 자욱하고 명확함이 가려집니다.

생각이 사라질 때, 우리 주변에 구름이 걷힐 때, 우리가 단순히 존재 속에 있을 때, 명료함이 드러납니다. 그때 우리는 멀리까지 볼 수 있고, 마침내 존재의 끝까지 볼 수 있습니다. 명상은 명료한 바라봄입니다.

우리는 명상에 관해 생각할 수 없습니다. 생각을 떨쳐 버려야 합니다. 그렇다고 생각을 떨쳐 버리려고 또 마음먹는다면 우리는 놓치게 됩니다. 다시 우리는 이를 행위로 끌어내리기 때문입니다. 생각을 떨쳐 버린다는 것은 그 어떤 것도 하지 않음을 뜻합니다.

생각들이 스스로 떨어지게 그냥 두십시오. 단지 벽을 바라보고 앉으십시오. 조용히 아무것도 하지 말고 이완된 상태에서 편안히 있으십시오. 아무 노력도 하지 말고 어디에도 가지 마십시오. 마치 깨어 있으면서 잠으로 떨어지듯이 그렇게 있으십시오.

우리는 이완된 채 깨어있지만, 육체의 모든 부분은 잠들고 있습니다. 우리는 내면에서 깨어있지만, 육체는 깊은 이완 속으로 빠져들고 있습니다. 생각은 스스로 가라앉습니다. 생각을 바로잡으려고 할 필요가 없습니다.

이는 시냇물이 흐려진 것과 같습니다. 그때 우리는 어떻게 합니까? 물속으로 뛰어들어 시냇물이 맑아지도록 도와줍니까? 그러면 시냇물은 더 흐려질 것입니다. 우리는 가만히 시냇가에 앉아 기다립니다. 뭘 하든 그 행위는 시냇물을 더 흐리게 할 뿐입니다.

어떤 욕망이든 욕망이 지나갈 때마다 마음은 더러운 시냇물처럼 흐려집니다. 그러니 그냥 앉아 있으십시오. 아무것도 하지 마세요. 불교에선 이 그냥 앉아있음을 좌선이라고 하지요. 그냥 앉아서 아무것도 하지 마십시오.

그러면 어느 날 문득 명상이 일어날 것입니다. 우리가 명상을 가져오는 게 아닙니다. 명상이 우리에게 찾아옵니다. 그리고 명상이 찾아올 때, 우리는 그것을 즉시 알아봅니다.

보물은 원래 우리에게 있었으나, 우리는 다른 데 정신이 팔려 있었습니다. 생각과 욕망과 다른 수천 가지 일들에 말입니다. 우리는 오직 단 하나의 사실에만 관심이 없었습니다. 그것은 우리 자신의 존재입니다. 에너지가 안으로 돌아설 때마다, 우리의 에너지는 근원으로 돌아옵니다. 그때 갑자기 모든 게 명료해집니다.

마음의 구조에 대해 더 많이 이해하게 될수록, 우리는 마음의 훼방에서 점점 더 벗어나게 됩니다. 마음의 기능을 이해하게 될수록 좌선에 드는 것이 쉬워집니다. 마음을 이해하는 것이 도움이 될 것입니다. 그렇지 않으면 마음이 계속 활동할 수 있는 여지를 주며, 마음에게 자양분을 주는 행위를 하게 될지도 모릅니다.

어떤 일을 반드시 관철하겠다는 굳은 결심은 좋은 것 같은데, 깨달은 사람은 왜 이를 긍정적으로 보지 않고 이런 자세로 목표를 추구하지 않는 것입니까?

'칼을 뽑고는 그대로 집에 꽂지 않는다'거나, '하늘이 두 쪽이 나도 해내고야 말겠다'는 속언들이 있습니다. 어떤 일이든 그 뜻한 바를 반드시 관철하겠다는 굳은 의지를 강조한 것입니다. 문자 그대로 세속적인 얘기들입니다. 속언이나 속담은 무조건 따를 수 있는 것이 아닙니다.

물론 이들을 참고하는 것은 좋고, 이것이 실제로 큰 도움을 줄 수도 있습니다. 그러나 이들을 따르는 것과 참고하는 것은 다릅니다. 전통적으로 사람들이 마음을 굳게 먹는 것이 좋다고 생각한 것은 마음이 강하지 않으면 생존경쟁에서 이기기 힘들기 때문이었지요. 어느 시대나 인생은 경쟁이며, 마음이 강하지 않은 사람은 경쟁에서 뒤지기 십상입니다.

그러나 진정한 스승을 나타내는 유일한 징표는 그가 결코 전통적이 아니라는 것입니다. 그는 언제나 반전통적입니다. 전통적인 성자가 있다면 그는 가짜입니다. 진짜 성자라면 전통적일 수가 없습니다. 예수나 소크라테스도 전통 사회에 반대한 죄로 죽임을 당했잖습니까?

살아가면서 굳은 결의가 필요할 때도 없지 않을 것이며, 너무 물러서 다소간 이런 자세가 필요한 사람도 없지 않을 것입니다. 그러나 개인이든 사회든 이렇게 강경한 자세로 살지 않으면 안 되는 상황은 결코 긍정적인 현상은 아닐 것입니다. 칼을 뽑았다가 그대로 집에 꽂거나, 하늘이 두 쪽이 날 때까지 하지 않아도 되는 상황이 훨씬 더 살기 좋은 세상일 것입니다.

인류의 가장 큰 재앙은 성공 강박증 다시 강조하건대 어떤 것을 무슨 수를 써서라도 반드시 해내야 할 그런 필요가 없는 세상이 좋은 세상입니다. 이때 인생이란 어떤 특별한 필요도 없으며 목적도 없습니다.

존재는 어느 곳으로도 가고 있지 않으며, 운명도 목적도 없습니다. 다만 있는 그대로 존재할 뿐이지요. 거기에는 결코 이유가 없습니다. 그리고 그것은 단지 이유가 있을 수 없기 때문입니다.

지금 이 세상은 소위 무한경쟁의 시대, 끊임없이 타인과 비교하면서 경쟁 의식으로 불타고 있으며, 싸움과 폭력으로 얼룩져 있습니다. 이런 사회 풍조는 수단방법 가리지 않고 어떻게든 성공하는 것이 중요하다고 가르칩니다. 성공은 곧 돈을 많이 버는 것이라고, 최고가 되는 것이라고 사람들을 강박합니다.

그래서 우리는 어떻게 해서든지 돈을 많이 벌고, 자기 분야에서 최고가 되어야 한다는 강박관념에 사로잡혀 있습니다. 그러나 이런 목적을 위해 일에 지나치게 열중하다보면 본연의 인간다운 생활에서 멀어질 수밖에 없습니다.

인류에게 일어난 가장 큰 재앙 중의 하나가 성공해야 한다는 생각입니다. 성공을 하기 위해서는 수단방법을 가리지 않고 경쟁하고 싸워야 합니다. 그래서 성공만 하면 되는 것입니다. 나쁜 방법으로 성공을 했다 해도 일단 성공하기만 하면 됩니다. 성공은 나쁜 수단도 좋은 수단으로 변화시킵니다.

어떻게 성공하고 어떻게 최고의 자리에 올라가느냐가 문제입니다. 물론 최고의 자리에 올라서는 사람은 지극히 적을 수밖에 없지요. 에베레스트의 정상에 몇 사람이나 서 있을 수 있습니까? 에베레스트의 정상은 아주 좁지요. 몇 사람만 올라가면 가득 찹니다. 그 몇 사람을 제외한 수많은 사람들은 좌절감을 맛볼 것입니다.

이런 분위기에서는 모든 사람들이 고통 속에 열등감으로 시달리고 있습니다. 생각하면 이것은 정말 이상하기 짝이 없는 일입니다. 사실은 아무도 열등하지 않으며 아무도 우월하지 않습니다. 사람들은 개인마다 독특하기 때문입니다. 비교는 있을 수 없습니다.

당신은 당신입니다. 당신은 당신일 뿐입니다. 당신은 다른 사람이 될 수도 없고, 될 필요도 없습니다. 세상의 시각으로 유명해질 필요도 없고 성공할 필요도 없습니다. 모두 어리석은 생각일 뿐입니다. 야망의 인간은 병든 인간입니다. 그러나 우리가 자라온 방식은 성취자가 되는 것입니다.

근원을 향해 보다 깊이 그리고 멀리 진정한 삶을 사는 사람은 반드시 성공하려고 노심초사하지 않습니다. 진리가 이 세상에서 반드시 이길 것이라고 기대하지도 않습니다. 예수가 십자가에 못 박혔을 때 못 박힌 것은 바로 진리입니다. 소크라테스가 독살 당했을 때 독살 당한 것도 바로 진리입니다.

그러므로 진실하게 산다고 해서 반드시 이길 것이라고 생각하지 마십시오. 무지한 대중들이 세상의 대부분을 차지하면서 막강한 힘을 가지고 있기 때문입니다. 불의가 승리할 가능성이 얼마든지 있습니다.

그때 지혜로운 사람은 자기 자신 속으로 들어가 때를 기다립니다. 화를 내지도 좌절하지도 않습니다. 무슨 일이 일어나든 그것을 받아들이고 때를 기다립니다. 적당한 때가 오면 다시 진리를 드러냅니다.

그는 항상 기다리고 있습니다. 다른 사람에게 자신의 뜻을 강요하지도 않습니다. 그는 사람의 자유와 권위와 선택의 권리를 사랑하고 또 존중합니다. 그리고 사람들을 지배할 생각은 전혀 갖지 않습니다.

이는 스포츠 정신과 일맥상통합니다. 스포츠에는 매우 아름다운 점이 있습니다. 스포츠는 승패는 별로 문제가 되지 않는다는 것을 가르쳐줍니다. 문제는 우리가 경기에 열중했는가 하는 것입니다. 그것이 스포츠 정신입니다. 다른 편이 이길 수 있지만 질투하지 않습니다. 축하해주고 함께 즐거워합니다. 우리는 스포츠를 통해 여가를 즐기고 신체를 단련할 뿐만 아니라 지혜를 배워야 합니다.

그러나 요즘 스포츠는 너무 심각해졌습니다. 승패에 목숨을 거는 각종 경기는 진정한 스포츠가 아닙니다. 반드시 이겨야 하는 경기, 결코 물러설 수 없는 한판이란 결심을 가지고 임하는 게임은 놀이가 아니라 일입니다. 직업적인 선수는 경기를 하면서 행복해하지 않습니다. 일을 하는 것이기 때문에 그는 행복해하지 않습니다. 놀이에는 관심이 없고 연봉에만 관심이 있기 때문입니다.

깨달은 사람은 그 반대입니다. 그는 직업도 놀이로 합니다. 직업이든 장사든, 그 무엇이든 놀이로 합니다. 반드시 성취해야 할 일이 아무것도 없기 때문에 서두르지 않습니다. 모든 것이 완성되지 않은 채로 있어도 서두르지 않습니다. 그것은 놀이기 때문에 중간에 끝나도 상관없습니다.

이것이 긍정적인 길의 자세입니다. 전혀 걱정하지 않습니다. 삶의 흐름에 어떤 것도 강요하지 않습니다. 삶이 어디로 데려가든 그곳이 목적지입니다. 꼭 가야 할 곳은 아무 데도 없습니다. 다른 누구와 경쟁할 필요도 없고, 누구를 해칠 필요도 없습니다.

깨달은 사람에게 재난은 일어나지 않는다고 합니다. 삶에 재난이 일어나는 것은 우리가 특정한 목표를 가지고 있기 때문입니다. 길을 잃어 목적지에서 어긋났을 때 재난이 일어납니다. 기차를 타려고 했다가 역에 늦게 도착하여 기차를 놓쳐 버리면 괴롭습니다.

그러나 방랑 이외에 아무 목적지도 갖고 있지 않다면 길을 잃을 것도 없습니다. 기차를 타지 않는다면 기차를 놓칠 것도 없는 것이지요. 재난이 일어나는 것은 우리가 특정한 길을 가기를 원하는데 뭔가 잘못되었기 때문입니다.

구도적 관점에서 외부적인 실재는 의미를 상실합니다. 사회적 실재는 허구입니다. 아름다운 드라마입니다. 물론 깨달은 사람도 그 속에 참여할 수 있습니다. 그러나 그는 그것을 심각하게 받아들이지 않습니다. 그것은 그저 연기할 수 있는 배역입니다. 그는 그것을 가능한 한 아름답게 연기합니다. 그러나 연기에는 궁극적인 어떤 것도 없습니다. 궁극적인 것은 내부에 있습니다. 영혼은 그것을 압니다.

정신이 건강한 사람은 누구라도 실수나 실패를 자연스럽게 받아들일 수 있습니다. 그는 신경증적이지 않고 완벽주의자도 아니기 때문입니다. 그는 자신도 세상도 완벽하지 않음을 사랑합니다.

이것이 성장하고 있는 증거이지요. 성장은 오직 불완전한 것이 있을 때만 가능하니까요. 완벽주의는 신경증적인 생각입니다. 지혜로운 사람이라면 삶은 시험과 실수를 통한 끊임없는 탐험이라는 것을 이해할 것입니다.

삶은 경주가 아니라 여행입니다. 여행을 통해서 항상 아름답고 신선한 것을 추구할 것입니다. 목적은 없습니다. 여행 자체가 목적이지요. 우리의 능력이 닿는 한 아름답고 창조적인 여행이 되게 합니다. 그런 새로움과 젊음이 있을 때만 우리는 진정으로 살아 있는 것입니다.

우리는 계속해서 길을 가야만 합니다. 사실 여행은 결코 끝나지 않습니다. 하나의 길이 끝나고 또 다른 길이 열리며, 한 문이 닫히고 또 다른 문이 열립니다. 삶은 끝없는 여행입니다.

아주 용기 있는 자만이 목적지에는 관심 없이 여행 자체만으로, 그 순간 속에서 성장하는 것만으로 기쁨과 희망을 잃지 않고 길을 갈 수 있습니다. 깨달은 사람은 목표를 향해 서둘러 달려가는 것이 아니라 근원을 향해 보다 깊이 나아갑니다.

그래서 깨달은 사람은 초지일관하는 굳은 의지를 꺼리고 유동 적인 자세로 사는 것을 귀하게 여기는 것 같습니다. 정말 역설 적이네요.

먼저 선禪의 일화 하나를 소개합니다. 하루는 스승이 제자에게 질 문을 했으며 제자가 대답했습니다. 다음날 스승은 제자에게 또 전날 과 똑같은 질문을 했습니다. 제자는 전날의 대답을 되풀이했으나 스 승은 말했습니다. "너는 아직 깨닫지 못했다." 제자가 스승에게 말 했습니다. "어제 선생님께서는 제 대답을 들으시고 머리를 쓰다듬어 주시지 않았습니까?"

스승이 말했습니다. "왜 그대의 마음을 바꾸지 않는가? 대답의 반 복은 그대의 의식이 아닌 기억에서 나온다. 그대가 실제로 알고 있다 면 대답은 달리 말했어야 할 것이다. 어제와 오늘 사이엔 너무도 많 은 변화가 있었다. 나는 어제 질문했던 내가 아니다. 그대 또한 어제 의 그대가 아닌데 대답은 똑같다. 어떠한 것도 결코 반복될 수 없다."

어제와 오늘 사이 우리가 생동적이 될 때 반복은 적어집니다. 오 직 죽은 자만이 일관성을 지닐 수 있습니다. 생동적인 삶은 일관성을 띨 수 없습니다. 어떻게 일관성을 지닐 수 있습니까? 과거에 대해서 만 일관성을 지닐 수 있습니다.

그러나 깨달은 사람은 오직 의식 속에서 일관성을 지닙니다. 결코 과거의 일관성을 지니고 있지 않습니다. 의식은 항상 새로우며, 행동은 완전한 자유 속에서 만들어집니다.

깨달은 사람은 어떤 사물에 대해서도 결코 고정관념을 지니지 않습니다. 물고기들에게는 바닷물이 생명입니다. 그러나 인간에게는 바닷물이 곧 죽음입니다. 그러므로 절대적인 개념을 만들지 말고 항상 유동적으로 남아 있어야 합니다. 오늘 좋은 것이 내일은 나쁠 수 있습니다. 삶은 항상 변화하고 있기 때문이지요.

어린이들은 유동적입니다. 그러나 나이를 먹은 사람은 유동성을 잃고 딱딱하게 굳어 있습니다. 우리가 유동적일수록 더욱더 활기차고 신선하고 젊어집니다. 그리고 더욱더 고정될수록 우리는 이미 죽은 것입니다.

유동성이란 선입견 없이 순간에 즉각적으로 감응하는 것을 말합니다. 상황을 보고 그 상황을 감지하면서 그 순간 행동하는 것입니다. 그 행동은 상황과 우리의 만남에서 나옵니다. 어떤 과거의 마음이 개입하지 않습니다.

마음은 선입견을 갖기 마련입니다. 만일 어떤 종교가 나쁘다고 생각할 때 이 생각은 계속 유지되며 그것을 합리화하기 위해서 계속 노력합니다. 그러나 이런 자세는 옳지 않습니다. 선악의 구분은 절대적인 것이 아니라 상황에 따라 우리의 정의에 의존하고 있는 것입니다. 사실 어느 것도, 어떠한 상황도, 그 자체가 선악의 개념을 본질적으로 지니고 있는 것은 아닙니다.

얼음과 물과 수증기 물은 세 가지 형태를 띱니다. 첫 번째는 무형상의 수증기입니다. 하늘로 올라가서 흔적도 남기지 않지요. 보려고 해도 볼 수 없습니다. 두 번째는 물입니다. 수증기와 얼음의 중간 상태지요. 이때의 물은 특별한 형상을 고집하지 않으며 부어지는 대로 자신이 들어간 용기의 형태를 띱니다. 마지막은 얼음입니다. 얼음은 완고합니다. 물의 유연성을 잃고 돌같이 단단해져 버린 것입니다.

우리도 물과 같이 세 가지 모습을 가지고 있습니다. 얼음과 같이 완고해지든지 아니면 물과 같이 흐를 수 있습니다. 얼음은 깊은 무지의 상태입니다. 물과 같이 흐르는 상태는 지혜로운 자의 경지요, 깨달음을 일별한 사람의 경지입니다. 깨달음의 일별을 맛본 사람은 더이상 완고하지 않습니다. 자신이 어떤 곳에 있든지 그곳의 형상을 취합니다.

세 번째에서 우리는 온전히 깨달은 경지에 도달합니다. 지고한 의식과 하나가 됩니다. 이제 우리는 수증기와 같이 어떠한 형상도 취하지 않습니다. 사람들이 붓다에게 물었습니다. "육체를 떠나시면 어디로 가십니까?"

붓다는 "나는 어디에도 가지 않는다. 나를 잃어버리고 광대무변한 의식과 하나가 될 것이다."라고 대답했습니다. 수증기는 어디로 갈까요? 이제 드넓은 하늘이 모두 그의 집입니다.

물은 겸손하며 유연하고, 얼음이나 돌처럼 딱딱하지 않습니다. 물의 상태는 구도자의 경지입니다. 물은 이제 얼음의 상태에서 벗어나 수증기가 될 준비를 합니다.

자아自我 혹은 소아小我를 극복하고 무아無我 혹은 대아大我로 사는 것이 깨달은 사람의 삶이고, 이와 반대로 사는 것이 보통 사람들의 삶이라고 합니다. 이 두 차원의 삶은 어떻게 구분되는지 살펴보고 싶습니다.

사람들은 아주 거친 방법으로 삽니다. 분노와 질투와 소유욕과 에고와 더불어 살고 있지요. 이들은 많은 에너지를 낭비하고 많은 기회를 놓쳐버리게 하기 때문에, 우리는 자신에게서 이런 거친 요소들을 제거해야 합니다. 이 에너지를 노래로, 기쁨으로, 사랑으로, 평화로 변형시켜야 합니다.

그때 우리의 삶은 시詩가 될 것입니다. 그때 존재한다는 것은 전적인 기쁨이 됩니다. 삶은 믿기지 않을 정도로 멋진 멜로디가 되고 아름다운 춤이 됩니다. 이것이 깨달은 이들의 지복의 삶입니다. 직접 경험해보지 않고서는 믿을 수 없을 정도입니다. 이런 삶은 극소수 깨달은 사람에게만 가능합니다.

우리는 왜 이런 삶을 살지 못합니까? 우리는 본질적인 것보다 비본질적인 것에 더 가치를 두기 때문입니다. 우리는 나의 것, 나의 소유물에 너무 집착합니다. 그래서 우리 자신의 존재를 완전히 망각하였습니다. '나'를 잊었으며 '나의 것'이 중요한 위치를 차지하고 있습니다. 나의 것이 더 중요하게 될 때, 사람들은 비본질적인 것에 더 집착하게 됩니다.

오직 '나'가 더 중요한 자리에 남아있을 때 '나의 것'은 충실한 하인일 뿐입니다. 이렇게 되면 우리는 전혀 다른 방식의 삶을 살게 됩니다. 순수한 '나'가 존재하는 곳을 선禪에서는 본래면목本來面目이라고 부릅니다. 이 '나'는 에고와 아무 관계도 없습니다.

에고는 모든 비본질적인 소유물의 중심일 뿐입니다. 에고는 '나의 것'이 축적된 것이지요. 나의 집, 나의 차, 나의 가족, 나의 종교, 나의 도덕성, 이 모든 '나의 것'들은 계속해서 축적되고 에고로서 굳어집니다. 깨달은 이들의 무아의 삶이란 이런 에고 없이 사는 것을 의미합니다.

에고는 하나의 상처이다. 에고가 유일의 문제입니다. 이것이 수많은 문제를 만들어냅니다. 탐욕이 생기게 하고, 분노가 생기게 하고, 정욕이 생기게 하고, 질투가 생기게 하고, 그와 같은 수만 가지 심리적 갈등이 생기게 합니다.

사람들은 끊임없이 탐욕과 싸우고 분노와 싸우고 정욕과 싸우지만 모두 소용이 없습니다. 뿌리를 잘라버리지 않는다면 새로운 가지들이 계속 뻗어 나올 것입니다. 부지런히 가지와 잎들을 잘라내고는 있지만 별 도움이 되지 않습니다. 오히려 가지와 잎을 쳐주어, 나무는 더욱 무성해집니다.

그러므로 우리는 나타난 증상들과 싸우지만 말고 문제의 뿌리로 향해야 합니다. 문제는 하나밖에 없습니다. 바로 에고입니다, 에고가 없이 사는 법을 터득할 때 궁극적인 경지에 이릅니다. 이것이 깨달은 이들이 사는 무아의 경지입니다.

이에 도달한 이들은 그것은 누구나 달성할 수 있다고 말합니다. 에고는 가짜 현상이기 때문에 버릴 수 있다고 합니다. 그것은 하나의 그림자에 불과하니까요. 우리가 계속 에고의 존재를 믿으면, 에고는 존재합니다. 그러나 깊이 들여다보면, 에고는 전혀 발견되지 않습니다.

명상은 단순히 에고를 찾기 위해 내면을 깊이 들여다보는 것을 뜻합니다. 어디에 에고가 있는지 내면의 구석구석을 찾아보는 것입니다. 끝내 에고가 발견되지 않음을 확인하는 순간, 에고는 끝나고 우리는 무아의 존재로 새롭게 태어납니다.

우리에게 에고는 하나의 상처입니다. 우리는 아픕니다. 건강하지 않습니다. 에고는 끊임없이 아픔을 줍니다. 고통과 고뇌가 있으며, 불행과 어둠이 있습니다. 그러나 우리는 그렇게도 많은 아픔을 주는 이 상처가 치유되는 것을 허락하지 않습니다.

계속 그것을 감추어 둡니다. 상처를 노출시키는 것을 두려워합니다. 상처를 점점 더 두꺼운 위선 속에 숨기기 때문에 그 상처가 암처럼 점점 더 커집니다. 상처가 커질수록 그것을 더 숨겨야 합니다. 서서히 우리의 삶 전체가 바로 블랙홀이 됩니다. 이것이 소아로 사는 사람들의 모습입니다.

의식의 관점에서 이해해볼 수도 있습니다. 의식에는 두 가지가 있습니다. 첫째는 순수의식이지요. 순수의식은 우리 안에 빛을 가져옵니다. 붓다는 '무아의 경지에 도달하면 내면에서 수천 개의 태양이 떠오른다.'고 말했습니다. 그것은 순수하고 오염되지 않은 기쁨입니다. 순수한 지복입니다. 우리의 에고만 치우면 우주의 유희를 자각할 수 있습니다. 그러면 에너지로 넘칩니다.

둘째 의식은 우리가 느끼는 자의식입니다. 자의식을 느낄 때 우리는 존재계와 분리된 개체가 되고 일정한 틀 속에 갇힌 섬이 됩니다. 그 섬에 갇힘으로써 섬은 일종의 감옥이 됩니다. 자의식은 속박이고 순수의식은 자유입니다.

자의식은 건강을 잃은 상태이다. 순수의식은 건강이고 자의식은 질병입니다. 자의식은 그 무엇이 막히거나 얽혀서 의식의 강물이 자연스럽게 흐르지 않는 것입니다. 순수의식에는 에고의 관념이나 '나'라는 관념이 없습니다. 자신이 존재와 분리되어 있다는 생각마저도 없습니다. 거기에는 어떤 장벽도, 어떤 경계도 없습니다. 개인과 전체 사이에는 아무런 갈등이 일어나지 않습니다.

개인은 전체로 흐르고 전체는 개인으로 흐릅니다. 그래서 대아大我라고 하는 것입니다. 이것은 마치 호흡하는 것과 같습니다. 숨을 들이쉴 때는 전체가 우리에게 들어오고, 숨을 내쉴 때는 우리가 전체 속으로 들어갑니다.

이것은 끊임없는 흐름이요 나눔입니다. 전체가 끊임없이 우리 속으로 들어오고 우리가 끊임없이 전체 속으로 들어가는 것입니다. 끊임없이 균형과 조화가 이루어집니다.

그러나 자의식의 사람은 받기만 할 뿐 결코 남에게 주지 않습니다. 그는 움켜쥐기만 할 뿐 나누는 법을 알지 못합니다. 그는 끊임없이 자기 주위에 누구도 침범할 수 없는 경계를 만듭니다. 열린 삶을 살지 못하기 때문에 그는 서서히 죽어갑니다.

반면에 순수의식은 무한한 생명이요 넘치는 생명력입니다. 여기에는 어떤 경계도 없습니다. 자의식이 없어졌을 때, 우리는 참나를 볼 수 있습니다. 참나는 곧 대아大我를 말합니다. 왜 대아인가요? 참나는 나의 자아일 뿐 아니라 궁극의 자아이기 때문입니다.

우리가 보잘것없는 에고를 버리고 존재의 중심에 도달하면 갑자기 무한한 존재가 됩니다. 그리고 우리를 옥죄던 모든 경계가 녹아들고 무한한 에너지가 우리에게로 내려오기 시작합니다. 이때 우리는 어떤 장애도 없는 투명한 통로가 됩니다.

그러나 이런 참나는 머리로는 절대로 알 수 없습니다. 참나는 머리 너머의 신비입니다. 그래서 우리의 생각으로는 어렴풋이 짐작조차도 할 수 없습니다. 참나는 너무 광대해서 정의할 수도 없으며, 너무 신비해서 짐작조차도 할 수 없습니다.

무아의 삶을 위해서 에고를 없애는 것이 얼마나 중요한지 알겠습니다. 에고를 극복하는 방법을 조금 더 자세히 알았으면 좋겠습니다.

역설적으로 들리겠지만 에고를 놓을 수 있으려면 먼저 에고를 무르익게 만들어야 합니다. 무르익은 과일만 땅에 떨어지는 법입니다. 익지 않은 에고를 놓으려고 애를 쓰면 모든 노력이 허사로 돌아갑니다.

그렇게 되면 에고가 없어지는 것이 아니라 미묘하게 더 강화됩니다. 먼저 에고가 절정에 도달해야 합니다. 에고가 충분히 강화되어 뚜렷한 모습을 갖추고 있어야 없앨 수 있습니다. 에고의 본질이 그렇습니다.

먼저 에고를 키운 다음 놓아야 하는 일은 물론 간단하지 않습니다. 우리는 자신이 소유한 것만을 놓을 수 있습니다. 소유하지도 않은 것을 어떻게 놓는단 말입니까? 우리가 부유할 때만 가난해질 수 있습니다. 오직 가진 자만이 가진 것을 놓을 수 있습니다. 부유하지 않은 사람이 가난해질 수 있는 도리는 없습니다.

부유하지 않은 사람의 가난은 피상적입니다. 심령의 깊이가 없지요. 표면적으로는 가난해 보일지 모르나, 마음속으로는 부를 갈구합니다. 끊임없이 부자가 되고자 갈망합니다. 표면적으로만 가난한 것이지요.

부자만이 가난해질 수 있습니다. 외적인 부만으로는 진정으로 부유한 게 아닙니다. 그런 사람은 아직도 가난합니다. 갈망이 있는 사람은 가난합니다. 외적인 부는 문제가 아닙니다. 부유함이 차고 넘쳐서 갈망이 사라진 사람, 그가 진정으로 부유한 사람입니다.

그런 사람이 붓다와 같이 청빈한 사람이 될 수 있습니다. 그런 사람이 에고를 놓을 수 있습니다. 그런 청빈함이야말로 참으로 부유한 것입니다.

붓다가 왕좌를 박차고 내려와 걸승이 되었을 때, 한 나라의 왕자였던 붓다의 에고는 절정에서 바닥으로 떨어졌습니다. 걸승이 된 붓다에게는 한없는 아름다움이 있습니다. 그와 같이 아름다운 걸승, 그와 같이 부유한 걸승, 황제와 같은 걸승은 다시는 없을 것입니다.

그가 왕궁을 박차고 나왔을 때 무슨 일이 벌어진 것인가요? 사실 붓다는 에고를 박차고 나온 것입니다. 왕좌는 하나의 상징일 뿐입니다. 에고와 권력, 명예, 지위의 상징일 뿐입니다. 붓다는 에고를 박차고 내려와 무아가 되었습니다.

먼저 에고이스트가 되어야 합니다. 그래야 에고가 없는 사람이 될 수 있습니다. 먼저 에고가 무르익을 수 있도록 하십시오. 절정까지 끌어올리십시오. 이렇게 해야 에고에서 나오는 고통을 깨달을 수 있습니다.

에고가 절정에 이르렀을 때는 붓다가 굳이 에고는 지옥이라고 말해줄 필요가 없습니다. 우리가 스스로 알게 됩니다. 에고의 절정은 지옥과 같은 고통의 절정이며 악몽이기 때문입니다. 그때는 아무도 우리에게 에고를 버리라고 권할 필요가 없습니다. 이미 그 에고를 지니고 있기가 매우 힘들어지기 때문이지요.

우리 스스로 고통을 통과해야 지혜를 얻을 수 있습니다. 논리적인 추론으로는 아무것도 버릴 수 없습니다. 몹시 고통스러워졌을 때 우리는 자연스럽게 에고를 버릴 수 있습니다. 지금 우리의 에고는 그만큼 고통스럽지 않습니다. 그러므로 에고와 함께 사는 것은 자연스럽습니다. 그 누구도 에고를 버리라고 우리를 설득할 수 없습니다. 설사 우리가 설득 당한다 해도 우리는 그것을 뒤에 숨길 것입니다.

에고는 생존 수단이다. 무르익지 않은 것은 버릴 수 없습니다. 무르익지 않은 과실은 나무에 매달리며, 나무 또한 무르익지 않은 과실을 부여잡습니다. 억지로 떼어내려고 하면 상처가 생길 것입니다. 시퍼런 상처가 우리를 괴롭힐 것입니다. 모든 것에는 다 때가 있는 법, 우리의 에고에도 때가 있습니다. 먼저 에고를 숙성시켜야 합니다.

에고이스트가 되는 것을 두려워하지 마십시오. 우리는 에고이스트들입니다. 그렇지 않았다면 우리의 에고는 진작 사라졌을 것입니다. 에고이스트가 되어야만 합니다. 자신의 길을 싸워나가야만 합니다. 수많은 욕망과 싸워야 합니다. 각고의 노력을 해야 함은 물론입니다. 그래서 생존해야 합니다. 이것이 인간의 삶입니다. 에고는 생존 수단입니다.

아이가 에고 없이 태어나면 죽게 됩니다. 그런 아이는 생존할 수 없습니다. 아이에게 에고가 없다면 배가 고파도 그 배고픔을 느끼지 못할 것입니다. 물론 배고픈 것을 알긴 하겠지만 이를 나의 배고픔으로 인식하지 못할 것입니다.

하지만 아이들은 에고가 있기 때문에, 배가 고프면 '내가 배고프다'고 느끼고 울면서 밥을 달라고 보챕니다. 이렇게 아이는 자신의 에고와 더불어 성장합니다. 에고는 자연스런 성장 과정입니다.

그렇다고 평생 에고를 달고 살아야 한다는 말은 아닙니다. 에고는 자연스런 성장의 한 과정입니다. 자연스럽게 성장하다 보면 에고를 놓아야 할 시기가 옵니다. 에고를 놓는 것 역시 자연스런 과정입니다. 이것은 에고가 절정에 도달했을 때 일어납니다. 그래서 위대한 스승은 자아와 무아 두 가지를 동시에 가르칩니다.

먼저 에고이스트가 되십시오. 완벽한 에고이스트, 절대적인 에고이스트가 되십시오. 마치 전 존재계가 나를 위해 존재하는 것처럼, 내가 우주의 중심인 것처럼 말입니다. 태양이 나를 위해 뜨고 모든 것이 나를 위해 존재하는 것처럼 말입니다. 에고를 두려워하지 마십시오. 두려워하면 에고는 무르익을 수 없습니다.

에고를 누리고 에고를 최고조로 끌어올리십시오. 에고가 최고조에 이르면, 우리는 자신이 우주의 중심이 아님을 깨닫습니다. 에고라는 놈이 가짜였구나, 이 모두 유치한 것이었구나, 문득 이를 깨닫게 됩니다.

에고로서의 우리는 유치합니다. 이제 우리는 성숙해졌습니다. 그래서 자신이 우주의 중심이 아님을 봅니다. 자신이 중심이 아님을 깨달을 때, 존재계에는 중심이 없거나 아니면 모든 곳이 중심임을 깨닫습니다.

에고는 깊은 꿈이다. 이는 마치 꿈의 경우와 같습니다. 우리가 꿈을 꿉니다. 꿈은 절정에 도달하면 깨집니다. 꿈은 최고조에 달하면 깨지게 마련입니다. 꿈의 최고조란 어떤 상태일까요? 꿈의 최고조란 '이것은 진짜다'라는 느낌이 드는 상태입니다.

우리는 꿈속에서 '이것은 꿈이 아니라 진짜다'라고 생각할 때가 있습니다. 꿈이 최고조에 달하면 거의 현실처럼 보입니다. 하지만 현실처럼 보일 뿐, 꿈이 현실이 되는 일은 있을 수 없습니다. 꿈이 너무 현실 같을 때 우리는 꿈에서 깨어납니다.

에고는 우리를 둘러싸고 있는 꿈입니다. 꿈도 나쁘지 않지요. 꿈은 성장의 과정이니까요. 삶에는 모든 것이 필요합니다. 필요하지 않은 것은 존재하지 않습니다. 과거에 일어난 것은 모두 일어나야만 했던 것들입니다. 일어나는 모든 것을 그대로 받아들이십시오.

일어나는 것은 모두 원인이 있으므로 해서 일어납니다. 이렇게 해서 우리는 꿈속에 살아야 합니다. 이 꿈은 우리를 돕고 보호하는 누

에고치입니다. 하지만 영원히 이 누에고치 속에서 살아서는 안 됩니다. 우리가 준비되었을 때 고치를 찢고 나와야 합니다.

에고는 알의 껍질로 우리를 보호해줍니다. 하지만 준비되었을 때 알을 깨고 나오십시오. 에고는 알의 껍질입니다. 하지만 서두르지 말고 기다리십시오. 서둘러서는 아무것도 되지 않습니다. 오히려 지장만 초래할 뿐입니다.

에고를 비난하지 말고 기다리십시오. 에고는 놓아야 하는 것이지만 놓기까지는 오래 걸립니다. 완전히 무르익었을 때만 놓을 수 있기 때문입니다. 이것을 이해하는 것이 쉽지 않을 것입니다.

마음은 이렇게 말합니다. '에고를 놓을 거라면 왜 키워야 하는가? 에고를 버릴 거라면 왜 강하게 만들어야 하는가?' 마음의 말을 들으면 힘들어집니다. 마음은 항상 논리적으로 생각하지만 삶은 비논리적으로 전개되기 때문에 마음과 삶이 만나는 일은 없습니다.

물론 마음의 의문은 간단하고도 평범한 논리입니다. '이 집을 없앨 거라면 왜 지어야 하는가? 왜 이런 고생을 해야 하는가? 왜 시간과 정력을 낭비해야 하는가? 왜 집을 지은 다음 부숴야 하는가?'

우리는 집을 지으면서 변합니다. 그리고 나중에 집을 부수면서 또 변합니다. 우리는 완전히 다른 사람이 되어 있는 것입니다. 집을 짓는 과정에서 우리는 계속 성장할 것입니다. 집이 완성되면 무너뜨립니다. 그때 우리에게 변형이 찾아옵니다.

논어의 혼 3
오랜 잠에서 깨어날 것인가

초판 1쇄 인쇄일	2022년 11월 7일
초판 1쇄 발행일	2022년 11월 15일

지은이	성낙희 · 김상대
펴낸이	한선희
편집/디자인	우정민 김보선
마케팅	정찬용 정구형
영업관리	한선희
책임편집	우정민
인쇄처	으뜸사
펴낸곳	국학자료원 새미(주)
	등록일 2005 03 15 제251002005000008호
	경기도 고양시 일산동구 중앙로 1261번길 79 하이베라스 405호
	Tel 4424623 Fax 64993082
	www.kookhak.co.kr
	kookhak2001@hanmail.net

ISBN	979-11-6797-080-0 *03140
가격	19,000원